Dorothea Steinbacher

WENN'S DRAUSSEN FINSTER WIRD

DOROTHEA
STEINBACHER

WENN'S DRAUSSEN FINSTER WIRD

Bräuche und Legenden für die Winterzeit

KÖSEL

INHALT

Einleitung

WENN'S DRAUSSEN FINSTER WIRD

»An Allerheiligen«, erzählte einmal eine alte Egerländerin, »fing bei mir als Kind eigentlich schon die Weihnachtszeit an. Da stapfte ich mit meinen Eltern durch den tiefverschneiten Friedhof zu den Gräbern unserer Verstorbenen. Ich durfte dann immer die Kerzen anzünden, die in einer kleinen Blechlaterne die Gräber schmückten. Es war ein schöner, heimeliger Anblick, wenn bei Anbruch der Dunkelheit die vielen Kerzen ihren warmen Schimmer über den stillen, friedlichen Ort leuchten ließen.«[1]

Mit dem Totenmonat November beginnt die dunkle Jahreszeit, und sie endet mit dem Lichtmesstag, zu Beginn des Monats Februar. Zumindest gefühlt – denn wenn man die Länge von Tag und Nacht als Maßstab nimmt, dann gehört der Februar noch dazu: November, Dezember, Januar und Februar sind tatsächlich die dunkelsten Monate des Jahres, in denen die Tage wesentlich kürzer sind als die Nächte. Der 2. Februar, der Lichtmesstag, soll trotzdem hier das Ende unserer Reise durch das Brauchtum der dunklen Jahreszeit darstellen. Bis zum Zweiten Vatikanischen Konzil in den 1960er Jahren nämlich galt dieser Tag in der kirchlichen Liturgie als letzter Tag des Weihnachtsfestkreises – heute markiert der Sonntag nach Heiligdreikönig das offizielle Ende dieses Festkreises im Kirchenjahr. Mit dem Lichtmesstag, an dem Kerzen und Licht im Mittelpunkt der brauchtümlichen Feiern standen, schöpften auch die Menschen in Mitteleuropa wieder Hoffnung, dass ein neues Jahr voller Sonne und Fruchtbarkeit bevorsteht: Die Tage werden nun deutlich länger, die Intensität des Sonnenlichts nimmt zu, die Nächte werden kürzer. Auch wenn Februar und März oft noch Kälte und Schnee bringen – die dunkelste Zeit des Jahres ist vorbei, die schlimmsten Winterdämonen sind vertrieben. Vom kürzesten Tag des Jahres, dem 21. Dezember, bis zum 2. Februar hat die Tageslänge immerhin um rund eineinviertel Stunden zugenommen!

Auch die Autorin ist als Kind an der Hand ihrer Eltern an Allerheiligen auf den Friedhof gegangen – wie sie das Brauchtum auch des übrigen Jahres mit der Familie und der Dorfgemeinschaft selbst erfahren, erlernt und erlebt hat. Der Adventskranz wurde aus selbst geschnittenen Zweigen in der Stube gebunden und geschmückt, den Christbaum holte der Vater aus dem Wald eines befreundeten Bauern, und während der gesamten Adventszeit wurde gebacken und gebastelt. Am Freitag gab es ein einfaches Essen ohne Fleisch, vor dem Anschneiden des Brotlaibs zeichnete der Vater mit dem Daumen drei Kreuzzeichen darauf, und Heiligabend war ein strenger Fasttag – bis es am Abend endlich die ersehnten Würstchen mit Kartoffelsalat gab. In den Raunächten lief der Alltag ruhig und gedämpft ab, man durfte keinen Lärm machen und vermied allzuviel Unruhe, Reisen, Hektik. Der Höhepunkt dieser Zeit war die letzte Raunacht, die Nacht vor Dreikönig: Der Vater besaß ein in der Kirche ausgemustertes, aufwendig verziertes Weihrauchfass. Dahinein schaufelte er aus dem Holzofen reichlich glühende Holzkohle und streute Weihrauchkörnchen darauf – schwarze, silberne, rote und goldene. Das Rauchfass ständig schwenkend, zog er mit der Familie im Gefolge durch das gesamte Haus, die Mutter mit einem Schüsselchen Weihwasser in der einen und einem Buchszweiglein in der anderen Hand, wir Kinder hinterdrein. Es war eine Stunde etwa, in der man sich wie in einer anderen, früheren Welt fühlte. Die ernsthafte Andacht des Vaters, der, Gebete murmelnd, jeden Winkel des Hauses kräftig mit duftendem Weihrauch bedampfte, die Mutter, die Weihwasser versprengte, und vor allem die gruseligen Schatten, die unsere Laternen warfen. Denn der Vater duldete in dieser Stunde kein elektrisches Licht im Haus. Es leuchteten allein die mit Kerzen bestückten Laternen, die wir Kinder tragen durften. Eisig kalt waren Hände, Zehen und Nasen am Ende, denn auch Dachboden, Schuppen, Garage, Werkstatt wurden geräuchert, und zum Abschluss marschierten wir ums gesamte Haus und beräucherten Türen und Fenster. Mit klammen Fingern schrieb der Vater mit geweihter Kreide C + M + B und die Jahreszahl an die Haustüren – und wie erlösend war dann die Rückkehr vom Ausflug in die geheimnisvollen Vorgänge der Raunacht, wenn das Licht wieder angeknipst wurde und alle sicher und warm in der Stube beisammensaßen.

Heute machen nicht mehr viele Kinder diese Erfahrungen. Und heute wie früher weiß kaum jemand um die Herkunft der Bräuche, den Sinn dahinter, den Ursprung so vieler Rituale. Kaum jemand weiß auch, wie weit verbreitet »unsere« Bräuche in ganz Europa, in der ganzen Welt sind – auch wenn sie überall ein bisschen anders zelebriert werden. Das macht das Leben ärmer, weniger bunt, weniger spannend, weniger beeindruckend. Bräuche und Rituale geben dem Alltag, dem Tages- und dem Jahreslauf Struktur, sie lassen Familie, Gemeinschaft erleben und können dem Leben Halt geben.

Überall sind Reste dieser Rituale auch in unserem heutigen Alltags- und Festbrauchtum vorhanden. Besonders in der Winterzeit erinnern sich viele daran. Das Bedürfnis nach Zusammenrücken, gemeinsamen, gemütlichen Stunden wächst. Welches Brauchtum sich für diese dunkle Zeit über die Jahrtausende entwickelt hat, wie es früher zelebriert wurde und was dahintersteckt, das findet sich in diesem Buch. Damit es nicht verloren geht, weil es spannend ist und als Handreichung für alle, die Brauchtum und Rituale in ihren winterlichen Alltag aufnehmen wollen.

Eine schöne Winterzeit und viel Freude an diesem Buch wünscht Ihnen

Dorothea Steinbacher

Gedenk
o Mensch daß
du Staub bist
und wieder
zu Staub
werden
wirst

DER TOTENMONAT NOVEMBER

ALLERHEILIGEN — 1. NOVEMBER

Das Hochfest Allerheiligen beschert den meisten Menschen einen arbeitsfreien Feiertag: in den überwiegend katholischen Bundesländern Deutschlands, ebensolchen Kantonen der Schweiz, in zahlreichen europäischen Staaten und in katholischen Ländern auf der ganzen Welt.

Viele besuchen an dem Tag traditionell die Gräber ihrer verstorbenen Angehörigen. Doch die Hintergründe des Festtags sind nicht so bekannt: Am 1. November gedenkt die Kirche aller verstorbenen Heiligen und Märtyrer – seit dem 7. Jahrhundert ist dieses Fest im Christentum nachgewiesen. Anfangs – bis ins 9. Jahrhundert – zusammen mit dem Osterfest, dem ersten Hochfest der Kirche, gefeiert, verlegte man das Gedenken an die verstorbenen Heiligen bald auf den 1. November.

Dieses Datum ist nun nicht zufällig gewählt worden. Vermutlich besteht ein Zusammenhang mit dem keltischen Fest Samhain, das ebenfalls am 1. November gefeiert wurde. Es ist nicht unwahrscheinlich, dass die Kirchenoberen ganz bewusst ein wichtiges »heidnisches« Fest zu einem christlichen umwidmeten – gerade in der Frühzeit des Christentums, als sich dieses zu etablieren versuchte und gegen unterschiedliche Kulte durchsetzen musste. Nicht umsonst hatte Bonifatius, der »Missionar der Deutschen«, 723 in Geismar die dem Gott Donar geweihte heilige Eiche gefällt und aus ihrem Holz eine dem heiligen Petrus, dem – nach katholischer Deutung – ersten Bischof von Rom, geweihte Kirche bauen lassen. Seine Devise lautete: »Wenn ihr einen heidnischen Tempel nicht zerstören könnt, baut eine Kirche darauf!« Und so geschah es: Unzählige Kirchen und Kapellen stehen heute auf vorchristlichen Kultplätzen, zahlreiche Riten der christlichen Kirche basieren auf vorchristlichen Kulthandlungen, und ebenso viele christliche Feste haben das Festdatum von anderen Kulten übernommen. Damit hatte die Kirche ihr Ziel erreicht: Wenn die Menschen nicht von ihren römischen, keltischen, animistischen Gebräuchen und Ritualen lassen wollten, dann gab man diesen Bräuchen zumindest christliche Inhalte.

Zwar gibt es Stimmen, die diesen Zusammenhang bestreiten.[2] Das Allerheiligenfest am 1. November sei schließlich zuerst in Italien, von der Kurie in Rom, angeordnet worden – weit entfernt von einer keltischen Kultur. Doch erstens handelte die Kirche in Rom nicht unabhängig von ihren Bischöfen und Missionaren in ganz Europa[3], und zweitens sind den Bräuchen um Samhain und Allerheiligen so viele Gemeinsamkeiten eigen, dass sich ein Zusammenhang kaum leugnen lässt.

Das keltische Jahr war in zwei Hälften geteilt: Der Beginn des hellen Halbjahrs am 1. Mai wurde mit dem Beltanefest gefeiert, das

---

Abbildung links: Der Tod als Gerippe: ein Memento mori am Friedhofseingang in Ramsau/Berchtesgaden.

dunkle Halbjahr entsprechend ein halbes Jahr später mit Samhain. Zu Samhain stand nach keltischem Glauben das Tor zur Anderswelt offen. So durften die Toten einmal im Jahr zu ihren Vorfahren zurückkehren, ebenso wie die Lebenden Kontakt zur jenseitigen Welt aufnehmen konnten. Am Vorabend des 1. November begann die Feier, und sie endete erst am Abend des nächsten Tages – eine Zeiteinteilung, wie sie im Altertum üblich war und übrigens auch im Alten Testament überliefert ist: Ein neuer Tag fängt am Vorabend mit Sonnenuntergang an. Im dritten Buch Mose (23,32) etwa werden die Juden angewiesen, ihren Sabbat zu feiern »vom Abend bis wieder zum Abend«.

Entsprechend beginnen auch die christlichen Feste seit jeher mit dem Vorabend, und zwar nicht nur in der offiziellen Liturgie, sondern auch im Brauchtum. An Allerheiligen und Allerseelen, hieß es, dürfen die Verstorbenen für 24 Stunden an den Ort ihres irdischen Lebens zurückkehren. Diese 24 Stunden begannen am Vorabend – oder sogar noch früher. Denn man erzählte sich, die »Armen Seelen« freuten sich so sehr auf ihren Ausflug, dass sie sich schon Tage vorher auf den Weg machten. Die Geisterzeit um den Novemberbeginn war also nicht so genau fassbar. Ebensowenig konnte man sich vorstellen, in welcher Form die Armen Seelen auftauchen würden. Man vermutete unsichtbare Geistwesen, glaubte sie als tanzende Lichter im Nebel überm Moor auszumachen oder auch in der Gestalt von im Verborgenen lebenden Tieren wie Fröschen, Kröten oder Maulwürfen. Aber

Der Kranzlmarkt in München am Allerseelentag, Grafik von 1874.

auch Schmetterlinge, Libellen und Vögel hatte man im Verdacht, sie könnten Arme Seelen sein – flogen sie doch so leicht und eigenartig durch die Lüfte weit in den Himmel hinauf in Höhen, in denen man sie nicht mehr sehen konnte – womöglich bis in den Himmel?

So erklären sich die Gebote und Verbote in dieser Geisterzeit: Allerheiligen ist, auch offiziell, ein sogenannter stiller Festtag, an dem bis heute keine öffentlichen Musik- und Tanzveranstaltungen stattfinden dürfen. Auch in Haus und Hof achtete man darauf, keinen Lärm zu machen: Er könnte die Geister erschrecken und verscheuchen. Man durfte keine Tür zuknallen – es könnte sich eine Arme Seele einzwicken –, Rechen nicht mit den Zinken nach oben an die Wand lehnen und Messer nicht in der Küche herumliegen lassen – es könnte sich eine Arme Seele verletzen. »Mein Vater hat das ganze Jahr über vor dem Zubettgehen gesagt: Räumt die Messer ordentlich auf, sonst haben die Armen Seelen keine Ruhe!«, erzählt eine alte Frau noch im 21. Jahrhundert. Spinnen und Weben waren verboten, ebenso der Gebrauch von einerseits lauten und andererseits gefährlichen Werkzeugen wie Axt, Hammer, Säge.

Stattdessen bereitete man den Besuch der Armen Seelen vor: An den Abenden deckte man den Tisch auch für die Verstorbenen, für den Fall, dass sie nach der langen Reise Hunger und Durst verspürten. Mancherorts war es üblich, Speisen aufs Grab zu stellen, falls die Arme Seele direkt aus der Erde emporsteigen würde – das wusste man ja nicht so genau. Seelenbrezen – einfache Brezen, die an diesem Tag dann Seelenbrezen hießen – wurden ans Grabkreuz gehängt, ein Schüsselchen mit Brot oder Brei kam direkt aufs Grab.[4] Die Gräber wurden liebevoll geschmückt, ein Brauch, der sich bis heute gehalten hat, insbesondere mit Kerzen und Lichtern, die den Seelen den Weg weisen und böse Geister vertreiben sollten.

Die Ehrung der Vorfahren ist seit Menschengedenken bei allen Völkern der Erde durch alle Jahrtausende ein wesentlicher Bestandteil der traditionellen Kultur. Die alten Römer feierten das Fest der Parentalia (von parentes – Eltern) wie wir gegen Ende ihres Kalenderjahres, nämlich im Februar – denn der Jahresbeginn war bis 153 v. Chr. am 1. März. Der Dichter Ovid beschreibt, dass damals schon Wein, Brot bzw. Getreide, Salz und Früchte zu Ehren der Ahnen abgelegt wurden, ebenso wie Blumen – er erwähnt ausdrücklich Veilchen – und Opferkränze.[5] Die Allerseelenkränze haben es aus Rom bis über die Alpen geschafft: Man kannte sie auch bei uns, zum Beispiel in München, noch vor einem Jahrhundert. Am Allerseelentag gab es einen großen Kranzlmarkt in der Stadt – lange, bevor es um 1930 der Adventskranz aus Norddeutschland in den Süden schaffte. Bilder überliefern uns ein lebhaftes Marktgeschehen, mit grünen und blumenverzierten Kränzen, die anschließend auf die Gräber getragen wurden. In der Stadt Salzburg erinnert bis heute eine kleine Seitenstraße mit dem Namen »Kranzlmarkt« daran, dass der Brauch auch hier bekannt war. Die Allerseelenkränze wurden an die Grabkreuze gehängt oder auf dem Grab niedergelegt. Große Trauerkränze schmücken heute ein Grab bei der Beerdigung, und die kleinen Allerseelenkränze mussten vielerorts üppigen Trockenblumengestecken Platz machen.

ALLERSEELEN – 2. NOVEMBER

Die beschriebenen Bräuche konzentrieren sich heute auf den Feiertag Allerheiligen. Sie gehören aber eigentlich zum Fest Allerseelen, das am 2. November gefeiert wird. Erst einige Jahrhunderte nach dem Allerheiligenfest verbreitete sich die Feier des Festes Allerseelen in der römisch-katholischen Welt. Der berühmte Abt Odilo von Cluny führte dieses Fest 998 als Erster für alle Cluniazenser-Klöster ein: So, wie der Allerheiligentag den bereits im Himmel angekommenen Heiligen und Märtyrern galt, so sei ein Tag vonnöten, an dem aller anderen Verstorbenen gedacht werde, die noch im Fegefeuer ausharren müssten, bis sie ihre Sünden gebüßt hätten. Das ganze Jahr über, besonders am Allerseelentag, könnten die Lebenden durch Gebete, Almosen und Kirchenbesuche eine Erleichterung der Qualen im Fegefeuer für ihre Verstorbenen erreichen. Eine Legende erzählt, ein Mitbruder aus Süditalien habe Abt Odilo auf die Idee mit dem Allerseelentag gebracht: Der hatte nämlich aus den Dörfern rund um den Ätna erfahren, »dass man aus der Tiefe des Vulkans oft ein Geheul der Teufel höre und diese sich schon oft darüber beklagt hätten, dass ihnen durch das Gebet der Mönche und durch Almosen so viele Seelen entzogen würden«.[6]

Weil der 2. November bei uns heute kein arbeitsfreier Tag mehr ist, hat sich das ursprünglich zum Allerseelentag gehörende Brauchtum mit dem des Allerheiligentages vermischt.

So gibt es das typische Gebäck des Allerseelentages bereits Ende Oktober zu kaufen. Gerade im Alpenraum haben sich viele brauchtümliche Speisen, insbesondere Backwaren, für diese Totenfesttage bis heute gehalten. Aber auch anderswo gedenkt man der Toten bis heute mit speziellen Speisen (siehe auch Seite 20).

DAS FEGEFEUER UND DIE ARMEN SEELEN, ODER: WER SIND DIE ARMEN SEELEN EIGENTLICH?

Die Armen Seelen, die im Fegefeuer leiden müssen und von den noch Lebenden Linderung erfahren können, begleiteten unsere Vorfahren auf Schritt und Tritt. Sagen und Gebräuche, Aberglauben und Gebete geben uns bis heute Zeugnis davon.

Wie man sich das Fegefeuer vorzustellen hatte, das war nie so eindeutig. Die bildlichen Darstellungen zeigen meist Menschen, die bis zum Bauch von Flammen umzüngelt werden und schreckliche Pein leiden. Die Hände haben sie erhoben zu Gott, Jesus oder einem Heiligen, der über ihnen im Himmel dargestellt ist und die Macht hat, sie aus dem Fegefeuer zu befreien. Erst im 6. Jahrhundert prägt Papst Gregor der Große die Vorstellung vom Fegefeuer. Feuer und Rauch kennen wir in der Kulturgeschichte seit Tausenden von Jahren als reinigend – heute noch reinigen wir Haus und Hof durch das Dreikönigsräuchern von allem Bösen. Nachdem man das Höllenfeuer irgendwo tief im Erdinneren glaubte, war auch das Fegefeuer in vielen Vorstellungen unterirdisch in der Erde angesiedelt. Andere vermuteten es irgendwo »in der Luft«, denn es war ja schon eine Vorstufe zum Himmel – nur die unrettbar verlorenen Seelen schmorten ja tief im Erdinneren in der Hölle. Und so entstand die andere Vorstellung von den Armen

Seelen, die nicht im Feuer litten, sondern die als Geistwesen auf der Erde und in der Luft wandeln mussten. Als Lichter geisterten sie an besonderen Orten wie Wegkreuzungen und Friedhöfen umher, kehrten an bestimmten Tagen an die Orte ihres Wirkens zurück und warteten auf Erlösung.

Eine Arme Seele war in der Vorstellung unserer Vorfahren die Seele eines Verstorbenen, der zwar mit Gott versöhnt einen guten Tod gestorben ist, dessen Seele aber noch eine Art restliche Bußzeit im Fegefeuer verbringen muss, um die nicht vergebenen Sünden abzubüßen – je nach Sündenkonto mal länger und mal weniger lang.

Allerseelenschiffchen in Schmidmühlen in der Oberpfalz.

Mit der Idee des Fegefeuers einher ging deshalb das Bestreben, schon zu Lebzeiten quasi vorzubeugen und möglichst viele Ablässe zu erreichen, auf dass man das Fegefeuer als zukünftige Arme Seele umgehen oder zumindest abkürzen könne. So entstand die kirchliche Ablasspraxis, die für Wallfahrten, Besuch von Messen und andere religiöse Praktiken Ablass von den Sünden versprach. Auch durch Geld- und andere Spenden konnte man den begehrten Ablass erreichen – besonders der Adel und reiche Bürger stifteten deshalb Kirchen, Klöster und kostbare Altäre, wenn sie ihr Ende nahe fühlten.

Arme Seelen, die noch nicht erlöst waren, versuchte man durch das Abhalten von Messen zu retten, durch Gebete und durch mancherlei abergläubische Praktiken. Brotkrumen warf man ins Ofenfeuer »für die Armen Seelen«, weil sie ja irgendwo in einem Feuer vermutet wurden. Wer beim Himbeeren- oder Brombeerenpflücken im Wald eine Beere fallenließ, der durfte nicht unter die Sträucher kriechen, um die verlorene Beere wieder aufzusammeln. Denn diese sei »für die Armen Seelen«, sagte man den Kindern. In manchen Wirtshäusern war es üblich, dass der Wirt am Allerseelentag den Gästen eine Mass Freibier spendierte, die »Allerseelenmass«. Beim ersten Anstoßen wurde dann statt des sonst üblichen »Prost« ein »Vergelt's Gott für die Armen Seelen« gesprochen. Am Abend des Allerseelentages gab es die Semmelmilch: In kalte Milch eingebrockte, extra für diesen Tag gebackene Semmeln wurden mit Zucker und Mohn bestreut und »im Beisein der Armen Seelen und zur Kühlung ihrer Brandwunden« verzehrt. Diese Liste der Speiseopfer ließe sich noch schier endlos verlängern. Allen gemein ist, dass sie wohl ein verchristliches Speiseopfer an die Naturgeister sind – ein Brauch, der sich seit vorchristlicher Zeit hartnäckig gehalten hat (siehe Seite 20).

Am Allerseelentag durften die Verstorbenen das Fegefeuer verlassen und an ihre einstige Wohnstätte zurückkehren, hieß es. »Schon das ganze Jahr freuen sie sich auf diesen Tag«, schrieb Franz Xaver Schönwerth 1857 in seinem Buch über die Oberpfalz, »und zeigen sich oft vierzehn Tage vorher als kleine Lichtlein«.

In Schmidmühlen im Landkreis Amberg-Sulzbach hat sich ein Brauch erhalten, der an die Seelen als Lichter erinnert: Am Allerseelentag setzen die Kinder nach dem Rosenkranz Kerzen auf einfachen Schifflein aus Holz oder Rinde in den nahen Fluss, die Lauterach. In der Dunkelheit schwimmen diese Allerseelenlichtlein dann zum Gedenken an die dahingegangenen Angehörigen davon – und kehren niemals wieder, so wie einst die lieben Verstorbenen.

Viele Sagen gibt es um unerlöste Seelen, die Lebenden begegnen und durch deren Ansprache erlöst werden. So erzählt man sich in Vogtareuth bei Rosenheim, dass dereinst an der Innlände aus einem Transportschiff Weinfässer ausgeladen wurden, die ein Knecht ins dortige Schloss bringen sollte. Dunkel war es schon, und unterwegs bemerkte der Mann, dass ein Fass undicht war und der Wein herausfloss. Er fand im Dunkeln die undichte Stelle nicht, bis ein kleines Lichtlein auftauchte und ihm so lange leuchtete, bis er das Leck verschlossen hatte. Da bedankte sich der Mann und sagte: »Vergelt's Gott tausendmal!«, und das Licht antwortete: »Jetzt hast du mich aus dem Fegefeuer erlöst!«, und verschwand.

BRAUCHTÜMLICHES ALLERSEELENGEBÄCK

Allerseelenzöpfe oder -striezel

Allerseelenzöpfe oder -striezel werden heute noch verkauft oder selbst gebacken, aber wohl nicht nur wie früher von den Paten an die Patenkinder verschenkt. Als Süßigkeiten im Alltag noch selten waren, gehörten die süßen Hefezöpfe zu Allerseelen zu den begehrten Geschenken, auf die die Kinder schon warteten. Mit der Patengabe verbunden war der Auftrag, für alle Verstorbenen zu beten und dereinst auch für die Geber, die Paten, um die Zeit im Fegefeuer zu verkürzen.

Die Form des Gebäcks, zu einem Zopf aus drei oder mehr Strängen geflochtener Hefeteig, hängt wohl mit in der Antike üblichen Trauerkulten zusammen: Zum Zeichen der Trauer schnitten sich die Angehörigen des Verstorbenen das Haar ab. Das Haar galt in der Mythologie als Sitz der Seele, auch als Sitz der Kraft, wie die Legende von Samson im Alten Testament zeigt: Erst als er heimlich im Schlaf geschoren wird, verliert der mythische Riese seine übermenschlichen Kräfte und kann überwältigt werden. Vielleicht sollte das Geschenk eines Gebäcks in Zopfform dem Beschenkten auch Kraft verleihen? Bis weit in die Neuzeit sah man das Haar als zauberkräftig an. So schnitt man etwa der hoch verehrten seligen Mechtildis aus Dießen am Ammersee nach ihrem Tod 1160 das lange Haar ab. Es hing zuletzt eingelötet in einer Kapsel an der Wetterglocke im Turm des Marienmünsters zur Abwehr von Unwettern, bis im Jahr 1827 ein Blitz in den Kirchturm einschlug und der darauffolgende Brand auch die wertvollen Haare vernichtete.

Allerseelenzopf

Kurz vor dem Allerseelentag wurden früher Hefezöpfe gebacken: kleine als Geschenk für jedes Patenkind, größere für die Familie. Heute kauft man sie beim Bäcker – wenn man überhaupt noch daran denkt, zu Allerseelen einen Zopf zu verschenken. Warum die alte Tradition nicht wiederaufleben lassen? Einen Zopf zu backen ist ganz einfach, der Teig ist fast der gleiche wie der für die Berchtnudeln (Seite 142).

ZUTATEN

¼–½ Würfel Hefe (10–20 g)
200–250 ml Milch
50 g Zucker
50 g Butter
500 g Weizenmehl Type 550
Salz
1 Ei
Evtl. 100 g Rosinen
Mehl für die Arbeitsfläche
1 Ei zum Bestreichen

Für 1 großen, 2 kleine oder 4 Mini-Zöpfe

Zubereitungszeit: 30 Minuten
+ 1 ¼–2 ¼ Stunden Gehenlassen
+ 35–45 Minuten Backen

SO WIRD'S GEMACHT

Hefe (Menge je nach Zeit, die zum Gehen zur Verfügung steht), 200 ml lauwarme Milch und etwas Zucker in einer Tasse glatt rühren und 15 Minuten gehen lassen. Alle Teigzutaten (zimmerwarm) zu einem glatten, relativ festen Teig abschlagen, evtl. noch etwas mehr Milch zugeben. Nach Belieben Rosinen unterkneten. Den Teig zugedeckt 1–2 Stunden gehen lassen.

Den Teig auf die bemehlte Arbeitsfläche geben und für einen großen Zopf in drei gleich große Portionen teilen bzw. sechs Portionen für zwei Zöpfe oder 12 für vier Zöpfe. Am besten mit einer Küchenwaage gleich schwere Portionen abwiegen, damit die Zöpfe gleichmäßig werden.

Die Portionen jeweils rundschleifen (mit der hohlen Hand auf der Arbeitsfläche zu einer glatten Kugel schleifen), dann zu gleich langen Strängen rollen. Je drei gleich lange Stränge nebeneinanderlegen, am Anfangspunkt fest zusammendrücken und die Stränge zu einem Zopf flechten. Die Enden ebenfalls fest zusammendrücken und den Zopf / die Zöpfe auf ein mit Backpapier belegtes Blech setzen. Abgedeckt 30 Minuten gehen lassen. Den Backofen auf 180 °C (Ober-/Unterhitze) vorheizen.

Das Ei mit 1 EL Milch verquirlen und die Zöpfe damit bestreichen. Im Backofen auf der unteren Schiene 35–45 Minuten (je nach Größe der Zöpfe) backen.

Schwäbische Seelen

ZUTATEN

1 kg Dinkelmehl (Type 630)

1 EL Salz

30 g frische Hefe (¾ Würfel)

700 ml Wasser

Grobes Salz und Kümmel zum Bestreuen

Für etwa 2 Bleche

Zubereitungszeit: 30 Minuten + Gehenlassen über Nacht + 2 x 30 Minuten Backen

SO WIRD'S GEMACHT

Mehl in eine Schüssel sieben, Salz untermischen. Die Hefe mit etwas Wasser verrühren und mit dem restlichen Wasser zum Mehl geben. Zu einem Teig verkneten und mindestens 5 Minuten durchkneten. Den sehr weichen Teig mit Folie abdecken und über Nacht in den Kühlschrank stellen. Am nächsten Tag den Backofen auf 250 °C (Ober-/Unterhitze) schalten und ein Blech mit Backpapier auslegen. Den Teig in der Schüssel kurz zusammenkneten. Mit der Teigkarte längliche Stücke abstechen und mit nassen Händen als etwa 15–20 cm lange und zweifingerdicke Würste auf das Blech legen.

Die Seelen mit Salz und Kümmel bestreuen. Das Blech in den Backofen schieben und ganz schnell auf den Boden des Backofens eine Tasse Wasser schütten. Die Ofentüre sofort schließen und die Seelen in etwa 20–30 Minuten hellbraun backen.[7]

Spitzl

In Ost- und Nordbayern fällt das Allerseelengebäck traditionell süß und üppig aus: Die Allerseelenspitzl bestehen aus süßem Kuchenteig, gern ein Biskuitteig, früher verwendete man Lebkuchenteig. Er wird in speziellen Kuchenformen in Form einer Raute gebacken, mit Creme gefüllt und mit Zuckerrosen und Spritzglasur verziert. Auch die Spitzl für die Patenkinder kauft man üblicherweise beim Konditor – es gibt sie bis heute: in traditionellen handwerklichen Bäckereien und Konditoreien, aber auch auf den beliebten Spitzlmärkten, die alljährlich am Tag vor Allerheiligen stattfinden, zum Beispiel im Hemau bei Regensburg und im niederbayerischen Kelheim.

Schwäbische Seelen

Im Gegensatz zu den süßen Hefezöpfen, Spitzln und Striezeln im Bayerischen Wald, im südöstlichen Bayern und in Österreich gab es im westlichen Süddeutschland die schwäbischen Seelen, ein helles Dinkelgebäck mit Salz und Kümmel, das es mittlerweile rund ums Jahr auch außerhalb Schwabens zu kaufen gibt. Ihr Name weist bis heute auf ihren Ursprung hin. Seelen wurden früher nur zum Allerseelentag gebacken, und einer netten Legende zufolge hat sie ein schwäbischer Bäcker »erfunden«. Zur Rettung seines Seelenheils hatte er gelobt, an Allerseelen jedem Obdachlosen ein Brot zu schenken. Kurz vor dem Totengedenktag holte ihn jedoch seine sprichwörtliche Sparsamkeit ein, und er formte die Brote so klein, dass er nicht zu viel verschenken musste, aber sein Gelübde doch noch erfüllen konnte.

Die schon erwähnte Seelenbrezel kannte man nicht nur im Chiemgau, sondern auch in der Augsburger Gegend. Und im Gebiet zwischen Isar und Mangfall, nördlich von Bad Tölz, »backt man Seelmugeln, welche am Seelentage nach der Kirche an die Armen vertheilt werden«, notiert Joseph Lentner um 1850 im Auftrag des bayerischen Kronprinzen Max.

Man unterschied nämlich klar zwischen den süßen Seelwecken oder -zöpfen für die Patenkinder, Godelwecken hießen sie auch, und den sogenannten Spendwecken aus einfachem Brotteig. An Allerseelen zogen die »Seelengänger« – Kinder und arme Familien – von Haus zu Haus und wurden von der Bäuerin mit Seelwecken beschenkt. Die Wissenschaft nennt dies einen Heischebrauch: Die Seelengänger wollen nämlich etwas erheischen – ebenso wie etwa die Klöpfler (Seite 98), die Sternsinger (Seite 176) oder auch die Kinder, die an Halloween an die Türen klopfen. »Wir bitten um an Zelten, der Herrgott wird's ver-

Die Bäuerin verteilt Seelenwecken, Grafik von 1885.

gelten!« ist einer der überlieferten Heischesprüche an Allerseelen. Es gab auch längere Verse, der bekannteste geht so: »I bitt gar schee [schön] um an Wecken, gebt's ma fei an weißn, an schwarzen konn i net beißn. Gebt's ma an langa, an kurzn ko i net glanga [an einen kurzen kann ich nicht gelangen]« – mit dem weißen war das feine Weizenmehl gemeint, der schwarze Wecken bestand aus dem derben Roggenmehl. Das »Vergeltsgott« der Armen war der Dank, und der Lohn war Gottes Segen, der fortan über dem Haus lag. »Jeder Dank für einen Seelwecken rettet eine Arme Seele aus dem Fegefeuer« – Seelwecken sollten auch die Verstorbenen erfreuen. Und die edlen Spender versprachen sich Vorteile fürs eigene Seelenheil.

Nach Peter Rosegger zogen im 19. Jahrhundert in der Steiermark am Vorabend des Allerheiligenfestes die Armen »in ganzen Familien scharenweise von Haus zu Haus, von Ort zu Ort, und jedes hat seinen Sack oder seinen Korb (...) Sie kommen ins Haus, sie stehen an der Türschwelle, sie grüßen mit dem vielstimmigen Ruf ›Bitt gar schön um einen Allerheiligenstriezel!‹«. Die »Striezelbettler« wurden von den Bauern mit Freude willkommen geheißen, denn eine große Anzahl von Heiligenstriezelsammlern galt als Vorbote eines gesegneten Jahres. Jedes »Vergelt's Gott, Allerheiligen« sei, so der Glaube, für das Kornfeld mehr wert als ein Fuder Dünger.[8]

Das Stuck

Ein ganz besonderes Allerseelengebäck hat sich im äußersten Südosten des Landes erhalten, im Berchtesgadener Talkessel. Abgeschieden durch einen hohen Pass, den Hallthurm, hat hier uraltes Brauchtum länger überlebt als anderswo. Das Stuck wird bis heute von einigen Bäckereien angeboten, inzwischen vom ersten Schultag im September an bis zum Nikolaustag. Früher gab es das Stuck nur um Allerseelen herum, aber die wachsende Beliebtheit ließ den Zeitraum, in dem das Stuck erhältlich ist, beträchtlich anwachsen. »Die Leute warten schon das ganze Jahr darauf, dass es wieder a Stuck gibt«, erzählt der Bäcker Zechmeister. Das Stuck wird in sogenannten Tafeln von zwei mal drei Stück verkauft, das sind sechs zusammengebackene Brötchen. Sie bestehen aus einem Weizenteig mit geringem Roggenanteil, der für die dunkle Färbung der Krume verantwortlich ist. Weihnachtliche Gewürze wie Zimt, Nelken und Korinthen sind für den ganz speziellen Geschmack verantwortlich. Das Stuck gibt es schon seit alter Zeit. Die älteren Berchtesgadener erinnern sich noch an das Stuckgeld, das sie von ihren Paten an Allerseelen bekommen haben, fünfzig Pfennig waren das in den 1960er Jahren, erzählt eine Frau. Das war bei den Kindern beliebter als das Gebäck selbst, denn für das Geld konnte man sich Süßigkeiten kaufen.

Der Brauchtumsforscher Rudolf Kriss (1901–1976) kannte das Stuck aus seiner Kindheit in Berchtesgaden: »Kinder ärmerer Eltern zogen an diesem Tag [dem Allerseelentag] von Haus zu Haus und bettelten um jenes Backwerk mit dem Ruf: ›Bitt goar schö um a Stuck‹, wobei das letzte Wort im singenden Tonfall sehr gedehnt gesprochen wurde. Man nannte dies das Stuckbetteln … [Man gab] den Stuck-Bettlern gern, wahrscheinlich, um für die Armen Seelen recht viele Vergelt's Gott zu bekommen. Schon 1731 beschwerte sich der Pfarrer von Schellenberg, dass die Leute wegen des Stuckeinsammelns den Gottesdienst versäumten. … Manche werfen das erste Gebäck, das sie davon backen, zum Verbrennen für die Armen Seelen in den Ofen.«[9]

Berchtesgadener Stuck

Das Rezept für das Berchtesgadener Stuck hat mir Bäckermeister Andreas Zechmeister aus Schönau am Königssee verraten.

Für 18 Stück / 3 Tafeln à 6 Stück

Zubereitungszeit:
30 Minuten + 1 ¼ Stunden Gehenlassen
+ 20 Minuten Backen

ZUTATEN

400 g Weizenmehl Type 550
100 g Roggenmehl Type 997
¾ Würfel Hefe (30 g)
1 EL Zucker
1 TL Salz
1 TL Zimt
1 Msp. gemahlene Nelken
170 g Korinthen
Mehl für die Arbeitsfläche

SO WIRD'S GEMACHT

Weizen- und Roggenmehl in eine große Schüssel geben und eine Mulde hineindrücken. 285 ml lauwarmes Wasser bereitstellen. Hefe in die Mehlmulde bröckeln, Zucker zugeben und mit einigen EL lauwarmem Wasser glatt rühren. 15 Minuten gehen lassen.

Restliches Wasser, Salz, Zimt und Nelken zugeben und alles zu einem geschmeidigen Hefeteig verkneten. Die Korinthen unterkneten. Den Teig abgedeckt 30 Minuten gehen lassen. Den Backofen auf 250 °C (Ober-/Unterhitze) vorheizen.

Den Teig in 18 gleich große Portionen teilen und jedes Teigstück rundschleifen (mit der hohlen Hand auf der Arbeitsfläche zu einer glatten Kugel schleifen). Auf einem Backblech jeweils 6 Stück eng aneinanderlegen. Abgedeckt 30 Minuten gehen lassen, mit Wasser bepinseln und bei 250 °C (Ober-/Unterhitze) 20 Minuten backen.

BOHNEN ALS TOTENSPEISE

Bis zum Beginn des 20. Jahrhunderts war es mancherorts üblich, den heimkehrenden Seelengeistern nachts ein Seelenmahl aufzutischen, wie die Lehrerstochter Franziska Hager aus dem Chiemgau berichtet.[10] Noch um 1900 stand das sogenannte »Seelnapferl« für die Armen Seelen mit Brot über Nacht in der Küche. Andernorts legte man vor dem Schlafengehen Brot oder einen Allerseelenzopf »für die Armen Seelen« außen auf die Fensterbank, sodass sich Arme im Schutz der Dunkelheit bedienen konnten. Auf dem Samerberg am oberbayerischen Alpenrand war der »Seelnapf« auf dem Grab mit Bohnenbrei gefüllt.

Warum es ausgerechnet Bohnen waren, ist heute aus dem Bewusstsein der Menschen verschwunden. Schon in der griechischen und römischen Antike, ebenso wie bei den Ägyptern, galten Bohnen als Totenspeise. Einem Teil der römischen Priesterkaste war der Genuss von Bohnen verboten, weil man diese Früchte als Sitz der Seelen und als aphrodisisch, also sexuell anregend, ansah. Bohnen stellten eine Verbindung zum Totenreich her. Vermutlich hängt das mit dem Naturwunder Bohne zusammen: Aus dem getrockneten, scheinbar toten Bohnenkern kommt ein Keim, aus dem neues Leben entsteht. Es hieß, dass Bohnen den Seelen der Verstorbenen eine Wiederverkörperung erleichtern oder dass die Seelen gar in den Bohnenkernen wohnen würden.

Bohnen gehörten aber auch zu den Hauptnahrungsmitteln der Menschen des Altertums. Da getrocknete Bohnen lange haltbar waren, wurden sie in den alten Hochkulturen wie in Ägypten und Griechenland den Toten als Grabbeigaben mitgegeben, damit diese ausreichende Nahrung auf dem langen Weg ins Jenseits haben sollten.

Fave dei Morti – »Bohnen der Toten«: Die süßen Kekse gibt es in Italien zum Allerseelentag.

Aus der römischen Antike ist überliefert, dass man nach dem Tod eines Familienmitglieds annahm, dass in den darauf folgenden Nächten die hungrigen und missgesinnten Totengeister um die Häuser streichen und in diese einzudringen versuchen. Um Mitternacht wusch deshalb der Haushaltsvorstand seine Hände in klarem Quellwasser, berührte sein Gesicht mit dem Daumen, wandte sich um und warf schwarze Bohnen mit abgewendetem Gesicht von sich, wobei er neunmal ausrufen musste: »Das werfe ich von mir, mit diesen Bohnen kaufe ich mich und die Meinen frei.« Man nahm an, dass die Geister die Bohnen aufsammelten und verschwanden.[11] Das gleiche Ritual fand beim römischen Lemuria-Fest zum Gedenken an die Ahnen statt. Auch in Japan ist »mame maki«, das rituelle Bohnenstreuen gegen böse Geister, bis heute bekannt. Es wird beim Setsubun-Fest Anfang Februar zelebriert. Einer Sage der griechischen Antike zufolge sollen die Bohnen zusammen mit dem Menschen aus dem »Urschlamm« hervorgegangen sein – auch dies ein Zeugnis dafür, dass Bohnen eine Verbindung mit der jenseitigen Welt nachgesagt wurde.

Im südlichen Alpenraum, in Südtirol, Venedig, Dalmatien und Kärnten, war die Bohnensuppe ebenfalls als Allerseelenspeise bekannt. In Norditalien, von Venedig über Triest bis Bergamo, gibt es bis heute zum Allerseelentag die *Fave dei morti*, das sind süße kleine Kekse, die oft in drei Farben in Konditoreien verkauft, aber auch zu Hause gebacken werden: weiß, rosa und braun. Der Name *Fave* erinnert an den Ursprung dieses Brauchs: *Fava*, Plural *fave*, das ist die Saubohne oder Dicke Bohne, die schon vor 2000 Jahren bei den Totengedenktagen im alten Rom eine wichtige Rolle spielte.

Nicht nur in Bayern kennt man übrigens bis heute das Gebot, in den Zwölfnächten auf Bohnen und andere Hülsenfrüchte zu verzichten. Wer dennoch in diesen Tagen zwischen Weihnachten und Dreikönig, in denen böse jenseitige Mächte ihr Unwesen treiben, Bohnen isst, bekommt angeblich fürchterliche Geschwüre – wieder ein Hinweis darauf, dass man Bohnen eine enge Verbindung zur Anderswelt nachsagte.

REFORMATIONSTAG – 31. OKTOBER

Evangelische Christen feiern am 31. Oktober, dem Tag vor Allerheiligen, den Reformationstag zur Erinnerung an die Reformation Martin Luthers, der ja am 31. Oktober 1517 sein berühmtes Thesenpapier an die Kirchentür in Wittenberg angeschlagen haben soll. Am Vorabend von Allerheiligen hat Luther unter anderem seinen Hauptkritikpunkt an der kirchlichen Ablasspraxis geäußert: Gegen Geldzahlung könne es keinen Sündenablass geben. Und auch zu diesem Fest haben findige Bäcker ein eigenes Gebäck erfunden: Zur Erinnerung gibt es in Sachsen an diesem Tag Reformationsbrötchen – deren vier Blätter mit dem Marmeladenklecks in der Mitte an die Lutherrose angelehnt sind. Eigentlich müssten es ja fünf Blätter sein, aber backtechnisch sind vier Blätter einfacher herzustellen.

Reformations-brötchen

Dieses Rezept stammt von Lutz Geißler, der mit seinem Plötzblog (www.ploetzblog.de) den größten deutschen Brotbackblog betreibt. Er schreibt dazu: »Die Reformationsbrötchen werden von vielen Bäckereien angeboten. Im Prinzip bestehen sie aus einem butterreduzierten Stollenteig und werden in Form der Lutherrose gestaltet. Üblicherweise bestehen sie aus vier Segmenten, die Lutherrose aber eigentlich aus fünf Segmenten. Um der Lutherrose, die Grundlage der Brötchen sein soll, gerechter zu werden, habe ich die Form abgewandelt und fünf Segmente eingeschnitten.«

Für 15 Brötchen (3 Bleche)

Zubereitungszeit am Backtag:
2,5–5,5 Stunden
Zubereitungszeit gesamt: 17–28 Stunden

ZUTATEN
FÜR DIE FRÜCHTEMISCHUNG:
450 g Sultaninen
160 g Zitronat
40 g Orangeat
200 ml Milch

BUTTER-MANDEL-MISCHUNG:
200 g gemahlene Mandeln
5 g geriebene Bittermandeln
50 ml Milch
175 g kalte Butter
70 g Zucker
50 g klarer Honig

FÜR DAS MEHLKOCHSTÜCK:
40 g Weizenmehl Type 550
200 ml Milch (3,5% Fett)
11 g Salz

HAUPTTEIG:
Mehlkochstück
Früchtemischung
Butter-Mandel-Mischung
620 g Weizenmehl Type 550
195 ml kalte Milch (3,5% Fett)
13 g Frischhefe
Mehl für die Arbeitsfläche
etwas rote Marmelade zum Füllen
etwa 100 g Puderzucker zum Bestreuen

SO WIRD'S GEMACHT

Für die Früchtemischung Sultaninen, klein gewürfeltes Orangeat und Zitronat mit Milch übergießen und 12–24 Stunden quellen lassen. Die Früchte ab und zu durchmischen.

Für die Butter-Mandel-Mischung Mandeln und Bittermandeln in eine Schüssel geben, die Milch erhitzen und darüber gießen. Butter mit Mandel-Milch-Mischung, Zucker und Honig kurz miteinander verkneten (am besten in der Maschine, um nicht zu viel Handwärme einzutragen). 12–24 Stunden bei 5–8 °C lagern.

Das Mehl für das Mehlkochstück mit Milch und Salz verrühren und unter Rühren aufkochen. So lange weiterrühren, bis sich ein dicker Brei gebildet hat (ca. 1–2 Minuten). Abgedeckt mindestens 3–4 Stunden auf Zimmertemperatur auskühlen lassen.

Die Hauptteigzutaten – außer Früchte- und Butter-Mandel-Mischung – 5 Minuten auf niedrigster und 5 Minuten auf zweiter Stufe verkneten, bis ein fester, nicht klebender und sich vom Schüsselrand lösender Teig entstanden ist. Die Butter-Mandel-Mischung 10 Minuten auf zweiter Stufe einkneten, anschließend langsam die Früchte einmischen (Teigtemperatur ca. 25 °C). Den Teig 1 Stunde bei Zimmertemperatur ruhen lassen. Dann den Teig für 12–20 Stunden im Kühlschrank (5 °C) lagern.

150 g schwere Stücke abstechen, rundschleifen, in Mehl flachdrücken und vom Rand nach innen mit einer Teigkarte fünf tiefe Schnitte einstechen, sodass fünf »Rosenblätter« entstehen. In die Mitte des Teiglings eine tiefe Delle drücken und mit einem TL roter Marmelade füllen.

Die Teiglinge abgedeckt 2–5 Stunden bei Zimmertemperatur reifen lassen (sie werden sich kaum vergrößern). In dieser Zeitspanne können sie ohne Probleme nacheinander gebacken werden. Zum Backen die Teiglinge auf mit Backpapier belegte Bleche setzen und im vorgeheizten Backofen bei 200 °C (Ober-/Unterhitze) 16–18 Minuten mit Dampf backen. Dafür eine Schale mit Wasser auf den Boden des Backofens stellen.

Die Reformationsbrötchen auskühlen lassen und vor dem Servieren mit Puderzucker bestreuen.

HALLOWEEN — 31. OKTOBER

Am Vorabend von Allerheiligen wird auch ein scheinbar ganz und gar unchristliches Fest gefeiert – mit scheußlichen Horrorkostümen, Kürbisfratzen und schrillen Gruselpartys. Halloween heißt das aus Nordamerika in die Alte Welt herübergeschwappte Geistertreiben, und es ist ein Reizwort für manche Brauchtumsfreunde, die sich der Tradition verpflichtet fühlen. Doch wenn man nach den Wurzeln dieses absonderlichen Festes forscht, stellt man fest: Es hat seinen Ursprung in Glauben und Aberglauben rund um unsere beiden Totengedenktage.

Das Wort »Halloween« bedeutet nichts anderes als »Allerheiligen«. Es ist eine Verballhornung des Ausdrucks *all hallow's eve* – das ist englisch und heißt »aller Heiligen Abend«. Es bezeichnet also den Vorabend des Allerheiligentages und wird folgerichtig am 31. Oktober gefeiert. Die Wurzel ist die gleiche wie die unserer beiden christlichen Totengedenktage. Von schottischen und irischen Auswanderern wurde das Allerheiligenfest einst in die Neue Welt getragen. Erst dort hat es sich dann zu dem Kürbis-Grusel-Klamauk entwickelt, der jetzt wieder zu uns kommt.

Die Iren erzählten sich auch die Sage von Jack O'Lantern, »Jack mit der Laterne«: Dieser Jack war ein alter, trunksüchtiger Hufschmied, den einst der Teufel in sein Reich holen wollte. Jack überlistete den Herrn der Hölle aber, sodass dieser ihm versprechen musste, sich niemals seiner Seele zu bemächtigen. Als Jack dann starb, wurde er wegen seines verwerflichen Lebens im Himmel nicht eingelassen. Aber auch die Höllenpforte blieb ihm verschlossen – wegen seines Pakts mit dem Teufel. Dort erhielt er aber wenigstens ein Stück glühende Kohle aus dem Höllenfeuer. Jack legte die Kohle in eine ausgehöhlte Steckrübe, damit sie nicht verlösche, und zieht damit seither durch die dunkle Welt zwischen Himmel und Hölle. Ein Licht in einem ausgehöhlten Kürbis, heißt es, soll seitdem den Teufel und böse Geister abhalten – eine Erinnerung an unsere Grablichter am Allerheiligentag.

Die Steckrübe wurde in Amerika bald durch den viel besser zu dem Zweck geeigneten Kürbis ersetzt, ließ sich die harte Schale doch auch noch wunderbar mit geschnitzten Fratzen versehen. Und der Glaube an umherziehende Geister und Seelen aus der Totenwelt führte zu den Verkleidungen, wie wir sie heute in unseren Kaufhäusern sehen. Amerikanische Kinder und Jugendliche, aber auch Erwachsene, verkleiden sich aufs Gruseligste als Gespenster und Horrorgestalten. Die Kinder ziehen von Haus zu Haus mit ihrem Spruch »Trick or treat« – »Spende oder Streich«. Wer den Kindern keine Süßigkeiten gibt, dem wird ein böser Streich gespielt.

Hier wie dort lebt also der Glaube an die umherwandernden Seelen der Toten am Vorabend des Totengedenktages fort. Sogar der Heischebrauch der umherziehenden Kinder hat sich erhalten, wenn auch in einer moderneren Form. Dass in Amerika, wie inzwischen auch bei uns, Gruselpartys mit ebenso aussehenden Speisen veranstaltet werden, dass die »Streiche« an Halloween in Vandalismus ausarten und dass sich die Industrie immer neue Halloween-Produkte ausdenkt, um noch mehr Geld zu verdienen – das hat natürlich mit dem alten Totengedenktag nichts mehr zu tun.

Jedoch war man überall froh, wenn die Totengedenktage zu Beginn der dunklen Jahreszeit vorbei waren. Denn es hieß: »Nach der Kirbe (Kirmes/Kirchweih – am dritten Sonntag im Oktober) kommt Allerheiligen, und nach Allerheiligen kommt der Teufel.«

LEONHARDI – 6. NOVEMBER

Einer der wichtigsten ländlichen Feiertage war früher der Leonharditag, und in manchen bayerischen und österreichischen Gemeinden ist er das noch heute.

Schon Tage vorher striegeln die Bauern ihre Pferde, putzen Leiterwagen und Truhenwagen, Geschirr und Zaumzeug werden gesäubert und auf Hochglanz gewienert, ebenso wie Schuhe und Stiefel der Reiter und Reiterinnen und deren schönstes Gewand. Immer noch ist es die Aufgabe der Frauen im Dorf, viele Meter an grünen Girlanden aus Tannen- oder Fichtengrün zu binden für den Schmuck von Wagen und Kutschen. Am Festtag in aller Frühe wendet man große Mühe für den Schmuck der Pferde auf: Mähne und Schweif werden zu Zöpfchen geflochten und mit bunten Bändern und Blumen geschmückt. Denn sie stehen an diesem Tag im Zentrum der Aufmerksamkeit: Leonhard ist *der* Pferdepatron, zu dem man im Herbst rund um seinen Gedenktag am 6. November pilgert. Nach dem Erntedankfest, dem Dank für eine gute Ernte auf den Feldern und im Garten im September/Oktober, folgt der Tag, an dem man für die Gesundheit des Viehs im Stall dankt, der Rinder und insbesondere der Pferde, und den Segen des Heiligen für ein weiteres Jahr auf Haus und Hof samt dem Vieh erfleht. Jedes Kind kannte früher den Spruch: »Nach der vielen Arbeit Schwere an Leonhard die Rösser ehre.«

Der heilige Leonhard zählt zu den in ganz Europa verehrten Heiligen. Er wird, schreibt das Handwörterbuch des deutschen Aberglaubens vor knapp hundert Jahren, »in Deutschland jetzt viel mehr verehrt als in Frankreich, am meisten in Bayern und seiner Nachbarschaft, beinah als der ›bayerische Herrgott‹. Sein Gedächtnistag (6. November) war früher der Hauptfesttag nach Ostern, Pfingsten und Weihnachten«.[12] Eine Sage weiß, was einer Bäuerin widerfuhr, die das Arbeitsverbot am Leonhardstag missachtete: In Zell in Niederbayern soll die Frau am Feiertag Brotteig geknetet haben. Von der Nachbarin zurechtgewiesen, antwortete sie: »Leonhardi hin, Leonhardi her! Und sollten mir die Hände im Teig stecken bleiben – ich muss heute backen!« Als sie ihre Arbeit fortsetzen wollte, »blieben ihr«, wie es heißt, »die Hände im Teig stecken bis auf den heutigen Tag«.

Leonhard – der »bayerische Herrgott«

Ob Leonhard tatsächlich gelebt hat, ist umstritten. Der Überlieferung nach wurde er um 500 im Limousin, im heutigen Zentralfrankreich, geboren, und gehörte der Oberschicht an: Seine Eltern stammten aus der Familie des Frankenkönigs Chlodwig. Getauft wurde Leonhard vom heiligen Remigius, Bischof von Reims, dessen Schüler er zunächst gewesen sein soll. Am Hof des Frankenkönigs besuchte Leonhard täglich die Gefangenen und erwirkte in vielen Fällen ihre Freilassung. Mit der Kette als Attribut wird Leonhard deshalb bis heute dargestellt. Später wurde ihm die Übernahme eines Bistums angeboten, was er aber ausschlug, um als Einsiedler im Wald östlich von Limoges zu leben.

Eines Tages soll sich Chlodwigs Sohn, König Theoderich, in Begleitung seiner schwangeren Frau in ebendiesem Wald aufgehalten haben, der König wollte jagen. Da setzten bei der Königin die Wehen ein, und Theoderich flehte den Gottesmann an, bei seiner Gemahlin zu bleiben und um göttlichen Beistand zu beten. Und tatsächlich gebar die Königin einen gesunden Sohn. Dieser Teil der Legende erklärt das Patronat Leonhards für Schwangere und für eine glückliche Geburt. Der König will Leonhard mit Reichtümern beschenken, doch dieser erbittet nur ein Stück Wald bei Noblac. Darauf errichtet Leonhard ein Kloster, als dessen Abt er am 6. November 559 gestorben sein soll.[13]

»Nobiliacum« heißt das Gebiet um das neue Kloster zunächst, wohl, weil es eine königliche (lat. *nobilis* = adelig, edel) Schenkung war. Als solche war es auch mit Privilegien belegt, zum Beispiel dem Asylrecht. Gefangene und Verfolgte wandten sich an Leonhard mit der Bitte um Hilfe. Und tatsächlich wird berichtet, dass Leonhard vor und nach seinem Tod allein durch sein Gebet die Ketten von zahlreichen Gefangenen hat zerspringen lassen. Schon das Gebet in einer Leonhardskirche soll, wie es heißt, Ähnliches bewirken können.

Der Heilige am Hochaltar der Kuratiekirche St. Leonhard am Wonneberg bei Waging am See/Oberbayern.

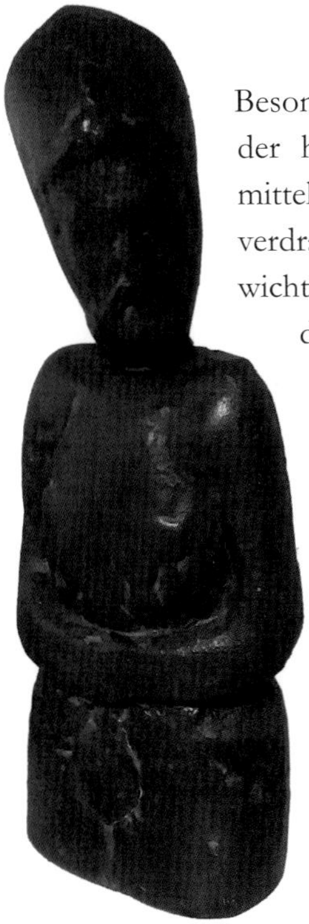

Besonders auf dem Land wurde der heilige Leonhard im Spätmittelalter zum Viehheiligen. Er verdrängte damit die bis dahin wichtigsten Schutzpatrone für das Nutzvieh: die Heiligen Wendelin, Stephan, Georg und Martin. Die Kette der Gefangenen in Leonhards Händen – sein Attribut, an dem man ihn auf Darstellungen leicht erkennt – wurde zur Viehkette umgedeutet. Ab etwa 1100 hat man ihm unzählige Kirchen und Kapellen gewidmet, die oft mit einer Kette umspannt wurden. Dabei erstreckte sich der Schwerpunkt der Verehrung des Heiligen trotz seiner großen Beliebtheit auf einen ziemlich kleinen Raum von den Alpen bis zum Main: Süddeutschland und Österreich sind seit fast tausend Jahren fest in der Hand Leonhards, wenn es um den Schutz der Stalltiere geht. Vergleichsweise wenige Kirchen und Kapellen gibt es in Frankreich, der Schweiz und in Deutschland nördlich des Mains. Allerdings findet man die Spuren Leonhards auch an Orten, an denen man sie nicht vermutet, etwa am Markusdom in Venedig[14]. Sie stammen aus der Zeit der Kreuzfahrer, denn damals riefen die Soldaten der Kirche den Heiligen an, wenn sie in Gefangenschaft geraten waren auf ihren Zügen gen Osten.

Daneben galt Leonhard auch schon immer als Patron der sogenannten Geisteskranken, der psychisch Erkrankten, denn auch sie wurden früher in Ketten gehalten.

Im süddeutschen Raum waren es besonders die Rösser, die die Bauern dem heiligen Leonhard anbefohlen haben. Am Leonharditag, dem 6. November, zogen vermutlich schon im späten Mittelalter Bauern mit ihren Pferden zu den Leonhardskirchen, um den Beistand des Heiligen zu erbitten. Dreimal umritten sie die Kirchen und Kapellen, um durch das magische Umkreisen den Segen für Pferd und Reiter, Haus und Hof zu erhalten. Im 18. und 19. Jahrhundert entwickelten sich daraus die zahlreichen Leonhardiritte und Leonhardifahrten, von denen einige bis heute gepflegt werden. Besonders im bayerischen Oberland, wo die Pferde bis vor wenigen Jahrzehnten auch in den schwer zugänglichen Bergwäldern zur Forstarbeit eingesetzt wurden, waren die massigen Kaltblüter der Stolz von Bauern, Gutsherrn, Brauern und Wirten, von Flößern und Treidlern, Kaufleuten und Fuhrmännern.

Seit Beginn des 14. Jahrhundert nachweisbar ist Deutschlands ältester und bis zur Säkularisation wichtigster Wallfahrtsort zum heiligen Leonhard: Inchenhofen in Schwaben. Bis heute findet hier auch ein Leonhardiritt statt – ebenso wie etwa in Kreuth und Bad Tölz in Oberbayern, St. Leonhard bei Grödig und Leogang im Salzburger Land und vielen anderen Orten. Ein eigenes Leonhardimuseum gibt es in Aigen am Inn.

Votivgaben für den heiligen Leonhard in Aigen am Inn: Der größte »Würdinger« ist 78 cm hoch und wiegt 145 kg.

Leonhardskapelle am Taubenberg/Lkr. Miesbach (oben). Leonhardifahrt von Murnau nach Froschhausen (rechts).

»Leonhard ist der große Eisenherr, und Eisengaben rufen fast immer seine Hilfe herbei.«[15] Am Leonhardstag war es in vielen Kirchen üblich, dass die Wallfahrer in der Kirche einem großen Korb Eisenvotive entnahmen, dafür entsprechend der Anzahl der entnommenen Votive Geld in den Opferstock warfen und mit den Votiven in der Hand den Altar umschritten. Wer es sich leisten konnte, zahlte für so viele Stück Eisenvotive, wie er Stück Vieh im Stall stehen hatte.

Die eisernen Votivtiere wurden dann wieder eingesammelt und erneut verwendet. Aber auch Hufeisen, besonders solche von kranken oder verunfallten Tieren, wurden dem heiligen Leonhard geopfert und entweder an die Kirchentüren genagelt oder eingeschmolzen. Aus ihnen fertigte man die Ketten, mit denen die berühmten Kettenkirchen[16] umspannt sind, aber auch sogenannte Leonhardsklötze: große, unglaublich schwere eiserne Gestalten – grobe Rumpffiguren ohne Arme und Beine. In Aigen am Inn sind noch einige solcher Figuren, die sogenannten Würdinger, erhalten, die am Leonhardstag gehoben und »geschutzt« wurden. Wer es schaffte, einen solchen Klotz zu heben, sollte im nächsten Jahr vor Krankheit gefeit sein. In Inchenhofen kann man bis heute den Leonhardsnagel vor der Kirche sehen, der bereits 1455 erwähnt ist: Er besteht ebenfalls aus eingeschmolzenen eisernen Votivgaben.

Die älteste kettenumspannte Leonhardskirche ist St. Leonhard im Lavanttal in Kärnten aus dem 12. Jahrhundert, weitere zum Beispiel in Ganacker (Lkr. Dingolfing, Ndb.), Kaufering (Lkr. Landsberg am Lech, Obb.) und in St. Leonhard bei Brixen (Südtirol). Von letzterer weiß die Sage, dass sich die Kette alle sieben Jahre um ein Glied verlängere, und wenn sie dreimal um die Kirche reiche, dann sei der Jüngste Tag gekommen.

Die zahlreichen Leonhardskirchen im Alpenraum liegen oft außerhalb der Ortszentren, was darauf hindeuten kann, dass es sich dabei um christianisierte vorchristliche Natur-Kultorte handelt. Ein heiliger Baum, eine

Leonhardifahrt Murnau-Froschhausen: jedes Jahr am 6. November mit über 350 Pferden und rund 65 Festwägen.

heilige Quelle mag sich in keltischer Zeit an diesem Ort befunden haben. Einer der wichtigsten Orte der Leonhardsverehrung, Aigen am Inn, heute ein Ortsteil von Bad Füssing, ist gar um ein Leonhardsbild herum erst entstanden, das die Legende eng mit dem Wasser in Verbindung bringt: So soll der Inn seinerzeit ein Bildnis des Heiligen angeschwemmt haben, für das dann die Leonhardskirche erbaut wurde – Zentrum eines schnell wachsendes Dorfes.

Sehr wahrscheinlich war auch die Leonhardsquelle in Leonhardspfunzen – heute noch lebhaft sprudelnder Ursprung eines überregional beliebten Mineralwassers – ein heiliger Ort, lange bevor die Region christianisiert wurde und lange bevor der heilige Leonhard das Patronat über den Quellort übernahm. Der Ortsname bezeugt die römische Vergangenheit: »-pfunzen« kommt von *pons*, dem lateinischen Wort für Brücke. Die »Pons Aeni«, die Brücke über den Inn, lag in der Nähe dieser Quelle – die wichtigste Innquerung der römischen Fernverkehrsstraße von Salzburg nach Augsburg. Und auch die Kelten werden an dieser Stelle mit einer günstigen Furt den Fluss überquert und die Quelle schon gekannt und verehrt haben.

Dass Leonhard nicht nur der Patron der Nutztiere war, zeigen auch die Votivgaben aus den letzten Jahrhunderten, die in der Leonhardskapelle an dieser Quelle bewahrt werden: Neben wächsernen Tiervotiven liegen auch Wachsfiguren, die Fatschenkindl darstellen – eng mit Bändern gewickelte (»gefatschte«, von lat. *fascia* = Band, Binde) Säuglinge. Das Patronat des Heiligen rund um die Geburt war früher also durchaus noch bekannt.

ST. MARTIN – 11. NOVEMBER

MARTIN, DER BARMHERZIGE

Martins Verehrung erstreckte sich bald nicht mehr nur auf sein Bistum in Frankreich (siehe S. 32). Es wurden Martinskirchen in Italien und Spanien geweiht, Städte und Dörfer nach ihm benannt. Martins Mantel, lateinisch: *cappa*, wurde zur fränkischen Reichsreliquie, seit 679 im Königspalast in Paris aufbewahrt und auf Feldzügen mitgeführt. Diese *cappa* wurde dann jeweils in kleineren Kirchenräumen aufbewahrt, die man nach ihrem wertvollen Inhalt *Kapellen* nannte. Die geistlichen Wächter dieser Räume waren die *Kapellane*, woraus sich unser Wort Kaplan entwickelte.

Wesentlich unterstützt wurde die Verehrung des Heiligen durch die Lebensbeschreibung von Sulpicius Severus um 395, der Martin noch persönlich gekannt haben soll. Der Merowingerkönig Chlodwig ernannte Martin zum Nationalheiligen des Frankenreichs. Mit dessen Ausdehnung verbreitete sich auch der Martinskult nach Osten – nach Friesland und in die rechtsrheinischen Reichsgebiete, in den Harz, nach Thüringen und in der Folge auch nach Süddeutschland.

Interessant ist übrigens die Frage, warum der heilige Martin nur die Hälfte seines Mantels an den Bettler gab – ein Forscher hat die Antwort: »Warum hat ihm Martin eigentlich nur seinen halben Umhang geschenkt? Ein römischer Soldat seiner Zeit musste seinen Mantel mindestens zur Hälfte aus eigener Tasche bezahlen, über diesen Teil konnte Martin also selbst verfügen. Seine im ersten Moment eher unvernünftig erscheinende Geste war also durchaus sinnvoll. Da Martin bei der kaiserlichen Garde war, trug er – so behaupten zumindest Militärhistoriker – die Chlamys, einen weiten weißen Überwurf, dessen oberer Teil mit Schaffell gefüttert war.«[17]

DER NAME MARTIN

Schon durch seinen Namen lässt sich Martin als Heiliger im Übergang von »heidnischer« – römischer – zu christlicher Zeit einordnen: Martin oder Martinus kommt aus dem Lateinischen und bedeutet »dem (römischen Kriegsgott) Mars geweiht«. Ein martialischer Name also – auch dieses deutsche Wort kommt vom Kriegsgott Mars und meint »kriegerisch, wild, grausam«. Durch die Taufe wird der Heide Martin zum Christen und steht so als Zeichen für die Etablierung des »rechten Glaubens«. Aus christlicher Sicht wird auch der Martinstag am 11. November gern als der Zeitpunkt gedeutet, der im Jahreslauf den Übergang markiert von der profanen Zeit der Kirchweih und der weltlichen Vergnügungen in die adventliche Zeit des Fastens und der Vorbereitung auf die Ankunft des Herrn.

Den meisten Menschen, die in den letzten über eineinhalb Jahrtausenden den Vornamen Martin trugen und den Martinstag feierten, war das vermutlich nicht bewusst. Ab dem 15. Jahrhundert wurde der Name Martin auch eng mit einem seiner berühmtesten Träger, Martin Luther, verbunden. Am 10. November 1483 geboren, erregte Luther mit seinem Thesenanschlag 1517 an die Kirchentür in Wittenberg Aufsehen. Seine Eltern hatten sich an den seinerzeit verbreiteten Brauch gehalten, das Neugeborene möglichst sofort nach der Geburt zu taufen – die Kindersterblichkeit war hoch, und ungetauft zu versterben, ließ die Seele nicht ruhen – und

Leben und Legende des heiligen Martin

Der heilige Martin soll ein römischer Soldat gewesen sein. Der Überlieferung nach wurde er in Pannonien, im heutigen Ungarn, als Sohn eines römischen Tribuns geboren – ob 316 oder 317 (oder sogar erst um 336) ist umstritten – und war als solcher zum Militärdienst verpflichtet. Allerdings bekannte er sich schon früh zum Christentum, wurde getauft und verweigerte bald den Dienst an der Waffe: Er wolle jetzt Soldat Christi sein und nicht mehr der Soldat des römischen Kaisers. Doch erst als er 40 Jahre alt ist, vermutlich also 356 oder 357, wird seinem Entlassgesuch aus dem Heer stattgegeben.

Damals ist er in Amiens im heutigen Nordfrankreich stationiert, und an einem kalten Wintertag um 350 herum soll es am Stadttor von Amiens zu der Begegnung gekommen sein, die seither das bekannteste Ereignis in der Martinslegende darstellt: Angesichts eines in Lumpen gekleideten Bettlers teilt Martin, hoch zu Ross, seinen Mantel mit dem Schwert und reicht dem Frierenden die Hälfte des warmen Umhangs. In der folgenden Nacht erscheint ihm Christus: Er trägt nun den Mantelteil Martins, er hat seinen Diener in Gestalt des Bettlers geprüft.

Rund zwanzig Jahre darauf spielt sich die zweite wichtige Episode in der Martinslegende ab: Martin soll auf Drängen des Volkes zum Bischof von Tours gewählt werden, was er ablehnt, weil er sich als zu gering für das Amt empfindet. Er versteckt sich in einem Gänsestall, wird aber durch die laut schnatternden Tiere verraten und kann sich der Wahl schließlich nicht mehr entziehen. Zur Strafe, heißt es, wurden die Gänse schließlich gebraten.

Als Bischof gründete er unter anderem das Kloster Marmoutier an der Loire bei Tours, und er reiste unermüdlich missionierend durch das Frankenreich. Schon zu Lebzeiten wurden ihm Wunderheilungen und Totenerweckungen nachgesagt, er war bekannt für seine anspruchslose Lebensweise und außerordentlich beliebt beim Volk. Am 8. November 397 starb Martin eines natürlichen Todes und wurde am 11. November in Tours beigesetzt.

Fresko von Simone Martini (um 1280–1344), Unterkirche der Basilika San Francesco in Assisi, um 1325.

zwar auf den Namen des heiligen Schutzpatrons am Geburtstag oder auf den des Tagesheiligen am Tauftag. Der am 11.11. getaufte kleine Martin Luther teilt sich die Namensbekanntheit seither mit dem heiligen Martin von Tours. Die evangelische Kirche feiert aber neben dem Martinstag am 11. November auch den 18. Februar als Gedenktag an Martin Luther, es war sein Todestag im Jahr 1546.

Die Pfeife des Weckmanns war wohl ursprünglich der Bischofsstab des heiligen Martin oder Nikolaus.

WAS IST VOM MARTINSTAG GEBLIEBEN?

Für die meisten von uns ist der Martinstag heute ein ganz normaler Werktag, der sich in nichts von den Tagen davor und danach unterscheidet – mit Ausnahme der Jecken im Rheinland, die am 11.11. um 11 Uhr 11 den Beginn der neuen Karnevalssession ausrufen. Mit Ausnahme aber auch der Kindergartenkinder, die am Abend des Martinstages stolz, aufgeregt und mit klammen Fingern ihre selbstgebastelten Laternen beim Martinszug durch die Straßen tragen und Martinslieder singen. »Ich geh mit meiner Laterne« ist eines der bekanntesten, oder auch »Martin ist ein guter Mann, zündet alle Lichter an«. Meist versammeln sie sich dann staunend und andächtig um die Darsteller des heiligen Martins und des Bettlers, die im Martinsspiel die bekannte Mantelteilung inszenieren: als Aufruf zur Nächstenliebe, zur Achtsamkeit den Mitmenschen gegenüber, zum selbstlosen Geben und Teilen mit den Armen. Denn die bevorstehende Fastenzeit bedeutet ja nicht nur die Mäßigung im Genuss von Speisen und Belustigungen, sondern vor allem auch verstärkte Aufmerksamkeit den Mitmenschen gegenüber und tätige Sorge um Arme, Kranke, Einsame, Hungernde.

In manchen Kindergärten und Schulen wird im Anschluss an Martinsumzug und -spiel zum Aufwärmen bei Tee und Gebäck geladen. Martinsbrote und andere Backwaren haben eine lange Tradition an Martini. Mancherorts, etwa im Rheinland, gehören Martinsbrezeln zu den typischen Speisen am Martinstag, süße, weiche Hefeteigbrezeln, mit Zucker bestreut. In anderen Regionen verteilt man an die Kinder Weckmänner oder Stutenkerle, ebenfalls aus Hefeteig gebackene Figuren mit einer Pfeife im Mund oder vor der Brust. Diese Pfeife wird gelegentlich als Erinnerung an den Bischofsstab des Heiligen gedeutet.

Im Gegensatz zu den kleineren, fast familiären Martinsumzügen der katholischen Kindergärten und Schulen finden in evangelisch geprägten Ländern, etwa in Thüringen, große

Gebackene Martinsgänse

Für 10–12 Gänse von 10 cm Höhe

Zubereitungszeit:
30 Minuten + 20 Minuten Backen

ZUTATEN

1 Ei
100 g Zucker
1 Pck. Vanillezucker
200 g Quark
6 EL Milch
8 EL Rapsöl
100 g gemahlene Haselnüsse
300 g Weizenmehl (Type 1050)
2 TL Backpulver
Mehl für die Arbeitsfläche
1 Eigelb + 2 EL Milch zum Bestreichen
Rosinen und Hagelzucker zum Verzieren

SO WIRD'S GEMACHT

Ei mit Zucker und Vanillezucker schaumig rühren. Quark, Milch und Öl unterrühren. Nüsse, Mehl und Backpulver zugeben und alles gut verkneten. Den Teig auf einer dünn bemehlten Arbeitsfläche einen knappen Zentimeter dick ausrollen. Mit einer Gänse-Ausstechform oder einer selbst gemachten Schablone aus Karton Gänse ausstechen bzw. mit einem spitzen Messer ausschneiden. Gänse auf ein mit Backpapier belegtes Backblech legen.

Den Backofen auf 180 °C (Ober-/Unterhitze) vorheizen. Das Eigelb mit der Milch verquirlen und die Gänse damit bestreichen. Mit einer Rosine als Auge und Hagelzucker verzieren. Die Gänse im vorgeheizten Backofen etwa 20 Minuten backen.

Martinszug vor dem Düsseldorfer Rathaus, Aquarell von Heinrich Hermanns (1862–1942) von 1905.

ökumenische Martinsfeiern in vielen Städten statt, in Erfurt zum Beispiel nehmen Tausende von Menschen alljährlich an der Martinsfeier auf dem Domplatz teil.

Das sind – zusammen mit der Martinsgans, die in diesen Tagen auf den Speisekarten vieler Gasthäuser steht – die letzten Überbleibsel des alten Martinstages, der bis vor rund hundert Jahren ein wichtiger Festtag im Jahreskalender war, mit reichem Brauchtum und allen Menschen ein Begriff.

Welcher Popularität sich noch im letzten Jahrhundert die Heiligengedenktage im Allgemeinen und der Martinstag im Besonderen im Alltag der Menschen erfreuten, zeigt ein Spottgedicht aus Studentenkreisen über Martin, den Mantelteiler:

»Sankt Martin war ein milder Mann,
Trank gerne Cerevisiam,[18]
Und hatt doch kein Pecuniam,
Drum musst er lassen Tunicam.«[19]

DAS WEIHNACHTSFASTEN

Im frühen Christentum bezog sich die winterliche Fastenzeit auf den Epiphaniastag, den Dreikönigstag am 6. Januar. In der Ostkirche galt der Tag als Fest der Taufe Christi, und so wie Christus 40 Tage in der Wüste fastete, so dauerte diese Fastenzeit vor Epiphanie 40 Tage (zur Zahl 40 siehe auch Seite 183). Samstage und Sonntage zählten nicht zur Fastenzeit, deshalb begann sie am Tag nach dem 11. November. Nachdem später das Christfest auf den 25. Dezember festgelegt worden war, galt fast überall dieser Termin nun als das Ende der Fastenzeit, die genau sechs Wochen lang war. Der Martinstag stellte auch damals noch den letzten Tag vor dem großen Fasten dar – vergleichbar dem Faschingsdienstag vor der österlichen Fastenzeit.

Martinsumzug in Köln. Früher brannten überall Martinsfeuer, heute erleuchten die Laternen die dunkle Nacht.

So beginnt der rheinische Karneval genau an dem Tag, an dem er dann auch schon wieder – vorläufig – endet: Am 11.11. um 11 Uhr 11. Dass das ausgerechnet der Martinstag ist, hat allerdings mit dem Heiligen und seiner Legende nichts zu tun. Eine Erklärung bezieht sich auf die Narrenzahl 11. Eins mehr als die runde, ordentliche Zehn und eins weniger als die heilige Zwölf galt die Elf seit jeher als verrückte, ja, als negative Zahl. Die Elf sei, heißt es im Mittelalter, »die Zahl der Sünder und der Buße«. »»Elf ist die Sünde. Elfe überschreitet die zehn Gebote‹, so lässt Schiller seinen Seni in den ›Piccolomini‹ (II,1) sagen.«[20]

DIE MARTINSGANS

Ebenso wie am Faschingsdienstag wird am Martinstag noch einmal geschlemmt: Der Brauch, eine Martinsgans zu braten, hat sich bis heute gehalten.

Schon in der römischen Geschichte hatten laut dem Geschichtsschreiber Livius Gänse eine ähnliche Rolle gespielt: Als es am 18. Juli 387 frühmorgens den keltischen Belagerern gelungen war, unbemerkt in die Stadt Rom einzudringen, hätten die heiligen Gänse im Tempel der Juno durch ihr lautes Schnattern die Römer geweckt. Der Junotempel stand auf dem Kapitolshügel, und die Römer konnten sich gerade noch dort verschanzen und ihre Stadt verteidigen. Der Schutzgott der römischen Soldaten war natürlich der Kriegsgott Mars und dieser wiederum Namengeber des heiligen Martins, dessen Karriere ja in römischen Heeresdiensten begonnen hatte. Ein Zusammenhang mit unseren Martinsgänsen liegt auf der Hand.

Die Gänselegende hat man dem Martin also vielleicht in der Nachfolge der kapitolinischen Gänse angedichtet oder auch, weil es seit jeher Brauch war, am Martinstag eine

Gans zu schlachten. Die Tiere waren über den Sommer fett geworden und wurden traditionell im Herbst und beginnenden Winter geschlachtet.

War der Gänsebraten dann verzehrt, suchte man aus der Farbe des Brustbeins der Gans das Wetter des nahenden Winters zu bestimmen: War es braun, schloss man auf einen milden Winter. Ein weißes Brustbein deutete man jedoch als Hinweis auf viel Schnee und Eis.

HIRTENFEIERTAG

Zins- und Abgabepflichtige mussten am Martinstag bei ihrem Lehnsherrn antreten und die vereinbarten Geld- und Naturalienabgaben leisten. Dazu gehörten neben Getreide und Feldfrüchten auch Nutztiere wie Gänse. Mit dem Martinstag endete das Wirtschaftsjahr der Bauern und der Hirten endgültig. »Martini, stell ini«, war früher die bekannteste Bauernregel zum Martinstag. Schafherden etwa, die den Sommer über von Hirten begleitet worden waren, kamen für den Winter »ini«, nämlich in den Stall, und die Hirten erhielten von den Bauern ihren Jahreslohn. Der Almabtrieb der Tiere von den höher gelegenen Weiden in den Bergen war zwar schon vor Wochen erfolgt, um den Michaelstag Ende September herum. Aber in der Ebene hielt man die Tiere so lange wie möglich draußen, um das kostbare eingelagerte Winterfutter für die wirklich kalte Zeit zu sparen.

An vielen Orten war es üblich, dass die Hirten dem Bauern oder Grundbesitzer nun den sogenannten Martinsbusch oder die Martinsgerte überreichten – einen Zweig, der über den Winter aufbewahrt wurde und mit dem im nächsten Jahr die Tiere ins Freie getrieben werden würden. »Diese Gerten bestehen aus einem Birkenreis, dessen Blätter und Zweige bis an den Gipfel, wo einige stehen bleiben,

Die am Martinstag überreichte Martinsgerte sollte Glück und Segen über Haus, Hof und Felder bringen.

abgestreift und dessen stehen gebliebene Zweige mit Eichenlaub und Wacholderzweigen … zu einem Busch zusammengebunden sind.« Das Überreichen der Martinsgerte war mit Segenswünschen verbunden und sollte Glück bringen: »Kömmt der heilige Sankt Märte | mit seiner Gerte! | So viel Kranewittbir (Wacholderbeeren), | so viel Ochsn und Stier, | so viel Zwei(ge), | so viel Fuder Hei (Heu)!«[21]

DER WINTER BEGINNT MIT DEM MARTINSFEUER

Der Abschluss des bäuerlichen Wirtschaftsjahres wurde gemeinhin auch als endgültiges Ende des Sommers und als Winteranfang verstanden. Nicht umsonst weiß eine alte Bau-

In Schwaben kannte man den Pelzmärtel, der angeblich unfolgsame Kinder mitnahm. Grafik um 1850.

ernregel: »Sankt Martin macht Feuer im Kamin.« Das heißt, man muss wieder die Stuben heizen, die Menschen ziehen sich in ihre Wohnungen zurück, die Arbeit draußen ist getan. In manchen Jahren fällt um Martini schon der erste Schnee, dann heißt es: »Martin kommt auf dem Schimmel geritten.«

Sehr alt sind die Martinsfeuer, an denen man sich versammelte, ähnlich den Feuern an den anderen Wendepunkten des Jahreslaufs: dem Mittsommer- oder Johannisfeuer oder auch den Feuern zum Winterende, bei denen eine Strohpuppe symbolisch für den Winterdämon verbrannt wird. Die Asche der Martinsfeuer galt als Segen bringend und wurde auf die Felder ausgebracht, der Feuerschein sollte alle Fluren, die er erleuchtete, mit reicher Fruchtbarkeit im folgenden Jahr segnen. Heute noch werden am Abend des Laternenumzugs der Kinder Martinsfeuer entzündet, wie überhaupt die vielen Laternenlichter, die die Kinder durch die dunkle Nacht tragen, von dieser alten Feuertradition herrühren. Erst im 19. und 20. Jahrhundert sind die »wilden« Feuerbräuche gezähmt worden und haben sich zu geordneten Laternenumzügen entwickelt.

In manchen Regionen ziehen die Kinder am Abend des Martinstages mit ihren selbst gebastelten Laternen auch von Haus zu Haus, singen den Bewohnern Martinslieder und erhalten Gaben dafür – ein alter Heischebrauch, wie es ihn weitverbreitet immer noch in vielen Formen gibt: im Alpenraum bei den Klöpfelsängern in der Adventszeit (Seite 98) und weit verbreitet früher am Allerseelentag beim Spitzlbetteln (Seite 17), dem heute der Halloweenbrauch mit seinem »Trick or treat« – »Süßes oder Saures« nachgefolgt ist. Auch die Sternsinger ziehen im Gefolge dieser alten Heischebräuche bis heute von Tür zu Tür und sammeln für einen guten Zweck. Fast allen gemeinsam ist, dass sie nicht nur Gaben erbetteln, sondern – quasi im Gegenzug – gute Wünsche in Form von Liedern oder Gedichten darbieten und deshalb von den Gebern herzlich willkommen geheißen werden.

In Schwaben und Franken fürchteten die Kinder den Pelzmärtel oder Nussmärte (»-märte(l)« von »Martin«), eine Schreckensfigur, ein Mischwesen aus den gruseligen, in Felle gehüllten Perchten der Gebirge, Nikolaus, Krampus und Knecht Ruprecht – einerseits strafend und tadelnd, andererseits Gaben bringend. Mit einem Fellumhang, das Gesicht geschwärzt, kam er mit Sack und Rute am Martinsabend in die Häuser, fragte mit drohender Stimme nach unartigen Kindern und beschenkte die artigen mit Nüssen und Äpfeln. Noch um 1900 herum war die Einkehr des Nussmärte etwa auf der Schwäbischen Alb weiter verbreitet als der Nikolausbrauch. Der Pelzmärtel tauchte aber auch am Nikolausabend und in den Klöpfelnächten noch einmal auf und sogar am Abend vor Heiligabend, an dem er allen Kindern damit drohte, dass zu den ungehorsamen das Christkind nicht kommen würde.

Feuer- und Lichterbräuche, Glückwunsch- und Heischebräuche, Gabenbringer, Kinderschreck und wilde Fellgestalten – von Region zu Region unterschiedlich haben sich diese Traditionen entwickelt und über viele Jahrhunderte erhalten, manche davon bis in unsere Zeit. Sie charakterisieren die Furcht der Menschen, insbesondere der Kinder, in den Wochen der zunehmenden Dunkelheit bis zur Wintersonnenwende und die Wochen danach, in denen es nur langsam wieder heller wird.

Die mystische Vermählung der heiligen Katharina, Lucas Cranach d. Ä. (1472–1553), mit Margaretha, Dorothea und Barbara.

KATHARINA – 25. NOVEMBER

HOCHZEITSMONAT NOVEMBER

Heute heiratet man gern im Mai und hält das für eine uralte Tradition (dabei kommt der »Wonnemonat« vom altdeutschen »Wunnimanod« und heißt: Weidemonat). Doch hatte bis vor einigen Jahrzehnten im Mai niemand Zeit, eine große Hochzeit zu feiern, denn die Arbeit auf den Feldern war in vollem Gange. »Im Maien soll man nicht freien«, und: »Hochzeit im Mai ruft den Tod herbei« hieß es früher – ausgerechnet unser romantischer Lieblingsmonat galt vielerorts bis weit ins 20. Jahrhundert hinein als ungünstiger Hochzeitsmonat – und das war auch in der Antike schon so.

Nach Kirchweih aber war die Ernte eingebracht, die Arbeit auf den Feldern ruhte weitgehend, und damals bestimmte der ländliche Rhythmus den Hochzeitstermin – übrigens auch beim Adel: Von der Landshuter Fürstenhochzeit am 14. und 15. November 1475 bis zur berühmten bayerischen Königshochzeit zwischen Kronprinz Ludwig von Bayern und Therese von Sachsen-Hildburghausen am 12. Oktober 1810 fanden große Hochzeiten im späten Herbst statt.

So war der November noch zu Beginn des 20. Jahrhunderts der beliebteste Monat nicht nur für Hochzeiten, sondern auch für andere öffentliche Tanzveranstaltungen. Am 25. November war jedoch traditionell wieder Schluss mit den Lustbarkeiten: »Kathrein stellt den Tanz ein« und »Kathrein schließt Geige und

Früher wurde gern im November geheiratet: Abholen der Braut aus dem Elternhaus, Karl Gebhardt (1860–1917).

Die heilige Katharina von Alexandrien

Katharina lebte der Überlieferung nach im 4. Jahrhundert, sie war die schöne und kluge Tochter des Königs von Zypern. Angeblich wollte sie nicht heiraten, weil, wie sie sagte, ein Bewerber um ihre Hand ihr nie das Wasser reichen könne. Stolz wies sie alle Aspiranten von vornherein ab. Durch einen Einsiedler bekehrt, steckte ihr im Traum das Jesuskind einen Verlobungsring an den Finger, und Katharina bekannte sich zu Jesus Christus als ihrem »Bräutigam«. Sie reiste nach Alexandria – die ägyptische Metropole stand damals unter römischer Herrschaft und war zeitweise die zweitgrößte und -wichtigste Stadt des Reiches nach Rom. In der legendären antiken Kulturmetropole Alexanders des Großen studierte Katharina die sieben freien Künste, sie war eine gebildete Frau. Als der römische Kaiser befahl, dass alle Christen den römischen Göttern opfern sollten, weigerte sie sich. Stattdessen verwickelte sie ihn in einen philosophischen Disput, um ihn vom christlichen Glauben zu überzeugen. Dem Kaiser gingen bald die Argumente aus, und er ließ sofort fünfzig Weise zum Stadthaus nach Alexandria kommen, die Katharina von des Kaisers Glauben an die römischen Götter überzeugen sollten. Das Gegenteil trat ein: Die Weisen verstummten ob der rhetorischen Kunst Katharinas und bekehrten sich zum Christentum. Der Kaiser ließ sie nun alle hinrichten, Katharina sollte gerädert werden, doch Blitz und Donner zerbrachen das Rad, worauf sie durch das Schwert starb. Aus ihrem Leib strömte Milch statt Blut. Engel ergriffen ihren Leichnam und brachten ihn ins Kloster auf den Berg Sinai, in das nach ihr benannte und bis heute existierende Katharinenkloster, in dem angeblich ihre Gebeine ruhen.

Katharina triumphierend mit einem Fuß auf dem römischen Kaiser stehend, Fresko im Kreuzgang von Brixen, um 1330/1340.

Bass ein«. Ab dem Namenstag der heiligen Katharina durfte bis Dreikönig nicht mehr öffentlich getanzt und musiziert werden – nun begann die »stille Zeit«.

Die ursprünglich sechswöchige vorweihnachtliche Fastenzeit wurde – in der Westkirche – bald schon verkürzt auf die Adventszeit und begann exakt vier Wochen vor der Feier der Christusgeburt am 25. Dezember, eben am 25. November. So traf es die heilige Katharina, deren Namenstag an diesem Tag im Kalender steht, obwohl ihre Legende keinerlei Zusammenhang mit Hochzeiten, Tanzveranstaltungen oder Fasten aufweist.

DIE VEREHRUNG DER HEILIGEN KATHARINA

Die beiden Folterinstrumente Rad und Schwert sind auch ihre Attribute – das Rad oft zerbrochen –, deshalb ist Katharina auf den vielen Darstellungen in Kirchen und Kapellen leicht zu identifizieren. »Barbara mit dem Turm, Margarethe mit dem Wurm und Katharina mit dem Radl, das sind die drei heiligen Madl« – ein Merksatz, mit dem sich die auf Bildern oft als Dreiergruppe auftretenden heiligen Frauen identifizieren lassen. Das Rad, das man in der christlichen Legende zu ihrem Marterwerkzeug erklärt hat, ist dabei wohl als Symbol zu sehen – für den Sonnenlauf ebenso wie für den Lauf des Schicksals, den Lebenslauf.

Katharina wurde ab dem 8. Jahrhundert in der Ostkirche verehrt. Die Kreuzritter erwählten Katharina als Schlachtenhelferin zu ihrer Patronin und brachten ihren Kult mit ins Abendland, wo die Heilige ab dem 13. Jahrhundert äußerst populär wurde. Bald zählte man sie zu den Vierzehn Nothelfern, den am häufigsten angerufenen Heiligen der katholischen Welt. Der Verlobungsring aus ihrer Vision bedeutete gleichzeitig ein Leben als »geweihte Jungfrau«. Bis heute gibt es die Jungfrauenweihe in der katholischen Kirche: Der Bischof spendet sie den Frauen, die vor ihm ewige Jungfräulichkeit schwören. Katharina wurde so zur Patronin der Nonnen und auch aller »jungen Frauen«, der Mädchen, Schulmädchen, Dienstmädchen, Arbeiterinnen[22], gleichzeitig aber auch der heiratswilligen Frauen und der Ehefrauen.

In Frankreich feierten bis in die Mitte des 20. Jahrhunderts hinein Frauen, die mit 25 Jahren noch unverheiratet waren, den Tag als »Catherinettes«. Mit fantasievollen Hüten in Gelb und Grün zogen sie durch die Straßen und sangen das Lied von der heiligen Katharina mit der Bitte, dass sie nicht ohne Ehemann blieben. Heute weitgehend vergessen, lebt die Erinnerung an diesen Brauch nur noch in den Werkstätten einzelner französischer Modehäuser, in denen die Näherinnen Catherinettes genannt werden und den Tag ihrer Schutzpatronin feiern.

Katharina wurde ihrer legendären Klugheit und rhetorischen Kunst wegen auch als Schutzpatronin der Philosophen, der Gelehrten und der Redner verehrt – eine enorme Bandbreite an Patronaten von einer Heiligen, die in Wirklichkeit vermutlich nie gelebt hat.

Die Katharinenlegende ist seit der Kreuzfahrerzeit üppig ausgeschmückt und erweitert worden. So finden sich in der Figur der Katharina wohl auch viele Aspekte vorchristlicher Göttinnen, die, wie so oft, einfach christlich umgedeutet wurden. So feierte man angeblich auch den Gedenktag der nordischen Göttin Freya am 25. November. Freya war wie Katharina Schutzpatronin der Liebenden ebenso wie der Spinnerinnen, die nun ihre abendliche Winterarbeit begannen. Das Spinnen des Lebensfadens ist aber wiederum ein Motiv, das auf frühe Göttinnen hindeutet, die Leben schenken und nehmen können – indem sie eben den Lebensfaden spinnen und später wieder durchtrennen. Diese beiden scheinbar gegensätzlichen Aspekte vereint auch Katharina. Denn so wie sie die Heilige des beginnenden Winters ist, hat sie als Patronin der Liebenden auch einen vitalen sommerlichen Aspekt – und das wurde nun ganz weltlich ausgelegt. Tatsächlich hatten beim Kathreinstanz mancherorts die Mädchen die Wahl: Sie durften sich einen Liebhaber suchen, über den Winter quasi testen und im Frühling wieder »entlassen«, wenn er »nicht ihren Erwartungen entsprach«.[23]

Für Frauen und Männer war der Winter eine Zeit der »Drinner«-Arbeit, der Arbeit im Haus und in der Werkstatt. Nach dem Martinstag galt der Katharinentag als äußerste Frist für den Schluss der Viehweide[24]. »Kathrei tut d'Küh nei und lasst d' Spinnerinnen ei«: Bis ins 20. Jahrhundert hinein feierten die Bauern der Gotzenalm über dem Königssee an Kathrein einen Dankgottesdienst für das beendete Bauernjahr in St. Bartholomä.

Mit dem Tanzverbot in der vierwöchigen Fasten- und Bußzeit vor dem Weihnachtsfest zog man sich ins Private zurück. Und das musste nicht unbedingt heißen, dass man bis Weihnachten fastete und Buße tat. Wie überall und zu allen Zeiten war die »stille Zeit« ein dehnbarer Begriff und wurde von den Menschen ganz unterschiedlich ausgelegt. Unter das vorweihnachtliche Tanzverbot fielen ja auch nur öffentliche Veranstaltungen in den Wirtshäusern.

DIE SPINNSTUBEN

Zur »Drinner«-Arbeit der Frauen gehörte über den gesamten Winter das Spinnen. Die Wolle der Schafe wurde versponnen zu Garn, aus dem man Pullover, Jacken, Socken, Handschuhe und Mützen strickte oder warme Wollstoffe webte. Die Flachsfasern, gewonnen aus den Stängeln des Leins (aus dessen Samen, den Leinsamen, man das Leinöl presste), wurden zu einem feinen Garn versponnen, aus dem dann Leinenstoffe entstanden – das frühere Material aller Wäsche, von Hemden und Blusen, von Unterwäsche und Tischwäsche.

Gesponnen wurde in der Regel am Abend, wenn die sonstigen Arbeiten im Haus und im Stall erledigt waren. Dabei spannen sowohl die Bäuerin und ihre Töchter, eventuell im Haushalt lebende alte Tanten und die Großmutter wie auch die Mägde. Die Frauen, insbesondere die jüngeren, trafen sich auch gern reihum in den Häusern zum abendlichen Spinnen. Das eigene Spinnrad hatte dann jede dabei und man setzte sich gemeinsam in die Stube, die in den alten Bauernhäusern noch Sitzbänke an den Wänden entlang kannte, sodass alle in einem Raum Platz hatten. Der Kachelofen spendete wohlige Wärme. Beleuchtet waren die Stuben nur spärlich, mittels Kienspan und Talgkerzen – Bienenwachs war für den Alltag zu teuer –, bis Ende des 19. Jahrhunderts die Petroleumlampen in den Häusern Einzug hielten und deutlich mehr Licht spendeten. Auch zum Lichtsparen waren diese geselligen Treffen geeignet, es musste an einem solchen Abend nur eine Stube beleuchtet werden.

Bis acht oder neun Uhr abends mussten die Mägde für die Bäuerin spinnen, danach durften sie für sich selbst arbeiten, je nach Vereinbarung. Das ermöglichte den unverheirateten Frauen, sich eine Aussteuer zu erarbeiten, früher essentielle Voraussetzung für eine »anständige« Braut. Die Beliebtheit dieser Spinnstuben hatte jedoch vor allem damit zu tun, dass es eine der Gelegenheiten war, bei denen man sich treffen und in Ruhe austauschen konnte. »Im Sommer muass ma die Weda (Unwetter) firchten (fürchten), im Winter die Gunklerinnen mit dem Ausrichten«, hieß es in Bayern. Gunkel-, Kunkel- oder Rockenstuben war ein anderer Name für die Spinnstuben, die Kunkel ist der Rocken (von lat. colucula = Spinnrocken): ein Stab, auf dem die noch ungesponnene Wolle oder der Flachs befestigt und auf das Spinnrad aufgesteckt wird.

Die Spinnstuben waren die sozialen Treffpunkte der Winterzeit. Wer nicht am Spinnrad saß, strickte, stopfte oder nähte, wobei durchaus auch Männer solche Arbeiten ausführten. Meist jedoch dürften es die Frauen gewesen sein, die auch zu Beginn des Abends unter sich waren – allenfalls die Alten auf der Ofenbank genossen die Gesellschaft noch ein Weilchen. Sie erzählten Geschichten von früher, Märchen und alte Sagen, wenn der Schneesturm ums Haus tobte und sich die Angst vor gruseligen Schreckgestalten gemeinsam besser ertragen ließ. Später am Abend besuchten die jungen Burschen die Gunklerinnen, einer brachte ein Instrument mit, und es wurde musiziert, gesungen und gelacht und – sobald der Rocken abgesponnen war – auch getanzt.

Immer wieder wurden die Spinnstuben als Orte der »Unsittlichkeit« verboten. Gerichtliche Dokumente zeugen seit dem 16. Jahrhundert davon. Natürlich waren diese abendlichen Zusammenkünfte dazu geeignet, in der warmen Stube bei schummrigem Licht, feuchtfröhlicher Stimmung und dem anschließenden Heimweg in tiefer winterlicher Dunkelheit Liebschaften anzubahnen. Bis heute kennen wir das Wort »kungeln« oder »kunkeln« für »etwas in geheimer Absprache entscheiden« – laut Duden kommt es von »in der Spinnstube heimlich schwatzen und dabei Pläne schmieden«. Das war wohl die Hauptsorge der weltlichen Obrigkeit, wie die »Unsittlichkeit« die Hauptsorge der geistlichen war: dass in den Spinnstuben die Revolution oder zumindest ein Aufstand angezettelt wurde. »Brechelkinder« nannte man übrigens scherzhaft die im Spätsommer und Herbst geborenen Kinder, die während des Flachsbrechelns (= Vorbereiten der Flachsfasern fürs Spinnen) im Winter gezeugt worden sein könnten.

Nicht an jedem Tag durfte gesponnen werden: Ausnahmen waren Samstage und Sonntage – der Samstag als Tag der Armen Seelen mit der Begründung, dass dann die Armen Seelen keine Ruhe hätten. Am Sonntag als dem Tag des Herrn musste alle nicht notwendige Arbeit ruhen. Der Katharinentag selbst war ausgenommen, denn an diesem Tag durfte sich kein Rad drehen – in Erinnerung an das Folterinstrument der Heiligen. Auch der Müller durfte nicht mahlen und musste sein Mühlrad so stellen, dass es sich nicht drehte, Fuhrleute durften nicht fahren. Ausgenommen waren auch die Raunächte, der Andreastag, der Luzientag und die acht Tage vor Weihnachten, die strenge Fastenwoche vor dem Hochfest von Christi Geburt.

Das Ende der Spinnstuben läutete die Zeit zwischen den beiden Weltkriegen ein, in der das elektrische Licht auch die ländlichen Haushalte erreichte und die Arbeiten drinnen und draußen nicht mehr so sehr vom natürlichen Licht abhängig machte. Vor allem aber verstärkten die Industrialisierung und der internationale Handel die Verfügbarkeit von billigen Garnen aus dem Ausland.

ANDREASTAG – 30. NOVEMBER

Die jungen Mädchen fieberten der Andreasnacht entgegen, galt sie doch – neben der Silvester- und der Thomasnacht – als die Orakelnacht des Jahres, in der man einen Blick in die Zukunft werfen konnte, besonders in Liebesdingen. »Löseln« nannte man das: das Los befragen. Um herauszufinden, wann und wen sie heiraten würden, und wie der Zukünftige wohl aussah, bedienten sich die Mädchen unterschiedlicher Praktiken, entweder allein oder in der Gruppe. Schon um 1655 schrieb der Barockdichter Friedrich von Logau: »Wann St.-Andreas-Abend kümt, pflegt jeder, der sich will beweiben, auch die, die sich bemannen will, ein hitziges Gebet zu treiben.«[25]

ORAKELBRÄUCHE

Pantoffelwerfen und Zaunrütteln

Sicher waren das lustige Zusammenkünfte, etwa beim gemeinsamen Pantoffelwerfen: In der Nacht auf den Namenstag des Heiligen, den 30. November, stellte sich die Probandin mit dem Rücken zur Tür und warf einen ihrer Pantoffel über die Schulter. Zeigte die Spitze zum Ausgang, dann galt als ziemlich sicher, dass das Mädchen schon im nächsten Jahr das Haus als Braut verlassen würde. Aus der Himmelsrichtung, in die der Schuh deutete, versuchte man noch zu erraten, aus welcher Richtung der Zukünftige kommen würde. Ein anderes »Schuhorakel« war das Baumwerfen. Zwölfmal durfte der Pantoffel auf einen Baum geworfen werden, und wenn er hängen blieb, so würde auch ein Mann hängen bleiben. Andere Orakelbräuche mussten von dem Mädchen alleine und viele davon auch nackt durchgeführt werden – ein deutlicher Hinweis auf die sexuelle Komponente dieser Unterfangen. Zum Zaun- oder Baumrütteln musste man in tiefer Dunkelheit alleine hinausgehen, und mit dem Rütteln den Spruch aufsagen: »Vor mir die Nacht, hinter mir der Tag, dass mich niemand sehen mag.« Wachte durch das Gerüttel ein Hund auf und bellte, schloss man daraus die Richtung, aus der der Bräutigam kommen sollte. Sogar der Holzstoß vor dem Haus wurde befragt. Man zog blind ein Scheit Holz heraus, und je nachdem, ob das Scheit glatt oder verwachsen und rissig war, stand ein fescher oder ein unansehnlicher Mann in Aussicht. Andere trugen einen Arm Holz ins Haus und ließen es auf den Küchenboden fallen. Dann wurde gezählt: War es eine gerade Zahl an Holzscheiten, stand eine Hochzeit an, bei einer ungeraden Zahl musste man eben noch warten.

Bettstatttreten und Apfelschalenorakel

Beim Bettstatttreten stiegen die Mädchen rückwärts ins frisch gemachte Bett, traten dann auf dem Bett herum und sagten währenddessen einen Spruch auf:

»Bettstatt, i tritt di, heiliger Andreas, i bitt di.
Lass mir erscheinen den Herzallerliebsten meinen.«

In der Nacht sollte der Zukünftige dann im Traum erscheinen.

Wer sogar dessen Namen erfahren wollte, schälte einen Apfel sorgfältig so ab, dass die Schale in einem Stück zusammenhing. Über die linke Schulter geworfen, versuchte man dann aus der Lage der Schale einen Buchstaben zu identifizieren – den Anfangsbuchstaben vom Namen des Bräutigams.

Das Wasserschauen

Sehr beliebt und weit verbreitet war das Wasserschauen, um das Orakel zu befragen. Wasser und Quellen, oft verehrte, heilige Quellen, standen seit Jahrtausenden im Zentrum von Orakelbräuchen.[26] Aus der griechischen Antike kennen wir die wahrsagende Priesterin Pythia im Orakel von Delphi. Sie saß über einem Erdspalt, aus dem Gase angeblich aus einer heiligen Quelle drangen und ihr die Visionen eingaben.

Beim »Andreasschauen« der heiratslustigen Mädchen wanderten die Mädchen alleine oder zu zweit heimlich kurz vor Mitternacht zu einem nahen Wasser, in dessen Oberfläche sich Schlag zwölf Uhr das Antlitz des Bräutigams offenbaren sollte. Hans Heyn[27] erzählt die Geschichte eines Schreinergesellen, der ein Auge auf eine junge Frau in der Nachbarschaft geworfen hatte. Er hatte ein Gespräch belauscht, in dem sich das Mädchen mit seiner Freundin zum Andreasschauen verabredete, und beschloss, seinem Liebesglück ein wenig nachzuhelfen. So kletterte er bei Anbruch der Nacht auf eine Hollerstaude

Das Pantoffelwerfen – beliebter Orakelbrauch der jungen Mädchen am Andreastag. Grafik, 19. Jahrhundert.

direkt am nahen Bach, damit sich an Mitternacht sein Gesicht im Wasser spiegeln sollte. Pünktlich standen die Mädchen dann am Bach und betrachteten forschend die Wasseroberfläche. Als sie enttäuscht darüber sprachen, dass heute wohl nichts zu sehen sei, kletterte der Geselle noch weiter ans Ende des Astes, auf dass sich sein Gesicht im Wasser spiegle und seine Angebetete wisse, wen sie heiraten solle. Doch der schwache Ast brach und »das Orakel plumpste ins Wasser. Schreiend jagten die Dirnen heimzu und schlugen hinter sich die Haustür zu …«.

Wetterlostag

Die Bauern dagegen maßen dem Andreastag große Bedeutung als Lostag für das Winterwetter zu. »Andreasschnee tut den Saaten weh« – die Wintersaat war ausgebracht und vertrug noch keinen Schnee und keine Kälte. »Schau in der Andreasnacht, was für Gesicht das Wetter macht: So wie es aussieht, glaub's fürwahr, bringt's gutes oder schlechtes Jahr.«

Seine Bedeutung als Orakeltag bezog der Andreastag wohl durch das Datum: Es ist der letzte Tag des Bauernjahres, nach der volkstümlichen Rechnung beginnt mit Andreas der Winter. Und um den Andreastag endet das Kirchenjahr. Das neue beginnt mit der Vesper des ersten Adventssonntages. Immer wenn ein Zeitabschnitt zu Ende ist und ein neuer beginnt, kann man nach altem Glauben in die Zukunft schauen.

Zum Wasserschauen gingen die Mädchen nachts an Brunnen oder Quellen, um den Zukünftigen zu erblicken. Stahlstich von Eduard Schuler (1806–1882).

Legende vom heiligen Andreas

Er war der erste Jünger, den Jesus berief. Der Apostel Andreas, Bruder des Simon Petrus, besaß der Überlieferung nach gute Sprachkenntnisse und war wohl deshalb als Verkünder des Evangeliums in vielen Ländern unterwegs. In Patras in Griechenland soll er Maximilla, die Frau des Statthalters, geheilt und getauft haben. Er riet ihr zur Enthaltsamkeit, was ihren Ehemann so erzürnte, dass dieser Andreas foltern und ermorden ließ: An ein X-förmiges Kreuz gebunden, litt Andreas der Überlieferung nach zwei Tage lang, bevor er starb. Das Leben wich aus ihm am 30. November des Jahres 60. Die Legende des Todes am diagonalen Kreuz entstand allerdings erst im späten Mittelalter. Noch heute bezeichnen wir ein solches Kreuz als Andreaskreuz, das unter anderem als Warnzeichen vor Bahnübergängen steht.

Reliquien des Heiligen wurden über die Jahrhunderte immer wieder geraubt und in die verschiedensten europäischen Länder gebracht. Sie befinden sich heute unter anderem in Edinburgh, weshalb St. Andrew als Schutzpatron Schottlands gilt. Auch im italienischen Amalfi werden Gebeine des Heiligen in der Krypta der ihm geweihten Kathedrale verehrt. Sant'Andrea wird dort einmal im Jahr mit einer großen Prozession gefeiert, weil er einst die Stadt vor einem Piratenüberfall gerettet haben soll.

Hl. Andreas, Stadtkirche St. Johannes und St. Martin in Schwabach, Buntglasfenster 1509.

Aus der Andreaslegende lassen sich keine Zusammenhänge weder zur Zukunftsschau noch zur Zuständigkeit in Liebesdingen ablesen. Dieses alte Brauchtum beruht offenbar nur auf dem Datum des Gedenktages zum Ende des alten und Beginn des neuen Kirchenjahres.

DER ADVENT BEGINNT

Ankunft des Herrn, adventus domini, so heißt der rund vier Wochen lange Zeitabschnitt vor dem Hochfest von Christi Geburt am 25. Dezember. Jeder Christ soll diese Zeit der Vorbereitung nutzen, fasten, Einkehr halten, Buße tun und die Gemeinschaft und die Nächstenliebe praktizieren. Seit dem 5. Jahrhundert wurden diese vier Wochen als Zeit der Vorbereitung auf Weihnachten festgelegt. Auf vier Adventssonntage hat man sich ab dem 11. Jahrhundert in der Westkirche geeinigt – in der Ostkirche sind es sechs –, der vierte kann mit Heiligabend zusammenfallen. Der Advent beginnt ebenso wie das neue Kirchenjahr mit dem Vorabend, der Vesper, des ersten Adventssonntags – immer zwischen dem 27. November und dem 3. Dezember – und endet mit der Vesper an Heiligabend.

DAS FASTEN IM ADVENT

Auch wenn das adventliche Fasten seit gut hundert Jahren – 1917 – von der Kirche nicht mehr verlangt wird, erinnern sich viele Ältere noch gut daran, dass der Advent von Verzicht auf Genuss, von einfachem Essen, von Bußübungen und Mildtätigkeit geprägt war. Der strengste Fasttag war der Heilige Abend, aber wie im gesamten Jahr wurde natürlich auch an den Adventsfreitagen auf Fleisch verzichtet. Das fiel in vielen Familien nicht schwer, die sich ohnehin nur zu hohen Festtagen ein Stück Fleisch leisten konnten. Aber auch in der früheren Adventsfastenzeit gab es eine große individuelle Auslegungsbreite – von denen, die die Fastenzeit ignorierten, bis hin zu Strenggläubigen, die sich jeden Genuss versagten.

Dass Fasten nicht nur mit Genussverzicht, sondern auch mit Mildtätigkeit dem Nächsten gegenüber, mit guten Taten, einhergehen soll, das beherzigten viele Familien. Für die Heischegänger, die als Klöpfelsänger oder einfach als Bettelleute an die Tür klopften, wurden Vorräte bereitgehalten, bei den Backwaren, die man in der Vorweihnachtszeit herstellte, wurden die Gaben für Bettler und Arme wie selbstverständlich eingerechnet. Viele Arme gingen mit Körben und Eimern von Tür zu Tür, vor allem zu den Bauern, und erhielten nicht nur ein Stück Brot: Einen großen Löffel Schmalz habe die Mutter in den Eimer einer Bettlerin gestrichen, berichtet eine Frau, und der sei schon ziemlich voll mit Schmalzspenden der anderen Höfe gewesen. Die Heischegänger bekamen getrocknete Früchte, Eier, Speck oder ein Pfund Mehl. Viele Arme ernährten sich im Winter fast ausschließlich von den erbettelten Lebensmitteln. In einer anderen Familie war es bis in die 1960er Jahre üblich, im Advent jeden Mittag ein armes Kind zum Essen aufzunehmen.

DER ADVENTSKALENDER, ODER: WIE MAN DAS WARTEN AUF WEIHNACHTEN VERKÜRZEN KANN

Kleine Kinder sind ungeduldig. Zeit ist für sie unendlich, Zeitabschnitte überblicken sie noch nicht. Und so fiel es Eltern immer schon schwer, Kindern die Wartezeit auf Weihnachten einfacher zu machen. Im 19. Jahrhundert, als sich die Arbeits- und damit auch die private Welt grundlegend änderte, als Familie als bürgerliches Idyll wichtig wurde und Kindern allmählich mehr Aufmerksamkeit geschenkt wurde – in dieser Zeit entstanden die ersten Adventskalender, von den Eltern oder den Kinderfräulein der begüterten Haushalte selbst gebastelt.

Strichkalender

Ein sehr einfacher und dabei für die Kinder gut nachvollziehbarer »Kalender« war der Strichkalender, der bis ins 20. Jahrhundert in vielen Familien üblich war: An eine Tür wurden mit Kreide 24 Striche gezeichnet, und jeden Tag durfte ein Kind einen Strich wegwischen.

Auch die Schweizer Autorin Ida Bindschedler (1854–1919) beschreibt den Brauch in ihrem Buch »Die Turnachkinder im Winter« von 1909:

»Wie die drei dastanden und in den Korbwagen guckten, stürmte Hans zur Türe herein. ›Wisst ihr etwas –? Etwas Wundervolles? In 23 Tagen ist Weihnacht! In 23 Tagen!‹ Marianne und Lotti sahen sich an. Seit man hier im Winterhause wohnte, hatte man ja schon immer das heimliche frohe Gefühl von Weihnacht. Aber wie nun Hans sagte: ›In 23 Tagen!‹, da war's, als käme man der Herrlichkeit um einen ganzen Ruck näher. Lotti fasste Werner und tanzte jauchzend mit ihm in der Stube herum. So musste das Schwesterlein denn doch erwachen. Es machte die Augen weit auf und zappelte mit den Armen. ›Du! In 23 Tagen ist Weihnacht!‹, rief Werner in den Korbwagen hinein. ›Verstehst du?‹ Hans lachte. ›Wernermann, tu du nicht so grossartig. Du weisst ja selber nicht, wieviel 23 Tage sind!‹ ›Doch, das weiss ich gut! Ein Tag ist, wenn man aufsteht, und 23 Tage ist, wenn man vielmal aufsteht, und dann kommt Weihnacht!‹ Lotti aber lief ins Schlafzimmer, um an ihr und an Mariannes Bett mit Kreide 23 lange Striche zu zeichnen. ›Oder ich mach mir 24, Sophie! Dann kann ich heute Abend schon einen auswischen.‹«[28]

Pater Rupert Mayer SJ (1876–1945), aus einer kinderreichen Stuttgarter Kaufmannsfamilie stammend, erinnerte sich ebenfalls an einen solchen Kalender: »So hatte man z. B. bei uns zu Hause am Abend des 30. Novembers in Anwesenheit der Eltern und Kinder 25 Kreidestriche in das Innere eines alten Spielschrankes, der im Kinderzimmer stand, gemacht. In Gegenwart von Klein und Groß durfte jeden Abend eines der Geschwister in bestimmter Reihenfolge einen Strich auslöschen. Jeden Abend nahm die Spannung zu. So ging das bis zum 24. Dezember. Welche Freude, wenn nur noch ein Strich da war! (Aus geschäftlichem Grunde konnte unsere Weihnachtsbescherung erst am 25. abends stattfinden.)«[29]

Beim Warten auf Weihnachten ging es jedoch nicht nur ums bloße Zählen der Tage. Eltern, Pfarrer und Lehrer wollten den Kindern auch Disziplin und Selbstbeherrschung beibringen und vor allem religiöse Bildung und Besinnung auf das große Fest. So schreibt die Lehrerin und Autorin Elise Averdieck (1808–1907) in einem Kinderbuch: »…wenn

Einfacher Adventskalender: 24 Striche, auf eine Zimmertür gemalt, von denen jeden Tag einer gelöscht wurde.

die kleine Elisabeth zu Bette ist, dann erzählt ihnen die Mutter immer etwas von der Weihnachtsgeschichte, und sie lernen und singen viel Weihnachtslieder. Jeden Abend kommt ein neues Bild an die Tapete, und die Kinder wissen es schon, wenn alle vierundzwanzig Bilder an der Tapete hängen, dann ist Weihnacht da.« Die 24 Bilder, die da sukzessive im Kinderzimmer aufgehängt werden, zeigen »das Christkindlein«, den Engel Gabriel, Joseph und Maria, die Stadt Bethlehem und »die Weisen, die aus dem Morgenlande kommen«.[30]

Vielleicht ursprünglich aus Skandinavien kommen die langen, dünnen Adventskerzen, verziert mit 24 waagrechten Einteilungen, die jeden Tag im Advent angezündet und ein Stückchen weiter heruntergebrannt werden. Sie sind seit dem 19. Jahrhundert bekannt und – früher handbemalt, jetzt meist mit Abziehbildern beklebt – bis heute beliebt.

Gedruckte Adventskalender

Die Adventskalender, wie wir sie heute noch kennen, massenhaft produziert, aus Papier, mit Türchen zum Öffnen, Abreiß- und Ausschneidekalender, erfand der Münchner Verleger Gerhard Lang 1908. Die Idee kam ihm womöglich durch einen »Kalender«, den seine Mutter ihm angefertigt hatte: 24 Wibele, ein beliebtes schwäbisches Weihnachtsgebäck, soll sie ihm einst auf einen Karton aufgespießt haben, eins neben dem anderen, und jeden Tag durfte der kleine Gerhard eines aufessen.

Der erste gedruckte Adventskalender aus Langscher Produktion hieß »Im Lande des Christkinds«: Er bestand aus zwei Bögen. Aus dem einen durften die Kinder jeden Tag ein Bild ausschneiden und auf eines der mit den Zahlen von 1 bis 24 bezeichneten Felder im anderen Bogen aufkleben. Jedes Zahlenfeld war zusätzlich mit einem religiösen Spruch bedruckt, der auf die Weihnachtszeit einstimmte und vor dem Überkleben natürlich erst einmal andächtig gelesen werden musste.

Um 1920 schließlich brachte er die Adventskalender mit Türchen zum Öffnen auf den Markt. Sie wurden ein Renner nicht nur in ganz Deutschland und sind die Vorbilder der Türchenkalender bis heute. Die Motive kennen wir teils ebenfalls noch: romantisch verschneite Winterlandschaften, in denen Engelchen Pakete bringen, der Knecht Ruprecht einen Sack mit Gaben schleppt oder die Tiere im Wald Weihnachten feiern mit seit einem Jahrhundert beliebten Titeln wie »Himmelspost«, »Himmelswerkstatt« oder »Weihnacht der Tiere«. Waren es in den Anfangszeiten des Adventskalenders ausschließlich religiöse Motive mit einem erzieherischen Hintergrund, so ging die Tendenz immer mehr ins Profane: Bis heute sind Weihnachtsbärchen, Zwerge, der Weihnachtsmann, Fachwerkhäuser im Schnee ganz altmodische, aber gefragte Motive – in der Weihnachtszeit sehnt sich auch der moderne Mensch zurück nach der vermeintlich so guten alten Zeit. Und die Käuferinnen und Käufer der Adventskalender sind schließlich die Eltern, die sich gern an ihre Kindheit zurückerinnern.

So wie in ihrer Anfangszeit die gedruckten Adventskalender begeistert von den Eltern gekauft wurden, weil es die ersten Alternativen zu den selbstgebastelten waren, so ist es heute, hundert Jahre später, genau andersherum: Das Angebot an industriell gefertigten Adventskalendern ist riesig, so sind die liebevoll selbst hergestellten ein bewusster Gegenentwurf. Es gibt ganze Bücher und Webseiten, die sich mit Anleitungen für immer ausgefallenere Adventskalender beschäftigen. Klassiker sind kleine, genähte Säckchen oder bunte Kindersocken, die mit den Zahlen von 1 bis 24 bemalt oder bestickt und mit kleinen Überraschungen oder Süßigkeiten gefüllt werden. Verzierte Streichholzschachteln, Tütchen, Karton-Rollen oder gar vorsichtig geknackte und wieder zusammengesetzte Walnüsse dienen als Behältnisse für eine tägliche kleine Überraschung für die Kinder.

Der erste gedruckte Adventskalender: Im Lande des Christkinds, von Richard Ernst Kepler 1903.

Strohhalmstecken, oder: Ein Strohhalm für jede gute Tat

Weit verbreitet war auch der Brauch, eine kleine Futterkrippe, in der das neugeborene Jesuskind dann liegen würde, mit Strohhalmen oder Federchen weich auszupolstern. Jeden Tag durfte jedes Kind einen Strohhalm oder eine kleine Feder hineinlegen. Das »Bettchen« fürs Christkind stand schon in der – ansonsten noch leeren – Hauskrippe oder es wurde an einem besonderen Platz in der Wohnung aufgestellt. Weil das Christkind möglichst weich liegen sollte, waren die Kinder eifrig dabei und auch, weil sie so jeden Tag den Fortschritt in Richtung Weihnachten sehen konnten. In vielen Familien gab es den täglichen Strohhalm aber nicht umsonst: Für jede gute Tat, jedes Vaterunser oder jeden Tag, an dem das Kind »brav« war, gab es einen Strohhalm mit der Botschaft: »Je folgsamer du bist, desto weicher liegt das Christkind an Weihnachten.«

In einer Familie wurde das – in diesem Fall virtuelle – Federchen-Sammeln mit dem Fastengedanken verbunden: »Wir Kinder«, erinnert sich eine alte Frau, »sammelten eifrig Federchen für Christkinds Bettchen. Die Federchen bestanden aus gespartem Zucker.

Selbstgebastelter Adventskalender, mit Geschenken für jeden Tag gefüllt: Auf kleine Säckchen wurden die Zahlen von 1 bis 24 und jeweils ein kleines Bild gestickt.

Der Kaffee wurde über die ganze Adventszeit bitter getrunken. Das gab bis Weihnachten eine große gefüllte Zuckerbüchse. Aber auch andere Federchen wurden gesammelt: ohne Murren Geschirr abtrocknen oder die Möbel abstauben. Die Brüder putzten dafür die Schuhe auf Hochglanz und sorgten, dass immer der Holzkorb gefüllt war.«[31]

So wurde das Bettchen-Bereiten fürs Christkind zu einem Zwang, verbunden mit dem schlechten Gewissen, das die Kinder ereilte, wenn sie sich nicht an die Vorgaben gehalten hatten: »Wir hatten eine große Krippe. Beteten wir also wenig, musste das Christkind hart liegen, und das konnten unsere sensiblen Kindergemüter nicht verantworten. Also gingen wir nach dem ersten Rorate, den Frühmessen der Vorweihnachtszeit (siehe Seite 67), gemeinsam ans Werk. Abgemacht waren fünf Vaterunser pro Tag. Bis zum zweiten Advent hielten alle durch. Dann wurden die Brüder flauer. Man konnte dies ja gut an der Anzahl der Halme kontrollieren. Wir Mädchen waren in der Mehrzahl; wenn wir also nun zwei Vaterunser mehr beteten, musste das Christkind doch nicht hart liegen. Und es nützte tatsächlich aller Zuspruch nichts – die Männerwelt wollte nicht mehr als zwei Halme pro Kopf und Tag liefern.«[32]

DER ADVENTSKRANZ

Wie die Adventskalender, so war auch der erste Adventskranz dazu gedacht, Kindern die 24 Tage bis zum Weihnachtsfest bildlich darzustellen. Der Theologe Johann Heinrich Wichern (1808–1881), Begründer des Rauhen Hauses in Hamburg, einem Heim für arme Kinder, hängte 1839 erstmals ein Wagenrad an der Decke auf, bestückt mit 24 Kerzen: 20 kleinen roten für die Werktage (oder 24 für alle Tage) und 4 großen weißen für die Sonntage im Advent. Jeden Tag wurde bei der Adventsandacht eine weitere Kerze angezündet, wie Wichern in seinen Erinnerungen beschreibt: »Aber was gucken die Knaben- und Mädchenaugen so lustig zum Kronleuchter empor? Oh, was sie da sehen, kennen sie wohl. Es ist nichts als ein einfacher Kranz, den der Kronleuchter auf seinen Armen trägt, und auf dem Kranz brennt das erste Licht, weil heute der erste Adventstag ist; und kommt ihr morgen, dann brennen schon zwei, und übermorgen drei, und jeden Tag eins mehr. Und je mehr Lichter brennen, desto näher rückt Weihnachten und desto froher werden Knaben und Mädchen; und brennt der volle Kranz mit allen 24 Lichtern, dann ist er da, der heilige Christ in all seiner Herrlichkeit.«[33] Die Kinder lernten auf diese Weise nicht nur das Zählen und konnten die Tage bis Weihnachten besser erfassen, sie erlebten auch den theologischen Gedanken von Christus als dem Licht der Welt, das mit seiner Geburt auf die Erde kommt: Das Licht wird immer stärker, je näher das Weihnachtsfest rückt.

Erst einige Jahre später schmückte man den »Kronleuchter« mit Tannenzweigen. Diesen neu erfundenen Adventskranz brachte Wichern dann auch in ein Waisenhaus nach Berlin. Allmählich breitete sich der Brauch im Norden Deutschlands aus, und 1937/38 finden wir den ersten Adventskranz in München: in der Kirche St. Silvester in Schwabing. Von den Kirchen wanderte er dann auch zunehmend in die Privathäuser. So wurde ein von evangelischen Theologen erdachter »Adventskalender« zu einem in ganz Deutschland und der Welt verbreiteten Brauch der Vorweihnachtszeit, beliebt bei Menschen aller Glaubensrichtungen. Auf seinem Weg nach Süden kamen

So könnte der Adventskranz von Johann Heinrich Wichern ausgesehen haben: 24 oder 20 kleine Kerzen und 4 große.

dem Kranz allerdings die meisten Kerzen abhanden: Nur noch vier Kerzen schmücken seitdem den Adventskranz. Sie werden an den vier Adventssonntagen entzündet. Passend zum dunklen Tannengrün gelten rote Kerzen als Klassiker. Dazu wird der Kranz gern mit roten Bändern umwunden und traditionell mit echten Zapfen geschmückt, meist Kiefernzapfen.

Heute dient der Adventskranz nicht mehr vorwiegend der Vorbereitung auf Weihnachten mit dem sonntäglichen andächtigen Anzünden einer weiteren Kerze. Als beliebtes Dekorationselement der Adventszeit unterliegt er natürlich auch der Mode und wird inzwischen in allen erdenklichen Farben geschmückt und auch aus anderen Materialien als grünen Zweigen gebunden.

In einer ganz besonderen Farbsymbolik schmücken manche den Adventskranz, indem sie drei violette Kerzen und eine rosafarbene auswählen: Die rosa Kerze wird dann am dritten Adventssonntag entzündet, dem Sonntag Gaudete. Das ist das erste Wort des Eröffnungsspruchs der Liturgie dieses Sonntags: »Gaudete in domino semper!« – »Freut euch im Herrn alle Zeit!« Die Mitte der vorweihnachtlichen Bußzeit ist erreicht, das Geburtsfest Christi ist nahe. Die liturgische Farbe der Fastenzeiten, violett, wird deshalb an diesem freudvollen Sonntag von dem helleren Rosa unterbrochen. In der vorösterlichen Fastenzeit ist es der vierte Fastensonntag, Laetare (nach dem Introitus »Laetare Ierusalem!« – »Freu dich, Jerusalem!«), der die Mitte der Fastenzeit bildet und dem adventlichen Gaudete entspricht, auch mit der liturgischen Farbe Rosa. Anzünden soll man die Kerzen übrigens der Reihe nach: Das Entzünden der gegenüber der ersten liegenden Kerze am zweiten Adventssonntag ist gegen die Tradition, weil, wie es heißt, »die Sonntage ja auch nacheinander folgen«.

Unsere Großelterngeneration erinnert sich an den Adventskranz als beglückendes Instrument der familiären Gemeinschaft: Man wanderte gemeinsam in den Wald und holte Tannenzweige, die dann in der warmen Stube zum Kranz gebunden und geschmückt wurden. Der Adventskranz bildete dann jeden Tag das Zentrum der familiären Andacht, die entsprechende Anzahl von Kerzen wurde entzündet, es wurde gesungen und gebetet. »... es wurde zu einer lieben Gewohnheit«, erinnert sich eine 1907 geborene Frau, »am ersten Advent in den Wald zu gehen und Tannenreis zu holen. Abends wurde dann der Kranz gewunden und die erste Kerze angezündet. Zu kaufen gab es keinen, man machte noch viel mehr selbst als heute.«[34] Aus der Adventszeit 1934 stammt folgende Erinnerung: »Am Tag vor dem ersten Advent wand meine Mutter aus einfachem Tannenreis den Adventskranz. Sie machte es mit Liebe und befestigte ihn mit vier roten einfachen Bändern über unserer Tischlampe. Noch einige kleine Tannenzapfen, die Vater vom Wald mitbrachte, steckte sie zwischen die vier Kerzen. Fast jeden Abend versammelten wir uns um den Tisch zu einer kleinen Adventsfeier. Wir sangen und beteten. Es war dann so feierlich in unserer Stube.«[35]

DAS PARADEISL

Bevor zu Beginn des 20. Jahrhunderts der Adventskranz in Süddeutschland ankam, schmückte das Paradeisl die Stuben in Bayern und in Österreich. Es galt als Adventsschmuck der einfachen Leute, deshalb gibt es wenige Dokumente, die über die Herstellung und den Gebrauch berichten.

Das Grundprinzip ist immer gleich: In Form einer Pyramide werden vier rotbackige Äpfel mit sechs Holzstäbchen zusammengesteckt. Drei Äpfel, verbunden durch drei

Das Paradeisl ist der bayerische Vorläufer des Adventskranzes – hier mit geschnitzten hölzernen Äpfeln.

Hölzer, bilden die Basis. In diese drei Äpfel werden drei Stäbchen schräg nach oben eingesteckt, die dann den vierten Apfel als Pyramidenspitze halten. Die vier Äpfel dienen als Halterungen für die vier Adventskerzen – gerne auch drei violette und eine rosafarbene wie beim Adventskranz. Die rosafarbene für den Sonntag Gaudete steckt dann in einem der Basis-Äpfel, denn die vierte Kerze an der Spitze wird erst am vierten Adventssonntag angezündet. Die Hölzchen wurden bevorzugt aus schönen, gerade gewachsenen Haselnussästchen geschnitten, oft kunstvoll durch Rindenschnitzerei verziert oder mit Goldpapier umwunden. Diese Verbindungsstäbe konnten mit grünen Zweigen geschmückt werden, wie Buchs oder Tanne. Und in der Mitte der Pyramide hing, an der Unterseite des obersten Apfels mit einem Band befestigt, eine vergoldete Walnuss.

So einfach dieses Gebilde anmutet, so vielfältig wird es aus christlicher Sicht gedeutet. Schon der Name weist auf den Bezug zum Alten Testament hin: Paradeisl, das kleine Paradies, baute man nach mit den Äpfeln, den Lichtern und dem frischen Grün. So wie die Urmutter Eva die Menschen in die Erbsünde stürzte, als sie entgegen Gottes Anweisung den verbotenen Apfel pflückte, so opferte sich Maria als Mutter des gekreuzigten Christus, um die Menschheit von der Erbsünde zu erretten. Nicht umsonst hat die Kirche den Namenstag der Eva auf den 24. Dezember gelegt, den Tag, nach dem Maria, die »neue Eva« aus dem Neuen Testament, den Retter gebären wird. Mit der Geburt Christi an Weihnachten wird das Paradies für die Menschen wieder aufgeschlossen. Die pyramidale Form aus Dreiecken wird als Sinnbild für die Trinität gedeutet. Die vier Lichter auf dem Paradeisl weisen auf Christus als Lichtbringer in der Dunkelheit hin, das frische Grün mitten im Winter auf Freude, Leben und Fruchtbarkeit – wie beim Adventskranz. Die goldene Walnuss unter der letzten Kerze ist das Symbol für das Geheimnis, das sich erst am Weihnachtstag offenbaren wird. Geduldige Bastler öffnen die Walnuss, bevor sie zum Einsatz kommt, lösen den Kern heraus und setzen ein kleines Jesuskind aus Wachs hinein. Die beiden Hälften werden wieder zusammengesetzt und erst am Weihnachtsabend geöffnet. In anderen Familien wurde zu Weihnachten ein kleines Körbchen mit dem Christkind in die Mitte des Paradeisls gestellt.

Woher das Paradeisl kommt, ist nicht gesichert. Belege gibt es besonders für katholische Gegenden, vor allem für den Bayerischen Wald und München. Nachdem im 19. Jahrhundert viele arme Oberpfälzer auf der Suche nach Arbeit in die Landeshauptstadt zogen, könnten sie es mitgebracht haben. 1933 vermeldeten die Münchener Neuesten Nachrichten, dass das Paradeisl fast in jeder vorweihnachtlichen Stube zu finden sei.[36]

Vielleicht besteht ja ein Zusammenhang mit der lichterbesteckten erzgebirgischen Weihnachtspyramide, die in Ostdeutschland und in Berlin das Symbol für Weihnachten war, bevor der Christbaum auch dort Einzug hielt und die Weihnachtspyramide als Mittelpunkt des Weihnachtsabends verdrängte.

IMMERGRÜNE ZAUBERPFLANZEN

Unsere Erfahrung und die Kenntnis der naturwissenschaftlichen Zusammenhänge lässt uns im Herbst nicht den Mut verlieren, wenn die Bäume ihre Blätter abwerfen. Wir wissen, dass sie im Frühjahr wieder austreiben, auch wenn es im Winter monatelang so scheint, als sei jedes Leben aus ihnen gewichen. Unsere Vorfahren müssen winters befürchtet haben, dass es nie wieder warm und grün wird – zumindest konnten sie sich die Zusammenhänge nicht erklären. Staunend werden sie festgestellt haben, dass es in der scheinbar toten Zeit grüne Lichtblicke gab: Pflanzen, die ihre Blätter nicht verloren, die frisch und grün aussahen das ganze Jahr über. Kein Wunder, dass diese Ausnahmepflanzen als Zauberkräuter und magische Bäume galten. Seit jeher holte man sich im Winter das Grün aus der Natur ins Haus, wie um die Fruchtbarkeit zu beschwören und zu bewahren, aber sicher auch einfach, um sich an der Farbe der lebendigen Natur zu erfreuen. Viele tausend Jahre später haben wir diese wintergrünen Pflanzen in unsere Rituale während der dunklen Jahreszeit integriert – vom »Tannenreisig« für den Adventskranz und den Christbaum über die Mistelzweige bis zur geheimnisvollen Rose von Jericho.

Tanne

Grüne Tannenzweige holten sich unsere Vorfahren schon ins Haus, als es noch keinen Adventskranz und keinen Christbaum gab. Sie schmückten die Häuser innen und außen, über die Eingangstür und die Fenster im Erdgeschoß gehängt sollten sie böse Geister abwehren, von denen man sich besonders in der dunklen Jahreszeit ständig bedroht glaubte. Hildegard von Bingen hielt den zeitgenössischen Aberglauben fest: »Denn an welchem Ort auch immer Tannenholz ist, hassen und meiden es die Luftgeister mehr als andere Orte, und Zauber und Magie haben dort weniger Kraft und herrschen weniger vor als an anderen Orten.«[37] Tannen galten schon in vorchristlicher Zeit als heilige Bäume, man hat sie in den Kulten verschiedenen Göttinnen geweiht und als Wohnstatt guter Geister angesehen.

Riesige Bestände an Tannenbäumen ließen einst die Wälder in Deutschland zum »dunklen Tann« werden, zum geheimnisvollen Wald, sodass der Tann sogar ein Synonym für den Wald schlechthin wurde. Inzwischen überwiegt bei den Nadelbäumen die schnellwachsende Fichte, sie verspricht für einen Nutzwald, der rein zur Holzpro-

Tannennadeln sind oben blaugrün, unten silbrig-grau und wachsen nach links und rechts waagrecht am Zweig.

duktion bewirtschaftet wird, den größten Gewinn. Ein Fichtenwald wirkt heller, die Nadeln sind von einem stumpfen Moosgrün, während die Tannennadeln an ihrer Oberseite dunkel blaugrün und an der Unterseite silbrig gefärbt sind. Fichtennadeln sind spitz, sie stechen, während Tannennadeln sich weich und angenehm anfühlen. Fichtennadeln wachsen rundherum am Zweig, während Tannennadeln vom Zweig aus waagrecht nach links und nach rechts wachsen. Und für Weihnachtszwecke der wichtigste Unterschied: Fichten trocknen, einmal geschlagen und in die warme Stube gestellt, sehr schnell und verlieren nach wenigen Tagen ihre Nadeln, während Tannen lange schön grün bleiben.

Mistel

Mit Hilfe eines Mistelzweigs tötet der böse Gott Loki schon in der germanischen Sage den eigentlich unbezwingbaren Balder, den jungen, schönen Sohn der Freja. Aber nicht nur den Germanen, auch den Kelten hat die Mistel schon als Zauberpflanze gegolten.

»Die Priester der Gallier, die Druiden, kennen nichts Heiligeres als die Mistel und den Baum, auf dem sie wächst, besonders wenn dies eine Wintereiche ist«, berichtet uns der römische Schriftsteller Plinius. Und wer Asterix und Obelix kennt, weiß auch, dass die Mistel von den Druiden mit einer goldenen Sichel geschnitten wurde. Sie durfte jedoch – wie viele andere Zauberpflanzen auch – bei der Ernte den Erdboden nicht berühren, weshalb man sie mit einem weißen Tuch auffing. Dann wurde daraus ein Getränk gebraut, das unfruchtbare Tiere und Menschen fruchtbar machen und gegen alle Gifte wirken sollte.

Auch die Kelten im Alpenraum und in Süddeutschland, in Rätien und Noricum, betrachteten die Mistel als heilig. Sie soll ein Geschenk der Götter gewesen sein, die die Mistel aus dem Himmel in die höchsten Zweige der Bäume fallen ließen – denn anders konnte man sich die eigenartige Wuchsform nicht erklären. Bis in unsere Zeit haben sich viele Bräuche gehalten, die auf diese jahrtausendealten Wurzeln zurückgehen. Überall und zu aller Zeit jedoch wird die Mistel nicht nur als heilige und heilende, sondern auch als zaubermächtige und mitunter gefährliche Pflanze aus der Jenseitswelt angesehen.

In den Alpen war man überzeugt, die Mistel wachse auf den Ästen, die einem Alp oder einer Drud als Rastplatz gedient hätten. Alpe und Druden sind böse Geister, die durch die Nacht fliegen und sich auf schlafende Menschen setzen, um sie zu drücken und zu plagen, sie verursachen Alpträume. Denn so wie der Alp dem Menschen aufsitze, so sitze die Mistel dem Ast auf und entziehe ihm den Lebenssaft. Tatsächlich ist die Mistel ja eine Halbschmarotzerpflanze, deren Wurzeln dem Wirtsbaum Nährstoffe entziehen.

Auch bei uns galt die Mistel als wirksames Kraut gegen Epilepsie und Viehseuchen – beides Krankheiten, die besonders im Verdacht standen, von bösen Geistern und Hexen hervorgerufen zu werden. Die Mistel zählt zu den wichtigsten apotropäischen, das heißt, Dämonen abwehrenden und damit auch Glück bringenden Pflanzen. Weit verbreitet war es deshalb, Mistelzweige gegen Hexen und Druden in Haus und Stall aufzuhängen. Mistelzweige als weihnachtlicher Schmuck des Hauses sind in den keltischen Ländern England und

Früher war man überzeugt, die Mistel wachse auf den Ästen, die einem bösen Dämon als Rastplatz gedient hätten.

Frankreich schon lange beliebt. Sie fielen, ebenso wie Tannenzweige, »seit dem 16. Jahrhundert in manchen elsässischen Gebieten unter das kirchliche Verbot, ›Dannwedel und Mispelzweig‹ (so hieß die Mistel im Alemannischen) zur Weihnachtszeit anzuheften«[38] – ein Zeichen dafür, dass sich altes keltisches Brauchtum lange gehalten hatte und die Kirche auch tausend Jahre nach der Einführung des Christentums suchte, solche »heidnischen« Gewohnheiten auszurotten.

Misteln galten schon immer als heilkräftig. Heute werden die Pflanzen unter anderem erfolgreich in der Krebstherapie eingesetzt.

Aus England kommt auch die Sitte, dass sich zwei junge Leute, die sich unter einem aufgehängten Mistelzweig treffen, küssen dürfen. Hier spielt wohl der uralte Gebrauch von Misteln als Fruchtbarkeitsmittel für Mensch und Tier eine Rolle: »Die Druiden schätzten sie außerordentlich hoch, sie galt ihnen als ein Mittel gegen alle Gifte, und sollte unfruchtbare Thiere fruchtbar machen.«[39] Tatsächlich kann man heute noch Misteltropfen in der Apotheke kaufen, und es gibt nicht wenige Frauen, die davon überzeugt sind, dass ihnen die Einnahme von Misteltropfen geholfen habe, ihren Kinderwunsch zu erfüllen.

Man hat Misteln auch bei sich getragen, um Krankheiten und Dämonen abzuwehren. Eine Münchner Handschrift aus dem 15. Jahrhundert empfiehlt, zur Vorbeugung vor Epilepsie einen Ring mit einem Mistelzweiglein so an der Hand zu tragen, dass der Zweig die Haut berühre. Aus Mistelzweigen hat man auch sogenannte Paternoster gemacht – Rosenkränze, teilweise aus versilberten Mistelstücken, die man den »jungen Kindern an die Hälse hängt, damit ihnen kein Zauberei und Gespenst schaden kann«.

Und heute? Ist die Mistel bei uns streng geschützt. Daran sollten wir uns auch halten. Es gibt in unseren geputzten, intensiv genutzten Wäldern und Gärten nicht mehr so viele alte, frei stehende Laubbäume, in denen Misteln wachsen dürfen. Vielleicht treffen die Götter beim Mistelwerfen aus dem Himmel aber auch nicht mehr so gut?

Auch Buchs und Ilex, die Stechpalme, sind als Immergrüne beliebter Weihnachtsschmuck. Und auch sie gelten seit jeher als Zauberpflanzen.

Die Rose von Jericho

»Auferstehungspflanze« heißt sie auch, und »Rose der Heiligen Maria«, weil die Muttergottes sie auf der Flucht nach Ägypten in der Wüste gesegnet haben soll. Als die schwangere Maria übers Gebirge ging, um ihre Base Elisabeth zu besuchen, lautet eine andere Legende, blühte an jeder Stelle, die ihr Fuß berührte, eine Jerichorose auf.[40] Sogar in der Bibel ist die Pflanze schon erwähnt: Im Buch Sirach (24,18) wird die göttliche Weisheit in Zusammenhang gebracht mit »den Rosenstöcken, die man um Jericho zieht«. Die Botaniker kennen sie unter dem Namen *Anastatica hierochuntica* – die »Rose von Jericho«.

Zu Hause ist die unscheinbare Blattrosette in den Wüstengebieten Nordafrikas und des Nahen Ostens. Dort kannte man schon seit vorchristlicher Zeit ihre wunderbare Eigenschaft, immer wieder zu ergrünen und sich scheinbar mit Leben zu füllen. Man verehrte sie deshalb als Wunderpflanze und benützte sie zu allerhand Zauberei. Die Kreuzfahrer waren es vermutlich, die im Mittelalter erste Exemplare der Zauberpflanze nach Europa brachten – und mit ihr die Kunde von ihrer Wunderwirksamkeit.

Mit unseren Rosen hat sie allerdings nichts zu tun. Es handelt sich um einen Kreuzblütler, eine Wüstenpflanze, dessen Rosette am Ende der Vegetationszeit verdorrt und sich zu einem Ball einrollt, wenn der Regen ausbleibt. In der eingerollten Rosette bewahrt die Pflanze die wertvollen Samen für die nächste Pflanzengeneration auf. Tobt nun der Wind durch die Wüste, reißt er die trockene Pflanze aus ihrer Verankerung und weht sie oft kilometerweit weg, wo sie liegenbleibt und – sobald der Regen zurückkehrt – aus den mitgenommenen Samen neue Pflänzchen entwickelt. Die trockene Rosette selbst saugt sich dabei wie ein Schwamm mit Feuchtigkeit voll, öffnet sich deshalb und zeigt ihre grüne Innenseite. Doch ist dieser Vorgang rein physikalischer Natur, Hygroskopie nennt ihn die Wissenschaft. Die Rosette ist abgestorben und öffnet sich nur durch das Aufsaugen von Wasser, so, wie sie sich bei Wasserentzug wieder schließt.

All das muss unseren Vorfahren wie ein Wunder vorgekommen sein. Und Wunder werden seit zweitausend Jahren Gott und seinem Sohn zugeschrieben ebenso wie dessen Mutter – daher der Name »Rose der Heiligen Maria«. Das Ergrünen der scheinbar toten braunen Pflanze setzte man mit der Auferstehung Christi gleich oder auch mit der Ankunft Christi in der bis dahin hoffnungslosen Welt. Und so war es denn bei unseren Großeltern und Urgroßeltern üblich, von einem reisenden Händler eine »Rose von Jericho« zu erwerben, wenn nicht schon eine im Haus war. Diese hat man dann zu Weihnachten in eine Schale mit Wasser gesetzt, wo sie wie durch Zauberhand ergrünte und ihre Blätter öffnete – sie schien zu leben. Länger als eine Woche sollte sie nicht im Wasser stehen, sonst schimmelt und fault die Pflanze. Man lässt sie wieder trocknen – bis zum nächsten Weihnachtsfest. Es soll Jerichorosen geben, die seit Generationen in einem Haus weitervererbt und jedes Jahr zum »Blühen« gebracht werden.

Kein Wunder, dass der Zauberglaube um die »Rose« ebenso blühte wie die Pflanze selbst. Einer Frau vor der Niederkunft stellte man die Rose unters Bett, das sollte die Geburt erleichtern und Kind und Mutter ein langes Leben schenken. Das Aufgehen der Rose wurde mit der Öffnung des Mutterschoßes assoziiert. Auch das Wasser, das mit der Rose in Berührung gekommen war, wurde zur Geburtserleichterung der Gebärenden zu trinken gegeben oder man hat ihre Lippen damit benetzt. Unter dem Bett soll die Rose auch das Einschlafen fördern, ebenso wie sie allgemein Glück und Wohlstand ins Haus und über eine Familie bringen soll. Weit verbreitet war der Glaube, dass sich die Jerichorose überhaupt nur in der Christnacht öffne. Wenn sie, an Heiligabend ins Wasser gestellt, vor Mitternacht »aufblühe«, bedeute das Glück im kommenden Jahr, wenn das erst nach Mitternacht geschehe oder gar nicht, dann verheiße das Unglück oder es müsse jemand aus der Familie sterben. In den magischen Zwölfnächten nach Weihnachten wurde sie als Wetterorakel fürs nächste Jahr verwendet: Blieb die Rose geschlossen, war trockenes Wetter zu erwarten, öffnete sie sich weit, rechnete man mit einem feuchten Jahr.

Die trockenen, zusammengerollten Rosetten öffnen sich und ergrünen, wenn sie in Wasser gestellt werden.

Im 16. Jahrhundert, in der Zeit der Gegenreformation, gab es sogar katholische Kirchenmänner, die behaupteten, die Jerichorose würde sich auch an Weihnachten in Gegenwart von Kranken und Sterbenden nicht öffnen – und auch nicht, wenn ein »Calvinist« im Raum sei. Verlasse dieser jedoch das Zimmer, gehe die Rose sofort auf.

Die große Beliebtheit der Jerichorosen führt seit jeher dazu, dass auch billiger Ersatz angeboten wird: Zu den Moosfarnen gehörende Pflanzen (*Selaginella lepidophylla*) werden aus den Wüsten Mittelamerikas importiert. Auch sie saugen sich beim Kontakt mit Wasser schnell voll und öffnen sich – scheinbar lebendig geworden. Doch vertragen die unechten Rosen diese Prozedur angeblich nicht so häufig. Und in der Bibel sind sie erst recht nicht erwähnt – kannte man damals doch noch nicht einmal den Kontinent, auf dem sie daheim sind.

RORATE – DAS ENGELAMT

Früh aufstehen hieß es früher in der Adventszeit, denn schon um sechs, halb sieben Uhr morgens begannen in den Kirchen die Engel- oder Rorateämter. Sie gehörten zur Vorweihnachtszeit, und die Familien und die Gemeinden wetteiferten darum, solche Messen lesen zu lassen. Mancher Pfarrkalender war schon Jahre im Voraus mit Vorbestellungen für diese Zeit gefüllt.

Der Name Rorate ist von den traditionellen lateinischen Anfangsworten der Liturgie aus dem Alten Testament abgeleitet: »Rorate caeli desuper, et nubes pluant justum« – »Tauet, Himmel, von oben, ihr Wolken, lasst Gerechtigkeit regnen« (Jes 45,8). Und weil in diesen Messen das Evangelium von der Verkündigung an Maria durch den Engel Gabriel gelesen wurde, nannte man sie auch Engelämter. Es sind Votivmessen zu Ehren der Muttergottes, die ja bald den Erlöser gebären wird.

In Scharen strömten die Gläubigen in aller Herrgottsfrühe in die Kirchen. Oft hatten sie einen langen und beschwerlichen Weg durch die dunkle, kalte Winternacht hinter sich, und nicht wenige waren eine Stunde und länger unterwegs. Mit Laternen in der Hand kämpften sich die Menschen durch die Kälte, Mäntel und Mützen mit Schnee und Reif bedeckt. Trotz der frühen Stunde und des oft weiten Weges versuchte man, mindestens einmal in der Woche ein Rorateamt zu besuchen.

In der kalten Kirche nahm jeder seinen Platz ein, fast jede Familie hatte einen festen Kirchstuhl, oft mit Namen bezeichnet, oder zumindest einen Platz, an dem sie immer saß. Wenn dann die Wachsstöcke auf den Kirchenbänken angezündet waren, spürte so mancher Gläubige nicht nur die schwache Wärme an den klammen Fingern, sondern auch eine innere Wärme aufsteigen. Auch in Zeiten von elektrisch ausgeleuchteten Kirchen werden die Rorateämter wie früher meist ausschließlich bei Kerzenschein gefeiert, was eine gerade in der heutigen Zeit sehr seltene, ganz besondere Stimmung erzeugt. Viele Menschen bezeichnen sie als meditativ, die Einkehr fördernd. Der Besuch einer solchen Messe schenke Freude und Kraft für den ganzen Tag.

»Heute werden die Kinder unsere Freude am Engelamtgehen gar nicht mehr verstehen«, erinnert sich ein Chiemgauer Bauern-

In der eisigen Kälte des frühen Dezembermorgens strömten die Menschen früher in die Rorate-Messen.

sohn, geboren 1915. »Beginn um halb sieben! Das bedeutete für uns, aufstehen um halb sechs. Spätestens um sechs mussten wir aus dem Hause sein, der Weg dauerte im Winter gewiß eine halbe Stunde. Es kam oft vor, dass uns die Mutter zweimal schreien musste zum Wecken, so todmüde waren wir noch.... Schnell gewaschen, gegessen, ein doppeltes Butterbrot – wenn es Butter gab – in den ... Schulranzen, und hinaus ging's in die stockdunkle Nacht, ... oft im Schnee und um so lieber, wenn er knietief war.... Von überallher konnte man nun dunkle Gestalten auf den Wegen auftauchen sehen.... Und so war die Kirche voll wie am Sonntag, und es gab einem das Gefühl des Geborgenseins ... Der Weihrauch duftete schon zur Türe heraus, und alles stimmte einen so feierlich, die Lichter, die Kerzen, das Gold des Altares und der Heiligenfiguren und erst recht, wenn das Lied ›Tauet Himmel den Gerechten‹ angestimmt wurde. Der Chor sang eine große Messe. Nach dem Engelamt kam noch etwas Besonderes für uns, auf das wir uns freuten: die Zeit, bis die Schule anfing. Immer noch war es finster so nach Viertel über sieben Uhr, wenn wir in das Schulhaus hinein durften. Im Schulzimmer stand der Kachelofen, die Holzscheite krachten darin, und die Feuerzungen zuckten an der Decke und den Wänden hin und her; wir scharten uns um den Ofen, und die wohlige Wärme rieselte in unsere in der kalten Kirche halberfrorenen Körper. Drei Engelämter waren meist in der Woche; wir setzten unsere Ehre darein, ja keines zu versäumen.«[41]

»Gruselig schön«, war es, wie sich ein anderer erinnert, »in der dunklen Morgenfrühe den Weg zur Kirche anzutreten«.[42]

Bis ins Alter hinterließen die Erlebnisse um diese Messbesuche unvergessene Eindrücke, die sicherlich im Lauf der Jahre ein wenig verklärt wurden, angesichts des quälend frühen Aufstehens und der Kälte: »Dunkel war es, und nur der Schnee glänzte und die Sterne, von denen Mutter allerlei zu erzählen wusste.... In der Kirche angekommen sangen wir mit den anderen: ›Sieh, es wird der Herr sich nahn‹. Dabei trat ich von einem Fuß auf den anderen, denn meine Zehen waren steif. Und nicht selten wurde mir schlecht vor Kälte. Heizung in der Kirche gab es nicht, doch daheimgeblieben wäre ich um keinen Preis. Es war zu schön, am Arm der Mutter so durch das Dunkel zu stapfen, wenn der Schnee unter den Füßen knirschte.«[43]

Der Volksglaube schrieb den Rorateämtern eine besondere Wirkung für die Familie, die Lebenden wie die Seelen der Verstorbenen zu, sowie für das Vieh im Stall, für Haus, Hof und Felder. Durch diese besonders feierlichen Gottesdienste wollte man Fruchtbarkeit für das kommende Jahr erbitten.

Bis zum 16. Dezember werden mancherorts noch heute an den Werktagen im Advent Roratemessen gefeiert. Die letzten acht Tage vor Weihnachten sind ausschließlich der Vorbereitung auf das große Fest gewidmet – das wird allerdings heute nicht mehr so streng gesehen. Es gibt durchaus Pfarreien, die auch in der letzten Adventswoche noch Roratemessen feiern. Sinnbildlich bedeutet diese Regelung: In den ersten drei Adventswochen befinden die Menschen sich noch in der Dunkelheit vor der Ankunft des Herrn und suchen in den frühen Morgenstunden die Kirchen auf in der Hoffnung auf die Christusgeburt als Ende der Finsternis. In der letzten Adventswoche liegt dieses Ereignis greifbar nah.

»Rorate coeli de super« steht auf dem vor der Krippe liegenden Blatt, Fenster in St. Sauveur in Plancoet/Bretagne.

BARBARATAG – 4. DEZEMBER

Barbarazweige – ein vorweihnachtlicher Brauch, der bis heute nicht vergessen ist! Am Gedenktag der heiligen Barbara, dem 4. Dezember, schneidet traditionell die Frau des Hauses Zweige von frühblühenden Obstbäumen und stellt sie im warmen Zimmer ins Wasser. Zeigen sich an Weihnachten erste Blüten, soll das Glück fürs kommende Jahr bedeuten und je reicher die Blüte, desto größer der Segen für Haus, Menschen und Tiere. Aber nicht nur das: Die Blütenzweige wurden auch als Orakel verwendet, galt der Barbaratag doch als ein wichtiger Lostag für zukünftige Ereignisse, ebenso wie als Wetterlostag: »Steht Barbara im Klee, kommt's Christkind im Schnee.« Ganz nüchtern schlossen die Bauern vom Blütenreichtum der Zweige auf die Obsternte des nächsten Jahres, und das zu Recht: »Die Sache ist nicht ohne Grund, denn da sich sowohl die Blatt- als Blüthenknospen für das nächste Jahr schon im Herbst ansetzen, kann man auch aus der größeren Anzahl der einen oder der anderen auf mehr oder minder Obst schließen.«[44]

Junge Frauen gaben jedem einzelnen Zweig, den sie hoffnungsfroh ins Wasser stellten, den Namen eines Verehrers und beobachteten, welcher als erster anfing zu blühen oder welcher die meisten Blüten hervorbrachte. Das deuteten sie als Hinweis auf den künftigen Bräutigam. Oder jedem Mädchen wurde ein Zweig zugeordnet und aus dem ersten Aufblühen oder der Anzahl der Blüten schloss man darauf, welche als erste heiraten würde. In manchen Regionen Österreichs steht jeder Zweig für ein Familienmitglied, und wessen Zweig am schönsten blüht, der soll am meisten Glück im nächsten Jahr haben. Zweige, die im Wasser dürr werden und weder Blüten noch zumindest Blätter austreiben, gelten als Zeichen für kommendes Unglück.

Natürlich gab es strenge Vorschriften, wie die Zweige zu schneiden waren – so konnte man sich immer noch damit trösten, dass man diese Regeln nicht korrekt eingehalten hatte, für den Fall, dass die Zweige nicht das erhoffte Ergebnis brachten: In der Nacht auf den Barbaratag musste eine Frau vor Sonnenaufgang schweigend die Zweige schneiden. Kein Strahl der aufgehenden Sonne darf darauf fallen. Anderswo hieß es, das Schneiden müsse während des Vesperläutens am Vorabend erfolgen.

Die Tradition, Barbarazweige ins Haus zu holen, tritt auch als Vorläuferin des Christbaumbrauches auf, wie es überhaupt das Bedürfnis der Menschen seit jeher ist, sich die dunkle Jahreszeit mit grünender und blühender Natur zu verschönern. Früher versicherten sich die Menschen so der Fruchtbarkeit, die in der Natur offenbar nur ruhte und die im Frühling wiederkehren würde. Es war nicht nur üblich, einzelne Zweige abzuschneiden – ganze Bäume holte man sich ins Haus! »›Die Gewohnheit, am Barbaratage (4. Dezember) Bäume in die Stube zu stellen, um solche am Weihnachtsabend, zur Freude der Kinder, als ein Christgeschenk, mit allerlei Zuckerwaren und andern zu behängen, ist in ganz Franken noch stark gebräuchlich … Die gewöhnlichste Art der Bäume zu diesem Gebrauche sind Weichsel und wilde Kirschenbäume, auch junge Tannen und Fichtenbäume bey geringen Leuten, die sich solche selbst hohlen; auch werden Holunderstauden von blauen oder weißen Holunder dazu gebraucht.‹ So steht es in einem fränkischen Journal vom Jahre 1795.«[45]

Die Legende der heiligen Barbara

Wie viele weibliche Heilige war Barbara der Legende nach jung, klug und wunderschön. Angeblich lebte sie um das Jahr 300 herum in Nikomedia, heute in der Türkei gelegen, doch die Forschung hält sie als historische Person für nicht belegt.

Ihr Vater, »heidnischen« Glaubens, soll sie während seiner Abwesenheit in einen Turm eingeschlossen haben, um sie am Heiraten zu hindern. In dieser Zeit soll sie durch einen Priester, den sie als Arzt ausgab, getauft worden sein. Eine andere Version erzählt, Johannes der Täufer sei ihr erschienen und habe ihr die Taufe gespendet. Wieder andere wollen wissen, Barbara habe ihren Vater um den Bau eines Bades gebeten, das dann in Form eines Turmes erbaut worden sei. Barbara habe dann aber statt der vorgesehenen zwei Fenster drei einbauen lassen als Zeichen für die Dreifaltigkeit. Dem Vater habe sie nach der Entdeckung gestanden, dass sie Christin sei, woraufhin sie dem wütenden Vater nur durch ein Wunder entkommen sei. Sie floh in die Wüste, ein Felsen tat sich auf und ließ sie passieren, und sie fand Unterschlupf in einer Höhle bei einem Hirten. Dieser verriet sie jedoch an den Vater, woraufhin der Hirte zu Stein wurde und seine Schafe zu Heuschrecken. Der Vater übergab sie an den römischen Statthalter, der sie foltern ließ und schließlich, als sie alle Martern überlebte, zur Enthauptung verurteilte. Der grausame Vater vollzog das Urteil eigenhändig und wurde im gleichen Moment vom Blitz erschlagen. In ihren letzten Stunden soll sie sich an einem blühenden Kirschbaumzweig erfreut haben: In ihrem Kerker habe sie einen verdorrten Zweig gefunden und mit Wasser benetzt, woraufhin der Zweig Blüten trieb und Barbara diesen Vorgang mit ihrem Leben und Sterben in Bezug setzte: »Du schienst tot, aber bist aufgeblüht zu schönem Leben. So wird es auch mit meinem Tod sein. Ich werde zu neuem, ewigem Leben aufblühen.«[46]

Barbara mit dem Turm, Kirche St. Peter und Paul auf dem Westerbuchberg/Übersee im Chiemgau.

S·AINPET· S·GBERPET· S·FIRPET·
Sibilla
von starz
Regina·
haussin

DIE VEREHRUNG DER HEILIGEN BARBARA

Der Kult der heiligen Barbara gelangte über Byzanz schon um 1000 nach Venedig und nach Spanien. Seit dem 14. Jahrhundert wird sie im deutschen Sprachraum verehrt, zuerst wohl als Patronin der Bergleute. Ihre Flucht durch den Felsen und in eine Höhle mag der Grund dafür gewesen sein, ebenso wie der tödliche Blitz am Ende der Geschichte. Ihr Name bezeichnet bis heute manche Gruben im Bergbau, an ihrem Gedenktag werden Andachten und Feiern in Bergbaugebieten abgehalten. Auch als Schutzheilige der mit Waffen und Pulver hantierenden Soldaten gilt Barbara, dazu hat vielleicht ihr Attribut beigetragen: Sie wird meist mit dem Turm aus ihrer Legende abgebildet, der wohl fälschlicherweise für ein Kanonenrohr gehalten wurde. Sie gilt auch – wegen des Blitzes – als Beschützerin vor Blitz und Unwetter und wird um eine gute Sterbestunde angefleht. Ihre wichtigen Patronate und ihre Beliebtheit bei den Menschen ließen sie zu einer von nur drei Frauen im Reigen der 14 Nothelfer und Nothelferinnen werden: »Margarethe mit dem Wurm, Barbara mit dem Turm und Katharina mit dem Radl, das sind die drei heiligen Madl.« Ergänzt um die vierte wichtige Heilige, Dorothea, bilden sie die *virgines capitales*, die »vorzüglichen« oder Haupt-Jungfrauen. Die »drei heiligen Madl« sind vielleicht die christlichen Nachfolgerinnen der drei Bethen Worbet/Borbet, Einbeth und Wilbeth, wie sie den Rhein entlang über den Alpenraum bis weit nach Südtirol als Relikte vielleicht keltischen Kults nachgewiesen sind. Diese geheimnisvolle Trinität gehört wohl in die Reihe anderer verehrter Frauendreiheiten: der Nornen in der nordischen Mythologie, der römischen Parzen, der griechischen Moiren und der saligen Fräulein im Alpenraum. Barbara wäre dann an die Stelle der Worbet/Borbet/Barbet getreten.

Abbildung links: Die geheimnisvollen drei Bethen auf einem Tafelbild in der Kirche St. Alto in Leutstetten bei Starnberg, 1643.

Die heilige Barbara hat ursächlich nichts mit dem Blühzweig zu tun. Ihr Tag wurde fürs Schneiden der Zweige vermutlich aus der Erfahrung heraus gewählt, wie lange es dauert, bis Blüten erscheinen. Erst allmählich wurden der Barbaralegende dann die Teile mit den blühenden Zweigen hinzugedichtet. Das weihnachtliche Aufblühen mitten im Winter wird aus christlicher Sicht natürlich mit dem Wunder der Geburt Jesu in Beziehung gesetzt: So wie mitten im Winter Blüten an einem Baum erscheinen, so ist Jesus als Retter in die Dunkelheit der sündigen Menschheit geboren. Schon in der Bibel ist von Zeichen und Wundern die Rede, die sich mit der Geburt Christi ereignen werden: »Und es werden Zeichen an der Sonne, an dem Monde und an den Sternen sein« (Lk 21,25) und: »Betrachtet den Feigenbaum und alle Bäume. Wenn sie jetzt Frucht bringen, so wisset ihr, dass der Sommer nahe ist. Ebenso erkennet auch, wenn ihr dieses geschehen seht, dass das Reich Gottes nahe ist« (Lk 21,30–31).[47]

Am besten geeignet sind Zweige frühblühender Sträucher und Obstbäume: Die Tradition bevorzugt Kirschbaumzweige, geeignet sind aber auch Zwetschge oder Schlehe, ebenso wie Forsythie und Zierjohannisbeere, die erst im 20. Jahrhundert in unsere Gärten kamen. Kirschzweige, wissen die Fachleute, blühen lieber, wenn sie vorher zumindest ein paar Tage strengem Frost ausgesetzt waren. Falls die Temperaturen bis zum Barbaratag also zu mild waren, soll man die geschnittenen Zweige ein, zwei Tage in den Tiefkühlschrank legen, um sie dann bei Zimmertemperatur zum Leben zu erwecken.

Im Oberallgäu muss man sich am Abend des Barbaratages vor den Bärbele in Acht nehmen: Beim Bärbeletreiben ziehen mit alten Fetzengewändern oder Kittelschürzen verkleidete junge Frauen durch die Straßen. Sie tragen Fell- oder geschwärzte Holzmasken vor dem Gesicht und ein Büschel aus Weiden- oder Birkenruten in der Hand. Mit diesen Besen kehren sie die Straßen, versuchen aber auch, Passanten damit zu »schlagen«.[48] Auch dieser Brauch hat nichts mit der Legende der heiligen Barbara zu tun – die Bärbele sind das weibliche Pendant zu den Allgäuer Klausen, die am Vorabend des Nikolaustages durch die Straßen ziehen, zu den Klaubaufen, Perchten und Buttnmandln der Vorweihnachtszeit: wilde Gestalten, die personifizierten Dämonen der dunklen Winterzeit, die man vertreiben wollte, indem man sich ebenfalls grauslich verkleidete und mit Lärm und Gebrüll durch die Dunkelheit zog. Die Rute, die auch die Oberallgäuer Bärbele dabeihaben, ist ein Überbleibsel des alten Fruchtbarkeitsbrauchs des Pfefferns oder Fitzelns (Seite 154). Heute sind die Bärbele am 4. Dezember abends unterwegs, früher am Vorabend des Barbaratages, also am Abend des 3. Dezember.[49]

Am 4. Dezember verkleiden sich im Oberallgäu die jungen Frauen und ziehen beim Bärbeletreiben durch die Straßen.

's soll Glück bringen, wenn am Barbaratag, dem 4. Dezember, ins Wasser gestellte Kirschzweige bis Weihnachten erblühen.

Die Legende vom heiligen Nikolaus

Der Überlieferung nach soll Nikolaus Bischof in Myra gewesen sein. In der Antike eine bedeutende Stadt in Lykien, findet man Myra heute nicht mehr auf der Landkarte. Der Ort heißt jetzt Demre und liegt in der türkischen Provinz Antalya, das antike Lykien ist die Region westlich von Antalya. Um 270 – nach anderen Quellen 280 oder 286 – geboren, soll Nikolaus von seinem gleichnamigen Onkel, der ebenfalls Bischof von Myra war, zum Priester geweiht und als Abt in einem Kloster eingesetzt worden sein. Nach dem Tod des Onkels kehrte er nach Myra zurück und wurde sein Nachfolger.

Zeit seines Lebens soll Nikolaus zahlreiche Wohltaten und Wunder gewirkt haben: Am häufigsten dargestellt ist sein Geschenk an die Töchter eines Kaufmanns. Der war verarmt und wusste keinen anderen Rat, als seine schönen halbwüchsigen Töchter in die Prostitution zu schicken. Der junge Nikolaus hatte gerade seine Eltern verloren und deren Vermögen geerbt. In drei Nächten hintereinander warf er jeweils einen Goldklumpen durchs Fenster in das Haus des Kaufmanns und rettete damit die Mädchen vor der Prostitution. In der bildenden Kunst sind die drei goldenen Kugeln deshalb zum Attribut des Heiligen geworden, anhand dessen er meist leicht zu identifizieren ist. Später sind die drei Kugeln auch missverstanden worden und auf manchen Darstellungen zu drei rotbackigen Äpfeln geworden, weshalb Äpfel zu den traditionellen Nikolausgaben gehören.

Myra war eine Hafenstadt, in der auch die Seeleute den Bischof um ihren Schutz in gefährlichen Stürmen anflehten. Immer

Der heilige Nikolaus von Myra an einer Dorfkirche in Tirol, leicht erkennbar an den drei goldenen Kugeln.

wieder soll Nikolaus in Gestalt eines unbekannten Mannes auf Schiffen aufgetaucht sein, das Ruder übernommen und den Sturm besänftigt haben. So wurde Nikolaus auch zum Patron der Seefahrer.

Während Myra unter einer Hungersnot litt, lag im Hafen ein Schiff mit Getreide für den Kaiser von Byzanz vor Anker. Nikolaus forderte die Seeleute auf, einen Teil der Säcke für die Hungernden auszuladen, aber der Kapitän weigerte sich zunächst: Er müsse das genau abgewogene Getreide vollständig abliefern. Erst als Nikolaus ihm versprach, dass bei der Ankunft in Byzanz nichts von der Ladung fehlen würde, erhielt er so viel Getreide, dass er die Hungernden zwei Jahre lang versorgen konnte und das Korn sogar noch für die Aussaat reichte. Seine Prophezeiung an die Seeleute traf ein: Die Ladung hatte sich bis Byzanz wieder vermehrt, sodass kein Getreidekorn fehlte, als der Kaiser nachwiegen ließ.

Drei Schüler sollen einst auf der Durchreise in einer Herberge bei Myra übernachtet haben. Der Wirt und seine Frau töteten die jungen Männer, um ihre Habe zu rauben. Sie zerstückelten die Leichen und pökelten sie in einem Fass ein, nach anderen Versionen sollen die drei unter die Menschenfresser gefallen sein. Nikolaus erfuhr jedenfalls davon, suchte den Ort des Verbrechens auf und erweckte die Knaben wieder zum Leben.

Zweimal rettete Nikolaus jeweils drei zu Unrecht zum Tode Verurteilte: Einmal entriss er dem Henker in letzter Sekunde das Schwert, das andere Mal, es handelte sich um drei ebenfalls unschuldig verur-

Das Kornwunder des heiligen Nikolaus. Ehemaliger Nikolausaltar der Marienkirche in Mühlhausen/Thüringen, um 1485.

teilte Feldherrn von Kaiser Konstantin, erschien er dem Kaiser im Traum und bewirkt die Freilassung der Männer.

Unter den zahlreichen anderen Wundern sei nur noch eines genannt: die Enttarnung der »Hexe« Diana. Sie soll als Christin verkleidet Pilgern sogenanntes griechisches Feuer gegeben haben, eine leicht entzündliche Flüssigkeit, die seit dem 7. Jahrhundert als Kriegswaffe eingesetzt wurde. Die Pilger, bat die falsche Christin, sollten mit dem Öl die Kirche von Myra bestreichen. Auf dem Meer begegnete ihnen ein Schiff mit dem heiligen Nikolaus an Bord, der sie hieß, das Öl sofort ins Wasser zu schütten. Augenblicklich stand die Wasseroberfläche in Flammen, aber die Pilger erreichten unbeschadet Myra, wo sie den Mann im Boot erkannten.

Gestorben ist Nikolaus als Bischof unter nicht näher überlieferten Umständen wohl zwischen 345 und 365 in Myra.

DIE VEREHRUNG DES HEILIGEN NIKOLAUS

In der überlieferten Figur des Nikolaus vermischen sich vermutlich die Biografien zumindest zweier Personen: eines Abtes Nikolaus von Sion bei Myra und eines Bischofs Nikolaus von Pinara, ebenfalls in Lykien gelegen. Letzterer starb 564, und tatsächlich setzte der Kult um den heiligen Nikolaus erst gegen Ende des 6. Jahrhunderts ein.

Nikolaus' Grab in der Kirche von Myra wurde bald Ziel vieler Wallfahrer und begründete die große Nikolausverehrung in der Ostkirche. Das löste natürlich Begehrlichkeiten aus – Reliquien wichtiger Heiliger verliehen einem Ort, einer Gemeinde, einem Bischofssitz, Bedeutung und ließen, ganz profan, die Kassen klingeln. Als nach einer Niederlage der Byzantiner gegen die Türken Myra verlassen lag, raubten Kaufleute aus Bari die Gebeine des Nikolaus und verschifften sie in ihre süditalienische Heimatstadt. Der aufgebrochene leere Steinsarkophag ist heute noch in der Nikolauskirche in Demre zu besichtigen. 1087 kamen die Reliquien in Italien an und nur zwei Jahre später wurde die neu erbaute Nikolauskirche in Bari eingeweiht. Von dort aus verbreitete sich der Kult des Nikolaus über Italien bald in der gesamten Westkirche. Großen Anteil daran hatten die Kreuzfahrer, die aus ganz Europa über die Hafenstadt Bari Richtung Osten segelten – unter dem Schutz des Patrons der Seefahrer – und bei ihrer Rückkehr die Verehrung des Heiligen in ihre Heimatländer trugen.

Der heilige Nikolaus von Myra ist einer der meistverehrten Heiligen der katholischen Kirche. In der Ostkirche ist seine Bedeutung

Nikolaus wirft Gold ins Haus der Jungfrauen, Altar der Kirche St. Nikolai in Oberbobritzsch/Sachsen, 1521.

noch größer als im Westen – dort steht er in der Rangfolge an zweiter Stelle gleich nach der Muttergottes. Aber auch in der modernen westlichen Welt kennt ihn jedes Kind, wenn nicht als Heiligen, so doch als Gabenbringer und Kinderfreund zu Beginn der Adventszeit.

NIKOLAUS UND BEGLEITER – GABENBRINGER UND KINDERSCHRECK

Wie in der österlichen Fastenzeit früher die Taufbewerber in der christlichen Lehre unterrichtet wurden, damit sie in der Osternacht die Taufe empfangen konnten, so sollte auch die vorweihnachtliche Fastenzeit der Unterrichtung speziell der Kinder dienen, in Vorbereitung auf das Fest von Christi Geburt. Seit dem Mittelalter wurden am Nikolaustag die Kenntnisse der Kinder abgefragt – je nach Ergebnis folgte die Belohnung oder die Bestrafung. Gleichzeitig erfreuten sich in vielen europäischen Ländern die Bischofsspiele großer Beliebtheit: Am Tag der unschuldigen Kinder, dem 28. Dezember, bald auch am Nikolaustag, wurde für einen oder mehrere Tage ein Kinderbischof gewählt und eingekleidet. Mit »Domherren« und weiterer Entourage zog der kleine Bischof dann in Prozessionen durch die Stadt und spielte mit Unterstützung der geistlichen Obrigkeit Bischof – ein Brauch, der spätestens in der Aufklärung verboten wurde und heute an manchen Orten wieder auflebt. Aus diesen Spielen und auf der Grundlage der beliebten Legenden vom Nikolaus als Kinderfreund und Wohltäter entwickelte sich der Einkehrbrauch am Vorabend des 6. Dezembers.

Das Datum des Nikolaustages lag exakt in der Mitte der damals sechswöchigen Fastenzeit vom Martinstag bis zum Dreikönigstag, sodass zur Halbzeit der weihnachtlichen Vorbereitungszeit eine Kontrolle angebracht erschien. Der gütige Bischof Nikolaus bekam in der Folge zahlreiche unterschiedliche Figuren an die Seite gestellt, die für den strafenden, bedrohlichen Part zuständig waren: vom Krampus über den Knecht Ruprecht, den Klaubauf und den Pelzmärtel, die Teufel und Ganggerl bis zur Frau Percht. Sie alle dienten dazu, den Kindern Angst und Schrecken einzujagen, verstärkt durch die Eltern, die das alte Brauchtum als grausame Art der Kindererziehung missbrauchten. Dabei wurde von den Kindern nicht mehr nur das Aufsagen christlicher Lehrinhalte oder von Gebeten verlangt, sondern allgemeines Wohlverhalten, »Bravsein« und Gehorsam.

Alte Leute erinnern sich bis heute an die Schrecken ihrer Kindheit:

»Seine Aufgabe war es, unartigen Kindern – und das waren wir ja alle mehr oder weniger – ihre das Jahr über begangenen Streiche und Unarten vorzuhalten und, sofern er von Vater und Mutter einen entsprechenden Wink erhielt, den einen oder anderen für ein paar Minuten auch einmal in den mitgebrachten Sack zu stecken. Schon sein Erscheinen, das er mit rasselnder Kette im Hauseingang anzeigte, und wenn er dann mit langem Bart und Mantel, einem großen Sack und mit verstellter Stimme die Stube betrat – das flößte uns Kindern einen Heidenrespekt ein und war schon Strafe genug für unsere begangenen Streiche. Wir Jüngeren rückten eng zusammen, um so unsere Angst und Aufregung besser verbergen zu können. Einmal hat es meinen drei Jahre älteren Bruder aber doch erwischt, er musste für eine kurze Zeit in den Sack, derweil ich mich in einer Ecke zwischen dem Schrank und dem Stuhl der Mutter, die dort Platz genommen hatte, so verbergen konnte, dass ich von dem Unhold völlig übersehen wurde. Ohne den ausweitenden, schützenden Rock der Mutter wäre das nicht gelungen.« »Wir mussten beten, singen und Versle sagen. Von den Brüdern, die weniger Angst hatten, wurde meistens einer im Sack mitgenommen bis vor die Haustüre, sodass wir Kleinen laut zu heulen anfingen, Mutter aber dann beim Nikolaus ein gutes Wort einlegte und er den Buben wieder freigab. An einem Abend kamen oft sechs bis acht solcher Nikolause, und Tage danach war man von den Nachwehen noch behaftet.«[50]

Wie in dem Bericht schon anklingt, trieben sich unabhängig voneinander teilweise viele Nikoläuse in den Orten herum, die dann in den Häusern Einlass begehrten. Es war aber immer Sache der Eltern oder des Hausvorstands, dem Nikolaus die Türe zu öffnen oder eben nicht. »Hauptzweck der Hausbesuche des Nikolaus war nicht das Beschenken der Kinder, sondern durch Einschüchterung und Rutenschläge die damaligen Erziehungsmethoden von Eltern und Lehrern zu unterstützen«, fasst eine alte Dame ihre Erinnerungen zusammen.[51] Dass die Eltern mit dem Nikolaus gemeinsame Sache machten, war das ganze Jahr über klar: Viele Menschen erinnern sich daran, dass es oft hieß: »Wenn du nicht brav bist, erzähle ich das dem Nikolaus!«

Natürlich gab es auch immer schon Nikoläuse, die freundlich, einfühlsam und wohlwollend mit den Kindern umgingen, auf Anweisung der Eltern. Denn von deren Haltung hängt bis heute das Verhalten des Nikolaus und seiner wilden Begleiter innerhalb der eigenen vier Wände ab.

DER AUFTRITT DES NIKOLAUS

Als Bischof trägt der Nikolaus natürlich eine Mitra, meist in Rot, die nach oben spitz zuläuft. Die Zwergenzipfelmütze des neumodischen Weihnachtsmannes gehört nicht auf den Kopf eines Bischofs Nikolaus. Einen roten Mantel oder Umhang hat er über ein weißes Unterkleid gegürtet, vielleicht trägt er weiße Handschuhe und einen Siegelring. Ganz wichtig ist der lange weiße Bart, der ihn als alten, würdigen Herrn ausweist.

Nikolaus und Krampus im Wirtshaus, Grafik nach Franz Amling (1853–1894), um 1890.

In der Rechten hält Nikolaus seinen Bischofsstab, auch sein großes goldenes Buch hat er dabei, aus dem er dann den Kindern vorträgt, was die Eltern ihm vorher verraten haben: dass das Kind fleißig gelernt hat und gerne singt, vielleicht, oder dass es sich so lieb um seine Geschwister kümmert und die Haustiere versorgt. Dann wird vom Kind ein Gedicht oder ein Gebet, ein Lied oder ein Flötenstück erbeten und zur Belohnung zieht der Nikolaus aus seinem Sack die Geschenke: Äpfel, Nüsse, getrocknete Zwetschgen und Birnen und Lebkuchen seien traditionell, heißt es. Heute gibt es auch Süßigkeiten und Spielzeug – das sei früher, sagen die Alten, nicht so gewesen, heute seien die Kinder verwöhnt. Doch wer ein wenig weiter zurückgeht als in die Erinnerung unserer Eltern und Großeltern, der stellt fest, dass das nicht immer so war: Schon 1555 bringt der Nikolaus »Nüß, Äpfel, Birn, Hosen und Schuhe, Kränze, Gürtel, Bänder, Schleiertuch«[52].

Der Nikolaus war lange der einzige Geschenkebringer der Weihnachtszeit. Erst allmählich verlagerte sich der Schenkbrauch auf das Christkind – unterstützt von den Reformatoren, die die reine Heiligenverehrung ablehnten. Der »Herre Christ« brachte bei ihnen im 16. Jahrhundert heimlich, ohne dass man ihn sehen konnte, die Geschenke für die Kinder. In katholischen Gegenden entwickelten sich daraus das Christkind und in protestantischen der Weihnachtsmann als weitere Gabenbringerfiguren. Das Ergebnis der Bemühungen der letzten knapp 500 Jahre sehen wir heute: Es gibt nicht nur einen, sondern zwei große Schenktermine, Nikolaus und Weihnachten.

Bis heute ist es mancherorts üblich, dass der Nikolaus nicht persönlich ins Haus kommt, sondern dass er über Nacht seine Gaben für die Kinder ablegt. Dazu stellen die Kinder vor dem Zubettgehen ihre Stiefel oder Schuhe vors Bett oder vor die Tür, und des Nachts legen die Eltern die Nikolausgaben hinein. Auch von den Kindern eigens gefaltete Papierschiffchen waren verbreitet als Behälter für die Geschenke. Sie erinnern an das Seefahrerpatronat des Nikolaus, das heimliche Einlegen der guten Gaben an die drei goldenen Kugeln, die der Nikolaus den Töchtern des Kaufmanns zukommen ließ. Ein Kettenrasseln ums Haus war vielleicht noch zu hören oder lautes Pochen an der Haustür – in jeder Familie, in jeder Region gibt es die unterschiedlichsten Ausprägungen, wie die Eltern den Nikolaus auftreten lassen oder wie es überlieferter Brauch ist.

Im Allgäu kam der »Klas« ebenfalls über Nacht, wenn die Kinder schliefen, und legte seine Gaben in die abends auf den Tisch gestellten Teller. Jedes Kind bemühte sich, beim Klas noch gut Wetter zu machen, indem es neben den Teller mit dem eigenen Namensschild noch einen Brief an den Nikolaus, eine Fleißaufgabe, eine schöne Handarbeit oder selbstgesponnenes Garn legte. Bis ins 19. Jahrhundert waren noch die Klausenhölzer verbreitet, kantige Stäbe, in die für jedes vom Kind gebetete Vaterunser eine Kerbe geschnitten wurde. Auch diese fleißig eingekerbten Hölzer kamen neben den Teller. Vor die Haustür oder in den Hausgang legten sie ein Büschel Heu für den Esel, auf dem der Klas dahergeritten kam oder – wenn es viel Schnee hatte – sich auf dem Schlitten ziehen ließ. Dazu oft eine Schüssel Milch und ein gebackenes Brot zum »Einbrocken« in die Milch. Am frühen Morgen dann hielt es die Kinder nicht mehr in den Betten und sie fanden reichlich gefüllte Teller mit Nüssen, Äpfeln, Lebkuchen vor, aber auch Spielsachen, Kleidungsstücke oder »sonst nützliche Sachen« – auch hier war bis vor hundert Jahren der Nikolaustag der wichtigste Schenktag[53], wichtiger als Weihnachten.

DIE BEGLEITER DES NIKOLAUS

Früher wie heute kommt der Nikolaus manchmal allein, oft aber mit einem oder mehreren Begleitern. Der bekannteste ist wohl Knecht Ruprecht, spätestens seit dem Gedicht von Theodor Storm von 1889:

Knecht Ruprecht

von Theodor Storm

Von drauß' vom Walde
komm ich her;
Ich muß euch sagen,
es weihnachtet sehr!
Allüberall auf den Tannenspitzen
Sah ich goldene Lichtlein sitzen;
Und droben aus dem Himmelsthor
Sah mit großen Augen
das Christkind hervor,

Und wie ich so strolcht'
durch den finstern Tann,
Da rief's mich mit heller Stimme an:
»Knecht Ruprecht«, rief es,
»alter Gesell,
Hebe die Beine und spute dich schnell!
Die Kerzen fangen zu brennen an,
Das Himmelsthor ist aufgethan,

Alt' und Junge sollen nun
Von der Jagd des Lebens einmal ruhn;
Und morgen flieg' ich hinab zur Erden,
Denn es soll wieder
Weihnachten werden!«

Ich sprach: »O lieber Herre Christ,
Meine Reise fast zu Ende ist;
Ich soll nur noch in diese Stadt,
Wo's eitel gute Kinder hat.«

»Hast denn das Säcklein
auch bei dir?«
Ich sprach: »Das Säcklein das ist hier:
Denn Aepfel, Nuß und Mandelkern
Essen fromme Kinder gern.«

»Hast denn die Ruthe auch bei dir?«
Ich sprach: »Die Ruthe, die ist hier:
Doch für die Kinder nur,
die schlechten,
Die trifft sie auf den Theil
den rechten.«
Christkindlein sprach: »So ist es recht;
So geh mit Gott, mein treuer Knecht!«

»Von drauß' vom Walde
komm ich her;
Ich muß euch sagen,
es weihnachtet sehr!
Nun sprecht, wie ich's hierinnen find'!
Sind's gute Kind', sind's böse Kind'?«

Wenn der wilde Knecht Ruprecht zusammen mit dem Nikolaus erscheint, dann trägt er Sack oder Rückenkraxe und Rute, damit der Nikolaus würdevoll nur mit seinen Bischofsinsignien einherschreiten kann. Ruprecht wird oft als Relikt vorchristlichen Brauchtums gedeutet. Sein Name könnte von althochdeutsch »hruod-peraht« – »Ruhmglänzender« kommen und auf den Gott Odin/Wodan verweisen. Aber auch die »raue Percht« mag namengebend gewesen sein, beide gelten auch als Anführer der Wilden Jagd in den Zwölfnächten. In den Sack droht Knecht Ruprecht die unartigen Kinder zu stecken und sie mitzunehmen. Manchmal baumelten zum Entsetzen der Kinder die Beine entführter Kinder aus dem Sack, die sich erst bei näherem Hinsehen lediglich als ausgestopfte Strumpfhosen erwiesen.

Der Klaubauf ist im Alpenraum, bis nach Südtirol, ein Begleiter des Nikolaus. Fellbekleidete Klaubaufe treiben heute noch vor allem in Osttirol ihr Unwesen, wo das Klaubaufgehen sich wie die Perchtenläufe immer größerer Beliebtheit erfreut. Im Allgäu heißen sie Klausen – da ist der Name des Nikolaus auf die Unholde übergegangen. Der wilde Nikolausbegleiter hieß im Fränkischen auch Pelzmärte – ein Verweis auf den heiligen Martin. In Bayern fürchteten die Kinder den Krampus oder Kramperl, der mit geschwärztem Gesicht, kettenrasselnd und wilde Drohungen ausstoßend, draußen vor der Haustür warten musste, wenn der gute Nikolaus

Um Berchtesgaden ist der Nikolaus mit dem Nikoloweibi und den in Stroh eingebundenen Buttnmandln unterwegs.

die Kinder besuchte. Als Teufel verkleidet erschienen manche dieser Gestalten, mit Hörnern, langem schwarzen Schwanz und einer roten Zunge, die aus dem grässlichen Maul hing.

Der garstige Nikolausbegleiter trug auch die Rute, mit der den Kindern Schläge angedroht wurden. In die verschiedensten Richtungen hat man diese Rute gedeutet: Sie ist nicht nur ein früher gängiges Instrument der Kindererziehung, sondern wohl ein Überbleibsel alter Fruchtbarkeitsbräuche, auch wenn das von manchen Forschern geleugnet wird. Denn mit der Rute berühren die wilden Kerle nicht nur die Kinder, sondern auf den Straßen und in den Stuben vorzugsweise Mädchen und junge Frauen. In den Zwölfnächten werden die Mädchen rituell gpfeffert und gefitzelt – also mit den Ruten »geschlagen« – das ist natürlich einerseits ein großer Spaß unter jungen Leuten, andererseits aber ein symbolischer Akt des Befruchtens, der rituellen Imitation von Fruchtbarkeit, die man sich im kalten Winter und in den Orakelnächten herbeiwünschte. Dazu kommt, dass die Ruten traditionell von Haselbüschen stammten, die angeblich blitzfest waren und deshalb zu vielerlei magischen Praktiken benützt wurden, oder von Birken, den hellen, lichten Bäumen des frühen Frühlings.

Die Figuren von Nikolaus und Begleiter vermischten sich im Lauf der Zeit, sodass es eine Reihe von Gestalten gibt, die Elemente von beiden aufweisen: Nikoläuse, die alleine zu den Kindern kommen, haben oft selbst den Sack mit den Geschenken in der Hand oder den Korb auf dem Rücken und die Rute in der Hand. Auch die Namen sind vielfältig: Pelznickel oder nur Nickel heißt der Kinderschreck am Rhein, eine Mischung aus Gut und Böse, aus Fellfigur und Nikolaus.

DIE BUTTNMANDL DES BERCHTESGADENER LANDES

Einmalig ist die Form des Nikolausbrauchs im Berchtesgadener Land, einem bis vor gut hundert Jahren ziemlich abgeschiedenen Talkessel im äußersten Südosten Bayerns. Hier kommt der Nikolaus mit großem Gefolge – er hat die Buttnmandl dabei, die Kramperl, Ganggerl, das Nikoloweibe und manchmal auch noch einige kleine Engel. Die Buttnmandl sind in Stroh eingebundene junge Männer mit großen Glocken um den Leib, den Buttn. Jede Gnotschaft, das sind die alten Gemeinden im Berchtesgadener Gebirge, hat ihre eigene Bass, wie sich die Gruppen von Nikolaus und Begleitern nennen – etwa 40 Bassen gibt es heute. Jede Bass besteht aus ledigen Burschen, meist nicht mehr als 12 Personen, denn 13 gilt als Unglückszahl[54], die schon lange vor dem Advent mit den Vorbereitungen beginnen. So beschaffen sie etwa Stroh von außerhalb. Im Berchtesgadener Talkessel wurde der Getreideanbau schon lange aufgegeben – die kargen, kleinen Flecken brachten zu wenig Ertrag. Wann die Bassen durch den Markt und in den Außenbereichen laufen, das spricht sich unter den Leuten herum. Sicher ist nur, dass die Bass von Loipl und die von Winkl am ersten bzw. zweiten Adventssonntag jeweils bei Einbruch der Dunkelheit unterwegs sind.

Am Nachmittag des verabredeten Tages treffen sich die Burschen auf einem Hof zum Einbinden. Mit dem Nikolaus und dem Nikoloweibe – früher von einem Knaben in Berchtesgadener Tracht dargestellt, inzwischen dürfen auch Mädchen mitmachen – erfolgt das »Zusammenlaufen« auf einer bestimmten Wiese. Dort knien alle nieder, nehmen ihre Masken ab und beten gemeinsam – ein geheimer Ritus, die Zuschauer müssen mindestens dreihundert Meter Abstand halten. Nur die Bäuerin des Anwesens kommt dazu, besprengt die Burschen mit Weihwasser, und dann geht es los.

Der schaurige Zug wird angeführt vom Nikolaus. Der Ganggerl, ein schwarz gekleideter Teufel mit Hörnermaske und langer roter Zunge, springt um ihn herum. Neben dem Nikolaus das Nikoloweibe mit dem Geschenkekorb und die Engelchen, dahinter die Bande der Buttnmandl und Kramperl, die mit ihren riesigen Glocken dumpfen Lärm machen. Auf ihrem Zug besuchen sie die Häuser, in denen sie willkommen sind. Dort begehren sie lautstark Einlass, und meist werden Nikolaus und Nikoloweibe eingelassen, die anderen müssen dem Nikolaus gehorchen und bleiben draußen. Ganz Abenteuerlustige lassen auch schon mal ein oder zwei Buttnmandl ein, was oft zumindest zu einer »Sauerei in der Stubn« führt, wie eine alte Berchtesgadenerin erzählt: Von zertrümmertem oder auf die Straße geräumtem Mobiliar wird erzählt, Fellbüschel und Strohhalme überall, und von schreienden Kindern, die die Buttnmandl aus dem Haus und ein ganzes Stück des dunklen Weges mit sich zerren. Auf den Straßen werden vor allem die Mädchen bedrängt und mit den Ruten berührt. Und die alten Leute klauben einzelne Strohhalme, die die Buttnmandl bei ihrem wilden Lauf verloren haben, aus dem Schnee und nehmen sie mit nach Hause. Sie sollen ein Jahr lang Glück bringen.

Die Buttnmandl haben ihren Namen von den schweren Glocken, den Buttn, die sie auf dem Rücken tragen.

MARIÄ EMPFÄNGNIS – 8. DEZEMBER

BACKOFEN UND SCHWANGERSCHAFT

»An Mariä Empfängnis (8. Dezember) beginnen die Hausfrauen mit dem weihnachtlichen Backen«, berichtet Rudolf Kriss vor einem halben Jahrhundert in seinen volkskundlichen Aufzeichnungen aus dem Berchtesgadener Land. Mehr schreibt er nicht dazu, und es ist anzunehmen, dass die braven Berchtesgadener Hausfrauen das aus Tradition taten und nicht, weil sie einen besonderen religiösen Zusammenhang sahen. Drei Wochen vor Weihnachten mit dem Backen zu beginnen, ist ja auch sehr sinnvoll – brauchen die Lebkuchen und die Kletzenbrote doch einige Zeit, bis sie durchgezogen sind und richtig aromatisch schmecken.

Aber der Termin Mariä Empfängnis weist auf eine uralte symbolische Verbindung hin zwischen dem Backofen und dem schwangeren Leib der Frau. Wenn man sich gedanklich einmal von unserem Elektroofen in der Einbauküche entfernt und an den gemauerten, lehmverputzten Backofen draußen vor dem Haus denkt, der halbkugelig dick nach oben ragte, dann wird einem schon durch die Form der Zusammenhang klar, der im Volksglauben seit jeher verankert ist. Die »inwendige Hitze« ist gleich, die unreife, rohe Teigmasse im Backofen und der unfertige Embryo im Mutterleib müssen erst »ausgebacken« werden. Zu einem Kind, das noch müde und warm ist vom Schlaf, sagt man in Bayern heute noch: »Du muasst no ausbacha« – »Du musst noch ausbacken.« Das Herausziehen des fertigen Brotes aus dem Backofen schließlich wurde mit der Geburt des Kindes in Verbindung gebracht. Und das Brot als das wichtigste Nahrungsmittel in vielen alten Kulturen ist zum Sinnbild des Lebens geworden.

»Beim Hans seiner Frau ist der Backofen eingefallen«, ist eine etwas derbe Umschreibung dafür, dass die Frau vom Hans entbunden hat. Erwartet eine Frau ihre Niederkunft in Kürze, heißt es: »Bei der X wird der Backofen bald einfallen.« Und wenn eine Frau vom Backen träumt, bedeutet das nach altem Glauben eine baldige Schwangerschaft.

Der Backofen ist seit alten Zeiten ein weiblicher Ort. Im Backofen und um ihn herum sitzen Geister und Dämonen, dort vermutete man den Versammlungsort der Hexen und allerlei Zauberei. Der Vorgang des Kinderkriegens, die weibliche Gebärmutter – dem haftete auch viele Jahrhunderte lang etwas Zauberisches, Magisches, Hexisches an. Da ging es nicht mit rechten Dingen zu, keiner konnte sich die Sache so recht erklären, alles war geheimnisvoll und noch dazu mit sexuellen Vorgängen verbunden, die ja ohnehin in der christlichen Welt stets verteufelt wurden – im wahrsten Sinn des Wortes.

DAS KIRCHLICHE FEST

Erst recht die Schwangerschaft der Gottesmutter Maria: Der genaue Hergang ist ja bis heute ungeklärt, aber mit der Geschichte von der Verkündigung durch den Engel Gabriel und der unbefleckten Empfängnis hat die Kirche sich des Themas schon früh angenommen. Der 8. Dezember wird seit mindestens dem 7. Jahrhundert gefeiert als der Tag, an dem Anna, die Mutter Marias, ihre Tochter empfangen hat. Exakt neun Monate später, am 8. September, begehen wir ja das Fest »Mariä Geburt«.

Erst im 19. Jahrhundert stellte sich der Papst der schon lange diskutierten Frage, wie es sich dann mit der Schwangerschaft von Marias Mutter Anna verhalten hat – war Maria dann nicht »unrein«, wenn sie auf natürliche Weise empfangen und geboren wurde? Und so kam es zum päpstlichen Dogma vom 8. Dezember 1854, dass »die allerseligste Jungfrau Maria im ersten Augenblicke ihrer Empfängnis von jedem Makel der Erbsünde rein bewahrt geblieben ist«. Die Feier dieses Ereignisses wurde vorgeschrieben – noch heute ist der 8. Dezember gesetzlicher Feiertag unter anderem in Österreich und Italien. Also nicht die natürliche Empfängnis wird an dem Tag gefeiert, sondern die völlige Befreiung Marias von der Erbsünde durch die Gnade Gottes, was sie von allen anderen Menschen unterscheidet und ihre Nähe zu Gott verdeutlicht.

DIE WEIHNACHTSBÄCKEREI

Mit den theologischen Feinheiten werden sich die backenden Frauen früherer Zeiten wohl kaum auseinandergesetzt haben. Wichtig war, dass die Vorratskammer und die geheimen Verstecke rechtzeitig vor den Festtagen mit reichlich duftenden Backwaren gefüllt waren. Und das hieß, jedes Gebäck zu seiner Zeit: Für manche Lebkuchen musste schon der Teig wochenlang ruhen, und die Kletzen- und Früchtebrote brauchten ebenfalls ihre Ruhezeit. Auch Honiggebäck war nach dem Backen erst einmal steinhart und entwickelte erst im Lauf von Wochen die weiche Konsistenz. Anderes Kleingebäck schmeckt am besten frisch, das stand dann erst ganz kurz vor Weihnachten auf dem Backplan.

Gebacken wurde nicht nur für die große Familie samt Mägden und Knechten, Dienstboten und Personal, sondern auch für Paten und Patenkinder ebenso wie für die Heischegänger – die Klöpfelsänger, Almosenbettler, armen Nachbarn und anderen Bedürftigen, die in der Vorweihnachts- und Weihnachtszeit mit gebackenen Gaben bedacht wurden.

Der 8. Dezember als Backbeginn war für einige Anlässe dann eigentlich schon zu spät, weshalb auch der Katharinentag am 25. November vielen als Startschuss zum Weihnachtsbacken galt. Vor allem das Gebäck, das der Nikolaus dann verschenkte, entstand in den Wochen vorher, etwa die gebackenen Nikoläuse, die im gesamten Alpenraum Tradition hatten. Im Allgäu hießen sie »Klosen«, es gab Nikolausmänner und Nikolausfrauen, früher oft aus dunklem Roggenteig. Beliebt zum Nikolaustag waren auch Gebildbrote in Form von Tieren wie Fisch, Hahn, Hirsch oder springendes Pferd.

Spekulatius-Nikoläuse

Die Nikoläuse schmecken herrlich nach weihnachtlichen Gewürzen und sind nicht zu süß.

Für etwa 6 Nikoläuse von 20 cm Höhe

Zubereitungszeit: 45 Minuten + 1 Stunde Ruhenlassen + 20 Minuten Backen

ZUTATEN

125 g Butter
1 Ei
150 g brauner Rohrzucker
1 Prise Salz
2 TL gemahlener Zimt
Je ¼ TL gemahlener Kardamom, Nelken, Ingwer, Muskatnuss
300 g Mehl (Type 550)
1 TL Backpulver
Mehl für die Arbeitsfläche
3 EL Sahne zum Bestreichen
Rosinen zum Verzieren

SO WIRD'S GEMACHT

Die Butter weich werden lassen und mit Ei, Zucker und Salz schaumig rühren. Gewürze mit Mehl und Backpulver mischen und unterrühren, zum Schluss verkneten. Den Teig 1 Stunde im Kühlschrank ruhen lassen. In der Zwischenzeit aus Papier eine Schablone für die Nikolausfigur ausschneiden.

Den Teig aus dem Kühlschrank nehmen und ½ cm dick ausrollen. Die Schablone sechsmal auf den Teig legen und mit einem spitzen Messer die Nikoläuse ausschneiden. Evtl. jeweils ein Kreuz ausschneiden und auf die Mitra auflegen. Mit dem Messer Linien für die Kleidung einritzen, die Nikoläuse mit Sahne bestreichen, mit Rosinen verzieren und auf einem mit Backpapier belegten Blech im auf 200 °C (Ober-/Unterhitze) vorgeheizten Ofen 20 Minuten backen.

Thorner Kathrinchen

Thorn, die Heimat dieser Lebkuchen, liegt im ehemaligen Westpreußen. Dieses Rezept stammt von einer echten Preußin: Gisela Harder, die die Geschichte der Kathrinchen viele Jahre lang erforscht und sie alljährlich in großer Stückzahl gebacken hat. Im Thorner Lebkuchenmuseum hat sie übrigens eine Überlieferung aus dem Jahr 1778 gefunden, wonach Thorner Kathrinchen zusammen mit einem Glas Wodka gegen vielerlei Unbill helfen sollen.

Für etwa 45 Stück

Zubereitungszeit:
30 Minuten + 1 Woche Ruhenlassen
+ 20 Minuten Backen

ZUTATEN

150 g Sirup
100 g Honig
85 g Zucker
50 g Butter
3 kleine Eier
50 g geriebene Mandeln
350 g Weizenmehl (Type 550)
150 g Roggenmehl (Type 997)
Je 1 TL gemahlener Zimt und Kardamom
Je ¼ TL gemahlene Nelken, Muskatblüte, Anis
1 TL Backpulver
5 g Pottasche
1 cl Rum
Mehl für die Arbeitsfläche
Ganze Mandeln zum Verzieren

SO WIRD'S GEMACHT

Sirup mit Honig, Zucker und Butter schmelzen, verrühren und etwas abkühlen lassen. Eier verquirlen und in die Mischung einrühren. Alle anderen Zutaten in eine Rührschüssel geben, die Pottasche in Rum aufgelöst zufügen. Die Sirupmischung unterrühren bzw. am Ende unterkneten. Den Teig mindestens 1 Woche mit einem Teller abgedeckt kühl ruhen lassen, er muss aber nicht im Kühlschrank stehen.

Den Teig portionsweise auf der leicht bemehlten Arbeitsfläche etwa ½ cm dick ausrollen. Mit einer Kathrinchenform Lebkuchen ausstechen und jeweils mit einer Mandel verzieren. Auf einem mit Backpapier belegten Blech im Backofen bei 180 °C (Ober-/Unterhitze) etwa 15–20 Minuten backen.

Lebkuchen

Dass man einst an Kathrein mit dem Backen begonnen hat, daran erinnern die Thorner Kathrinchen – beliebte Lebkuchen mit langer Tradition, deren Ursprung das Nonnenkloster in Thorn in Preußen war, heute Torun in Polen, die polnische »Lebkuchenhauptstadt«, die inzwischen sogar ein eigenes Pfefferkuchenmuseum besitzt. Das Lebküchnerhandwerk in Thorn ist seit dem 14. Jahrhundert nachgewiesen. Um 1557 herum haben die Klosterschwestern ihre Kathrinchen erfunden, mit denen sie am Tag der heiligen Katharina das Weihnachtsbacken einläuteten.

Thorn war damals eine Hansestadt und besaß damit die wichtigste Voraussetzung für das erfolgreiche Pfefferkuchenbacken: Zugang zu Gewürzen und anderen exotischen Zutaten. Hier kreuzten sich viele Handelswege. Auch andere Städte wurden deshalb zu heute noch bekannten Zentren weihnachtlicher Spezialitäten, etwa Aachen mit den Aachener Printen und Lübeck mit dem gleichnamigen Marzipan. Pfefferkuchen nannte man die Gewürzlebkuchen damals übrigens, weil man alle Spezereien aus fernen Ländern unter dem Oberbegriff »Pfeffer« zusammenfasste, und nicht, weil man Pfeffer in den Lebkuchenteig knetete.

In den Privathaushalten wurden bis ins 19. Jahrhundert weder Lebkuchen noch anderes Kleingebäck gebacken. Die offenen Feuerstellen in den Häusern eigneten sich nur für Fett- oder Pfannengebackenes, die dörflichen Brotbacköfen waren fürs Brotbacken reserviert. Lebkuchen kaufte man in den Klöstern oder beim Lebküchner – ein in Zünften organisiertes Handwerk, das meist zwei Berufe in sich vereinte: Wachszieher und Lebküchner oder Lebzelter. Denn sie verarbeiteten sozusagen alles von der Biene: Wachs und Honig. Die Lebküchner fertigten oft kunstvolle Lebkuchen mit Holzmodeln, die heute fast nur noch im Museum zu besichtigen sind.

Altes Holzmodel für die Herstellung von Lebkuchen.

Weihnachtsplätzchen

Kleingebäck für Weihnachten kann man zu Hause erst herstellen, seit es Herde mit Backrohr gibt und seit ab etwa 1850 die wichtige Backzutat Zucker billiger wurde. Doch seit der Zeit kennt man überall Weihnachtsplätzchen, unter den erstaunlichsten Namen: Im Schwäbischen und Alemannischen heißen sie Brötle, Bredle oder Gutsle, Guetsli, Richtung Pfalz Gutsel und Gutzjer, im Südosten Bayerns Guatl, im Münchner Raum Platzerl, im Allgäu Loibla und in Österreich und manchen Gegenden Norddeutschlands Keks(e). Denn natürlich schaffte es das Christkind nicht, alle Weihnachtsplätzchen für die vielen Menschen alleine zu backen. Wenn sich der adventliche Himmel im Abendrot färbte, erklärte so manche Großmutter ihren Enkeln, dass das Christkind wieder in der Backstube stehe und Sternlein backe für die Kinder auf der Erde.

Wer erinnert sich nicht an den vorweihnachtlichen Duft, der an den Backtagen durchs Haus zog? Viele Menschen schwärmen ihr Leben lang davon und können noch Jahrzehnte später Geschichten erzählen rund um die Plätzchenbackerei, denn das war etwas ganz Besonderes, einer der Höhepunkte des Jahres. In der Jugend unserer Großeltern waren alle Kinder süßhungrig. Das ganze Jahr über gab es kaum Süßigkeiten, sondern entweder Obst, im Winter Dörrobst, zu festlichen Anlässen ein wenig süßes Gebäck. An Weihnachten war die Fülle von Plätzchen und Kuchen ein Kinderparadies. Natürlich wurde gemeinsam gebacken, auch aufs Helfendürfen beim Teigrühren, Plätzchenformen und Verzieren, zusammen mit der Mutter und den Geschwistern, freute man sich das ganze Jahr über. Nicht ohne Hintergedanken: Denn vor dem Plätzchenessen kam das Teigschlecken. Die Mutter kannte ihre Pappenheimer, wie sich eine alte Dame erinnert, deren Mutter die Hilfe der Kinder beim Backen gut organisiert hatte: »Dazu gehörte das Singen von Advents- und Marienliedern und das Beten während der Arbeit. Der Zweck war klar: Der Mund musste immer in Tätigkeit sein, damit man nicht naschen und schlecken konnte. … Wenn eines aussetzte, rief Mutter gleich energisch: ›Beten, Kinder, Vater unser!‹ Natürlich waren wir nicht immer andächtig, weshalb ich einmal zu Weihnachten beichtete: ›Ich war beim Springerle-Backen unandächtig.‹ Als mir der Pfarrer sagte, ich brauchte beim Springerle-Backen doch nicht andächtig zu sein, erklärte ich ihm den Fall.«[55]

Nach dem Backen wurden die Köstlichkeiten bis zum Weihnachtsfest versteckt. Im Gegensatz zu heute, wo schon lange vor dem Fest allenthalben Plätzchen, Lebkuchen und Süßigkeiten angeboten werden und man an Weihnachten schon süßsatt ist, wurde der Advent als Fastenzeit ernst genommen. Allenfalls misslungene Plätzchen durften gleich vernascht werden, etwa zerbrochene oder zu lange gebackene, verbrannte Kekse – die trotz des Mangels in der Erinnerung köstlich schmeckten. Das passierte recht häufig, waren die Herde bis weit ins 20. Jahrhundert hinein doch mit Holz beheizt, sodass sich die Backofentemperatur schwer kontrollieren ließ. Nicht nur deshalb wurden größere Gebäckstücke oder größere Mengen von Gebäck gern im Haus vorbereitet und zum Backen in eine nahe Bäckerei getragen. Die Backstuben standen voll mit Frauen, erinnert sich eine, die auf die leeren Bleche oder die fertigen Plätzchen warteten.

In manchen Familien wurde unterschieden

Waschkorbgebäck

Diese sehr einfachen Plätzchen schmecken am besten frisch. Der Teig eignet sich gut zum Ausrollen und Ausstechen, also auch zum Backen mit Kindern, die ihre Kekse dann noch mit bunter Zuckerglasur verzieren können.

Für etwa 100 Stück, je nach Größe

Zubereitungszeit: 20 Minuten
+ 30–60 Minuten Ausstechen
+ 10–13 Minuten Backen (pro Blech)

ZUTATEN

100 g weiche Butter
2 Eier
250 g Zucker
1 Pck. Vanillezucker
650 g Mehl Type 405 oder 550
1 Pck. Backpulver
125 ml Sahne
Mehl für die Arbeitsfläche
100 g Puderzucker + 3–4 EL Zitronen-, Kirsch- oder Spinatsaft

SO WIRD'S GEMACHT

Butter mit Eiern und Zucker weiß-cremig rühren, bis sich die Zuckerkristalle aufgelöst haben. Vanillezucker unterrühren.

Mehl mit Backpulver mischen und abwechselnd mit der Sahne in die Masse rühren bzw. zu einem homogenen Teig kneten. Den Backofen auf 180 °C (Ober-/Unterhitze) vorheizen.

Den Teig portionsweise auf der bemehlten Arbeitsfläche etwa 2–3 mm dick ausrollen. Mit Ausstechförmchen Plätzchen ausstechen und auf ein mit Backpapier belegtes Blech setzen.

Die Plätzchen im vorgeheizten Backofen 10–13 Minuten hellgelb backen. Das erste Blech braucht meist noch etwas länger, später geht es schneller. Damit die Plätzchen nicht verbrennen, am besten ständig kontrollieren.

Plätzchen auf einem Kuchengitter abkühlen lassen und nach Belieben mit einer Glasur aus Puderzucker und Zitronensaft bestreichen. Kirsch- statt Zitronensaft färbt die Glasur rosa, Spinatsaft grün.

Klara-Lebkuchen

Als Kinder haben wir die Klara-Lebkuchen geliebt! Sie wurden schon Anfang Dezember gebacken, weil der Nikolaus sie dann verschenkte. Diese einfachen Lebkuchen sind schnell gemacht – deshalb durften sie auch schon vor dem Fest gegessen werden – und begleiteten die Teestunden in der Adventszeit. Ihren Namen haben sie übrigens von einer Bäuerin mit dem schönen Vornamen Klara, die meiner Mutter einst das Rezept überlassen hat.

Für 1 Blech/Fettpfanne

Zubereitungszeit: 30 Minuten
+ 30 Minuten Backen

ZUTATEN

200 g Honig

4 Eier

350–400 g Zucker (je nachdem, wie süß man sie mag)

50 g Zitronat und Orangeat gemischt

2 TL Zimt

½ TL gemahlene Nelken

400 g Mehl Type 405 oder 550 oder Dinkelmehl 630

100 g gemahlene Haselnüsse

½ Pck. Backpulver

1 EL Honig zum Bestreichen

Evtl. 100 g Puderzucker + 3–4 EL Rum oder Zitronensaft + Zuckerstreusel für den Guss

SO WIRD'S GEMACHT

Honig, Eier und Zucker sehr schaumig rühren. Zitronat und Orangeat sehr fein hacken und zusammen mit Zimt und Nelken unterrühren.

Mehl mit Nüssen und Backpulver mischen und mit den Knethaken des Rührgeräts untermischen. Eventuell zum Schluss per Hand verkneten. Der Teig ist sehr klebrig.

Den Backofen auf 180 °C (Ober-/Unterhitze) vorheizen. Ein Backofenblech mit Backpapier auslegen und den Teig mit einer Teigkarte darauf verstreichen oder mit leicht bemehlten Fingern flach aufs Blech drücken. Die Teigschicht soll etwa 2 cm dick sein.

Im Backofen etwa 20–25 Minuten backen. Dabei etwa 5 Minuten vor Ende der Backzeit 1 EL Honig mit 2–3 EL heißem Wasser glatt rühren. Die Teigplatte mit dem Honigwasser bepinseln und noch einmal in den Ofen schieben.

Die Lebkuchenplatte herausnehmen und abkühlen lassen. Wenn sie nur noch lauwarm ist, eventuell mit einem Guss aus Puderzucker und Rum oder Zitronensaft überziehen und mit Streuseln verzieren. Sobald der Guss angetrocknet ist, die Platte mit einem scharfen Messer in Würfel schneiden.

Die Lebkuchen in einer gut schließenden Dose aufbewahren. So halten sie einige Wochen.

zwischen einfachen Sorten, die bereits zum Adventskaffee auf den Tisch kamen, und besonderen Plätzchen, die es wirklich erst zum Fest gab. Zu den einfachen gehörte im Nachkriegsdeutschland etwa das Waschkorbgebäck, das wirklich so hieß, weil man mit billigen Zutaten eine große Menge Gebäck herstellen konnte. Solche Plätzchen wurden dann auch an die Heischegänger verteilt, die Klöpfelsänger und Bettler.

Das Kletzen- oder Früchtebrot

Eines der ältesten Weihnachtsgebäcke ist das Früchtebrot, in Bayern als Kletzenbrot, im Alemannischen als Hutzelbrot bekannt. Es erhält seine Süße ausschließlich durch getrocknetes Obst. Entstanden ist das Brot so, dass man dem alltäglichen Brotteig einheimisches Dörrobst zufügte: Zwetschgen und Birnen. Und getrocknete Birnen heißen Kletzen oder Hutzel. Erst allmählich wurden auch importierte Trockenfrüchte untergemischt, wie Sultaninen und Rosinen, Feigen und Datteln. Das kleingeschnittene, vor dem Backen oft in Schnaps eingeweichte Obst drehte man entweder durch den Fleischwolf, um in Verbindung mit dem Brotteig eine homogene Struk-

Kletzenbrot

Getrocknete Birnen nennt man in Bayern »Kletzen«, anderswo heißen sie »Hutzeln«. Daher die Namen Kletzen- oder Hutzelbrot oder auch Birnbrot für das typische vorweihnachtliche Brot mit süßen Trockenfrüchten, ganzen Nüssen und Mandeln und winterlichen Gewürzen. Das Kletzenbrot schmeckt am besten, wenn es eine Woche durchziehen konnte.

Für 2 Kastenformen (20 cm Länge)

Zubereitungszeit:
1 Stunde + Einweichen über Nacht
+ 1 Stunde 45 Minuten Gehenlassen
+ 1 ¼ Stunden Backen

ZUTATEN

300 g getrocknete Birnen (oder gemischt mit getrockneten Zwetschgen, Feigen, Aprikosen)
50 g Datteln ohne Stein
200 g Haselnusskerne
150 g Zitronat und Orangeat gemischt
100 ml Rum oder Obstbrand
2 TL Zimt
½ TL gemahlene Nelken
4 Pimentkörner
1 TL Anissamen
150 g Roggenvollkornmehl
50 g Weizenvollkornmehl
1 Würfel frische Hefe (42 g)
1 TL Zucker
200 ml Milch
50 g Butter
1 Pck. Vanillezucker
½ TL Salz
Mehl für die Arbeitsfläche
Etwa 50 g ganze, abgezogene Mandeln zum Verzieren

SO WIRD'S GEMACHT

Die getrockneten Birnen bzw. das Trockenobst in 375 ml Wasser über Nacht einweichen. Am nächsten Tag im Einweichwasser aufkochen und bei schwacher Hitze zugedeckt weich kochen. Das dauert, je nachdem wie trocken die Früchte waren, 30 bis 60 Minuten. Abgießen, das Kochwasser auffangen. Die Früchte mittelfein hacken, dabei eventuelle Kerne und Stängel entfernen.

Datteln in Streifen schneiden, Haselnusskerne halbieren oder ganz lassen, Zitronat und Orangeat sehr fein hacken. Mit dem gehackten Trockenobst, Rum und Gewürzen vermischen und zugedeckt ziehen lassen.

Roggen- und Weizenmehl in eine Schüssel geben und eine Mulde in die Mitte drücken. Hefe hineinbröckeln, mit Zucker und wenig Milch glatt rühren und 15 Minuten gehen lassen. In der Zwischenzeit die restliche Milch erwärmen und die Butter darin zerlassen.

Die lauwarme Milchmischung (darf nicht über 37 °C haben, sonst zerstört sie die Triebkraft der Hefe), Vanillezucker und Salz zugeben, verrühren und alles zu einem glatten Teig kneten. Zugedeckt 1 Stunde gehen lassen.

Die Fruchtmischung unterkneten, die Masse in zwei gleich große Portionen teilen und zu länglichen Wecken formen. Zwei Kastenformen mit Backpapier auslegen und die Wecken darin 30 Minuten gehen lassen. Alternativ die beiden Wecken auf ein mit Backpapier belegtes Blech setzen und gehen lassen.

Die Wecken mit dem Kochwasser der Kletzen bepinseln und mit den ganzen Mandeln verzieren. In den Backofen schieben (unterste Schiene) und den Ofen auf 180 °C (Ober-/Unterhitze) schalten. Die Brote etwa 1–1¼ Stunden backen, dabei mehrmals mit dem Kletzen-Kochwasser bepinseln.

tur zu erzielen, oder man knetete es grob geschnitten unter den Brotteig und formte längliche Laibe. Diese umhüllt man in der verfeinerten Version mit einer dünnen Schicht Brotteig, damit die Fruchtstücke beim Backen nicht anbrennen.

Schon um den Andreastag herum begann man mit dem Backen der Früchtebrote, weil sie einige Zeit durchgezogen besser schmecken. Hans Heyn berichtet aus den 1930er Jahren, dass die Bäuerin einen großen Familienzelten backte, einen Extra-Laib für die Magd, die den Teig kneten musste und einige kleinere Wecken für die in der Weihnachtszeit erwarteten Besucher. Nach dem Teigkneten war es üblich, dass die Magd noch mit teigigen Händen in den Garten hinauslief und die Obstbäume umfasste, »um den weihnachtlichen Segen des Mettenbrotes auf sie zu übertragen«. Mit den Worten »Baam, Baam, wach auf, trag Äpfl und Birn, net grod für den Bauern, aa für de Dirn« hoffte man die Bäume zu großer Fruchtbarkeit anzuregen. Dieses »Baumaufwecken« geschah in vielen magischen Winternächten – Teig an den Händen und die weibliche Überbringerin der Botschaft standen für die Fruchtbarkeit, die auf die so wichtigen Obstbäume übergehen sollte.[56]

Es gibt ganz unterschiedliche Ansichten über den richtigen Zeitpunkt zum Verzehr dieses wichtigen Backwerks: In manchen Familien wurde es schon wenige Tage nach dem Backen angeschnitten, etwa zum Adventskaffee. Es gehört vielerorts auch zu den üblichen Geschenken am Nikolaustag und zu den Liebesgaben unter Verlobten. Verbreitet ist auch die Tradition, das Kletzenbrot erst am Heiligabend feierlich anzuschneiden oder am Stephanitag, dem 26. Dezember, oder gar erst am Dreikönigstag. Wo das Kletzenbrot in die Speisetradition eines bestimmten Tages eingebunden war, schnitt der Hausvater das Brot im Kreis der Familie an, und jeder, auch die Dienstboten, bekam seinen Anteil. Sogar die Tiere im Stall erhielten jedes ein Stückchen vom Kletzenbrot, man nannte das die »Maulgab«. Die Brote wurden mancherorts in den drei großen Rauchnächten – Heiligabend, Silvester, Dreikönig – extra eingeräuchert, damit sie Unheil und Krankheiten abwehrende Kraft bekommen sollten.

DIE KLÖPFLER

An den Donnerstagen im Advent sind die Klöpfelleute unterwegs, meist am späten Nachmittag und abends, wenn es dunkel wird. Sie ziehen im Dorf von Haus zu Haus und klopfen an die Türen. Wird ihnen geöffnet, singen sie für die Hausleute ein Lied und wünschen Glück und Segen im neuen Jahr. Früher waren die Klöpfler überall willkommen, galten die guten Wünsche doch als positive Vorzeichen für das neue Jahr, das schon in Sichtweite war. Zum Dank erhielten sie Essbares und Schleckereien: Äpfel und getrocknete Birnen, Lebkuchen, Früchtebrot und Nüsse. Außerdem nahm man die adventliche Verpflichtung zur Mildtätigkeit sehr ernst, weshalb man armen Bettlern auch Schmalz, Speck, Brot und Mehl schenkte.

Klopfersingen oder Anklopfen gehen heißt es regional auch, im äußersten Südosten Bayerns auch »Kletzeigeh«, übersetzt etwa: »zum Kletzen betteln gehen«, weil die getrockneten Birnen, die die Klöpfelsänger erhielten, der eigentliche Zweck der Übung waren.

Wie die Heischegänger an Allerseelen, waren auch die Klöpfler meist arme Leute oder Kinder. Auch bestimmte Berufsgruppen klopften an die Türen, etwa Taglöhner oder Angehörige von Berufen, die im Winter nicht ausgeübt werden konnten: die Schiffleute im oberbayerischen Laufen etwa, die in der warmen Jahreszeit mit dem Salztransport auf der Salzach beschäftigt waren.

Heute wird das Klöpfeln von Brauchtumsgruppen und Vereinen am Leben gehalten, Kinder- und Erwachsenengruppen, die für einen guten Zweck sammeln. Mit rußgeschwärztem Gesicht, altertümlicher Kleidung, Wanderstab und Laterne erinnern sie an frühere Zeiten, als die erbettelten Spenden lebensnotwendig waren, damit arme Menschen den Winter überstanden. Die Bettler früherer Zeiten wollten – oft aus Scham – nicht erkannt werden und vermummten deshalb ihre Gesichter.

An welchen Donnerstagen man Klopfersingen gehen darf, darüber sind die Meinungen geteilt. Die ersten drei Donnerstage im Advent, heißt es meist. Falls es zwischen dem vierten Advent und Heiligabend noch einen Donnerstag gibt, ist er tabu fürs Klöpfeln, denn »dann geht der Teufel mit«, wie es heißt. Da mag die magische Glückszahl drei eine Rolle spielen, aber auch die letzten acht Tage vor dem Weihnachtsfest, die als strenge Buß- und Fastenzeit und Zeit der Stille und der Einkehr galt. Im Traungau, dem heutigen österreichischen Traunviertel, und im Berchtesgadener Land hieß es, dass nur die ersten beiden Donnerstage geeignet seien, bereits der dritte Donnerstag sei nicht geheuer, man nannte diese Nacht die Hexennacht.

Wir ziehen daher so spät in der Nacht…

Das bekannteste oberbayerische Klöpfellied,
das heute noch gesungen wird

Wir ziehen daher
so spät in der Nacht,
denn heit is die heilige
Klöpfelesnacht.

Wir ziehen daher
übern Bauern sei Eck,
mir hörn's scho, mir segn's scho,
sie san scho im Bett.

Wir ziehen daher übern Bauern
sein Hof,
mir werdn eam scho
hüatn seine Rinder und Roß.

Wir wünschen an Bauern
an goldigen Wagn,
dass er mit da Bäurin
in Himmel ko fahrn.

Wir wünschen da Bäurin
an goldigen Ring,
in da Mitt drin a Sterndl,
liegt's Christkindl drin.

Wir wünschen de Hausleit
a glückseligs neues Jahr,
a goldigs Christkindl
mit aufkrauste Haar.

Wir hörn ja de Schlüssel scho
aussaklinga,
es wird uns de Bäurin wohl Kletzn
bringa.

Wir kennan net dableim, wir müassn
wieda geh,
für des, was ma kriagt ham,
bedank ma uns schee.

Klopferstag: »Holla, holla, Klopfer raus oder i schlag dir a Loch ins Haus«, Grafik nach Anton Bischof, 1920.

In Oberammergau gilt dagegen der letzte Donnerstag vor Weihnachten als der Klöpfeltag, und wenn man einige Jahrhunderte in die Vergangenheit schaut, stößt man auf noch einmal andere Zeitangaben: So ziehen Mitte des 17. Jahrhunderts »in den fünf Wochen vor Weihnachten jeden Donnerstag Buben und Mädchen durchs Städtchen«, und bereits in einer Handschrift von 1454 aus Öttingen im Ries heißt es, dass die letzten drei Donnerstage vor Weihnachten als Klöpfelnächte gelten, was knapp hundert Jahre später, 1534, auch Sebastian Franck in seinem »Weltbuoch« bestätigt. Aus dem Lechrain berichtet Karl Freiherr von Leoprechting 1855, die Kinder »kommen mit dem ersten Donnerstag im Advent … was sich mit jedem Donnerstag im Advent bis Weihnachten wiederholt und am hl. Dreikönig erst endet« – vermutlich kamen vor Weihnachten die Klöpfelsänger und in der Dreikönigsnacht die Sternsinger. Denn in den Zwölfnächten hätte sich vor gut hundertfünfzig Jahren wohl niemand nachts ins Freie gewagt.

Warum ausgerechnet der Donnerstag zum Klöpfeltag wurde, das mag mit dem Namen dieses Wochentages zusammenhängen. Donnern und Klopfen sind verwandte Geräusche, so schien der Donnerstag dafür wie gemacht: als Tag, der ursprünglich dem germanischen Donner- und Gewittergott Donar/Thor geweiht war, wovon der Name heute noch zeugt. Das Attribut Thors war sein Hammer, den er immer bei sich trug und den er zum Gewittermachen benützte, ähnlich wie sein römischer Vorläufer Jupiter, der blitzeschleudernd am Himmel unterwegs war. In Rom war ebenfalls der Donnerstag dem höchsten Gott geweiht, weshalb dieser Tag jetzt in romanischen Ländern an Jupiter erinnert (span. *jueves*, ital. *giovedì*, frz. *jeudi*) und in germanisch und angelsächsisch geprägten eben an den höchsten Gott Thor (dt. Donnerstag, engl. thursday). Interessant auch in diesem Zusammenhang, dass Andreas Schmeller, der Verfasser des berühmten Bayerischen Wörterbuchs, von »armen Leuten und Kindern« berichtet, die in der Klöpfleinsnacht »mit hölzernen Hämmerchen« an die Türen klopfen.[57]

LUCIATAG – 13. DEZEMBER

Der 13. Dezember war bis zur Einführung des gregorianischen Kalenders im Jahr 1582 der Tag der Wintersonnenwende. Seit Papst Gregor XIII. im Oktober 1582 das Kalender- und das Sonnenjahr wieder in Übereinstimmung brachte und verfügte, dass auf Donnerstag den 4. Oktober 1582 Freitag der 15. Oktober 1582 folgte, hat sich der kürzeste Tag des Jahres auf den 21. oder 22. Dezember eines Jahres verschoben. Dieser Tag, der die bedrohliche winterliche Dunkelheit in die Hoffnung auf Licht und Frühling umkehren sollte, wurde schon in vorchristlicher Zeit gefeiert, war er doch ebenso gefürchtet wie ersehnt. Bei der Installierung des Christentums legte die Kirche dann ganz bewusst den Tag einer heiligen »Lichtbringerin«, der Lucia, (von lateinisch *lux* = das Licht) auf den 13. Dezember fest. Und im Lauf der Zeit hat sich die Gegensätzlichkeit dieses Tages – dunkelste Nacht und gleichzeitig wieder wachsende Tage – auf das Brauchtum um Lucia übertragen: Die Heilige hat zwei Gesichter.

LUCIAFEST IN SCHWEDEN

In Schweden und seinen Nachbarländern ist der Luzienkult bis heute sehr lebendig mit der weißgekleideten Luzienbraut, die eine Kerzenkrone trägt. Am Vorabend des 13. Dezembers wird dort in vielen Orten die Lussibrud, die Lucienbraut, unter den Mädchen gewählt, die dann mit einem Kerzenkranz auf dem Haupt von Haus zu Haus zieht und Geschenke verteilt. Am Morgen des Luciatages ist es das Vorrecht der ältesten Tochter im Haus, als Lucia den Familienmitgliedern das Frühstück ans Bett zu bringen. Dabei soll es durchaus auch schon Glögg geben, den schwedischen Glühwein, wie es überhaupt den gesamten Tag dann auch in Kindergärten, Schulen und Büros feuchtfröhliche Luziafeiern gibt mit stolzen Mädchen als Lucia und ebensolchen Eltern. Das typische schwedische Gebäck an diesem Tag heißt Lussekatter, Luciakatze, das sonnengleich gelb leuchtet, verursacht durch viel Safran im Teig.

Das schwedische Luciafest ist in dieser Form angeblich erst im 19. Jahrhundert entstanden, nachdem in Schweden nach einigem Hin und Her erst 1752 der gregorianische Kalender übernommen wurde und bis dahin der 13. Dezember der kürzeste Tag des Jahres war. In Teilen Schwedens soll es damals schon üblich gewesen sein, dass die Mädchen am Luciatag weiße Gewänder mit rotem Gürtel trugen – sinnbildlich für die Jungfräulichkeit der Lucia und ihren Märtyrertod. Das Freilichtmuseum Skansen hat diesen lokalen Brauch aufgegriffen und den Luciatag entsprechend gefeiert, worauf sich das Fest in ganz Skandinavien ausbreitete. Das weltweit bekannte Lied mit dem Refrain »Santa Lucia« wird an diesem Tag auch in Schweden gesungen, allerdings mit einem schwedischen Text, der auf die heilige Lucia mit Lichterkrone zugeschnitten ist. Beim ursprünglichen Santa-Lucia-Lied, das nicht nur in Italien, sondern weltweit mit großer Inbrunst geschmettert wird, handelt es sich um ein altes neapolitanisches Volkslied, das den einst romantischen Fischerhafen Neapels besingt – den Borgo Santa Lucia, der seinen Namen wiederum von der dort liegenden Kirche Santa Lucia a mare hat und somit um mehrere Ecken doch von der heiligen Lucia stammt.

Die Legende von der heiligen Lucia

In der Luzienlegende selbst spielt das Licht keine Rolle: Am 13. Dezember 310 soll die schöne Lucia, aus reicher Familie stammend, nach grausamen Folterungen den Märtyrertod gestorben sein. Sie lebte in Syrakus auf Sizilien und soll sich um Arme und Kranke gekümmert und ihren in den Katakomben versteckten christlichen Glaubensgenossen Lebensmittel gebracht haben. Damit sie die Hände frei hatte zum Tragen der Körbe, setzte sie sich angeblich einen Lichterkranz auf den Kopf. Der Legende nach hatte sie schon als Kind ewige Jungfräulichkeit gelobt. Als ihre Mutter sie trotzdem mit einem heidnischen Jüngling verlobte, riss sie sich selber beide Augen aus und präsentierte sie dem Bewerber. Er sollte wissen, dass sie entstellt sei, und sie nicht mehr zu heiraten wünschen. Doch die Muttergottes gab ihr schönere Augen als zuvor. Wegen dieser Geschichte gilt Lucia als Patronin der Augenkranken und Blinden. Auf Darstellungen in der bildenden Kunst wird Lucia am häufigsten mit diesem Augen-Attribut dargestellt: Die Heilige hält einen Teller mit einem Augenpaar in der Hand oder zwei Augen an einem sich verzweigenden Stängel, wie von einer Blume. In Italien beten die Mütter zu Lucia um schöne und gute Augen für ihre Kinder, ebenso in Frankreich und Spanien. Ursprünglich in Syrakus bestattet, wurden ihre Gebeine von den Kreuzrittern nach Venedig überführt, wo sie heute noch in der Kirche SS. Geremia e Lucia in einem kostbaren Reliquiar liegen. Teile der Reliquien kamen auch nach Metz in Westfrankreich. Von dort breitete sich der Kult nach Deutschland und ins übrige Europa aus.

Die heilige Lucia auf einem Fresko in der Filialkirche St. Lucia im österreichischen Bleiburg/Kärnten.

Schwedische Lussekatter

Die Lussekatter gehören in Schweden zum Luciafest und werden zum Kaffee oder zum Glögg verzehrt. Ihre leuchtend gelbe Farbe haben sie vom Safran im Teig, sie symbolisiert die Hoffnung auf Licht und Sonne an diesem früheren Wintersonnwendtag. Die Lussekatter schmecken am besten ganz frisch. Wer sie zum Frühstück am Luciatag servieren möchte, macht es wie die Schweden: die Luciakätzchen schon vorher backen und gerade abgekühlt einfrieren. Über Nacht aufgetaut und kurz von dem Frühstück im 100 °C warmen Ofen einige Minuten erwärmt, schmecken die Lussekatter fast wie frisch gebacken.

Für etwa 25 Stück

Zubereitungszeit: 1 Stunde
+ 2–2 ½ Stunden Gehenlassen
+ 10 Minuten Backen (pro Blech)

ZUTATEN

100 g Butter
200 ml Milch
½ g Safranfäden
½ Würfel frische Hefe (21 g oder 1 Pck. Trockenhefe)
650 g Mehl Type 550
100 g Zucker
1 Ei
½ TL Salz
Mehl für die Arbeitsfläche
1 Ei und etwa 50 g Rosinen oder Hagelzucker zum Verzieren

SO WIRD'S GEMACHT

Butter mit Milch und Safran erwärmen, bis die Butter geschmolzen ist. Abkühlen lassen, bis die Mischung nur noch lauwarm ist.

Die Hefe in eine Schüssel bröckeln und mit der Milchmischung glatt rühren. Mehl, Zucker, Ei und Salz dazugeben und alles zu einem glatten Teig kneten, der sich vom Schüsselrand löst. Den Teig zugedeckt etwa 1–1 ½ Stunden gehen lassen.

Den Teig auf der leicht bemehlten Arbeitsfläche kurz durchkneten und in etwa 25 gleich große Portionen teilen. Diese jeweils rundschleifen (mit der hohlen Hand auf der Arbeitsfläche zu einer glatten Kugel schleifen). Die Teigkugeln auf einem bemehlten Tuch zugedeckt 30 Minuten gehen lassen.

Ein Backblech mit Backpapier auslegen. Jede Teigkugel zu einer dicken Rolle drehen, zu einem großen S mit eingerollten Enden formen und auf das Backblech legen. Zugedeckt 30 Minuten gehen lassen. Den Backofen auf 220 °C (Ober-/Unterhitze) vorheizen.

Die Lussekatter mit verquirltem Eigelb bestreichen und mit jeweils zwei Rosinen in den eingerollten Enden oder Hagelzucker verzieren. Im heißen Backofen in etwa 10–12 Minuten goldgelb backen.

Am Abend des 13. Dezember werden die gebastelten Luciahäuschen in Fürstenfeldbruck in die Amper gesetzt.

LUCIAHÄUSCHENSCHWIMMEN

In Fürstenfeldbruck nahe München lassen die Schulkinder in der Dunkelheit aus Papier gebastelte Luzienhäuschen mit einer Kerze in der Mitte den Fluss hinunterschwimmen – vermutlich ein uralter Brauch im Zusammenhang mit einem Opfer an die Flussgötter. Heute heißt es, nach einem verheerenden Hochwasser der Amper im 18. Jahrhundert sei das Luciahäuschenschwimmen aufgekommen.

Die Amper, ein Flüsschen, das heutzutage keine Schlagzeilen mehr macht, war in früheren Jahrhunderten wild und unberechenbar. »Zur Abwendung der großen und gefährlichen Ergießungen des genannten Flusses«, schrieb der Dechant Wildmann 1706 an den Freisinger Bischof, »wird von alter Zeit her am Fest der heiligen Lucia eine heilige Messe gelesen, welcher nicht allein die Bürgerschaft, sondern auch die Schulkinder mit ihrem Lehrmeister beiwohnen. Nach der heiligen Messe gehen dann die Kinder, die in ihren Händen papierne Häusl mit einem Licht darinnen halten, an die Amper, wo ein Fischer in einer Zille sie erwartet. Er nimmt die papiernen Häusl an, setzt sie aufs Wasser und lässt sie dann mit ständigem Zusehen der Kinder rinnen.« Meist wird angenommen, dass der Brauch erst bei einem Hochwasser im 18. Jahrhundert entstanden ist, doch gibt es ihn wahrscheinlich schon viel länger. In Fürstenfeldbruck jedenfalls schwammen nach der Säkularisation die Papierhäuschen nur noch bis 1851, und erst 1949 erinnerte sich ein Schulrektor des Brauchs. Seitdem basteln die Schulkinder wieder Nachbildungen der Häuser und Kirchen ihrer Heimatstadt. Am Festtag findet um 18 Uhr eine heilige Messe statt. Anschließend setzen Mitglieder der Wasserwacht die Häuschen vorsichtig auf den dunklen Fluss, wo sie für kurze Zeit die

In Wasserburg am Inn ziehen die Luciakinder durch die Altstadt und setzen kleine Schiffchen in den Inn.

lange Winternacht freundlicher und heller machen.

Auch in Wasserburg am Inn ziehen die Kinder am 13. Dezember durch die festlich geschmückte Wasserburger Altstadt, begleitet von Eltern und Freunden und von vielen Wasserburgern, durch die Fußgängerzone ans Gries. Ein Mädchen ist als Lucia verkleidet und trägt den Kerzenkranz auf dem Haupt, ihr Gefolge ist weiß gewandet. Los geht's um 17 Uhr in der Ledererzeile. Wochenlang haben sie schon kleine Holzschiffchen vorbereitet, die als Lichtträger dienen. Die Wasserwacht hilft ihnen dann am Innufer, die Schifflein ins Wasser zu setzen. In einem langen leuchtenden Zug erhellen die Lichter dann den breiten Fluss und bringen Licht in die dunkelste aller Nächte des Jahres. Nach alten Aufzeichnungen gab es das Lichterfest auch schon in früheren Jahrhunderten in Wasserburg. Schon damals brachte man das Licht von der Jakobskirche zum Inn und setzte dann ein Boot oder Floß mit einem brennenden Baum darauf in den Fluss. Dieses umrundete in der Innschleife die Stadt, vielleicht auch, um einen magischen Bannkreis gegen Feuer um Wasserburg zu ziehen.

Die »schiache Luz«, Grafik von 1934.

DIE SCHRECKLICHE LUCIA

Doch nicht überall ist Lucia die helle Lichtbringerin: Im Bayerischen Wald und in der Oberpfalz kennt man die »schiache Luz« – »hässliche Lucia«, eine grausliche Schreckensgestalt, die Züge der oberbayerischen »Frau Percht« angenommen hat. Zum Kinderschreck wurde sie, wenn am 13. Dezember die Älteren drohten: »Die Luz geht um!« Sie schlich angeblich messerwetzend und mit ihrer Sichel klappernd durch die Straßen auf der Suche nach unartigen Kindern oder faulen Mägden. Dabei murmelte sie vor sich hin: »A Mölterl voll Darm und a Schüsserl voll Bluad.« Ertappten »Sündern« schnitt sie mit Sichel oder Messer den Bauch auf und zog die Gedärme heraus. Dann füllte sie Ziegelsteine, Stroh oder Heu in den Bauch – bei den schlampigen Mägden, die nicht ordentlich gekehrt hatten, war es auch Kehricht – und warf ihre Opfer je nach Region in einen Brunnen, oder sie ließ sie wimmernd auf dem Boden kriechen. Auch spinnen durfte man nicht in der Luziennacht, »teils um die heilige Luzie zu verehren, teils um sich nicht den Hass der Hexen zuzuziehen. Sollte es aber eine Dirne wagen, bis spät in die Nacht bei dem Rocken zu sitzen und die Spindel zu drehen, so sind ihr gewiss sämtliche Spindeln tags daraus verdreht, die Fäden zerrissen, und das Garn ist in großer Unordnung und Verwirrung.«[58] Schlampigen Spinnerinnen soll die schiache Luz auch den aufgeschlitzten Bauch mit Wolle oder Flachs füllen. Bei solchen Aussichten nimmt es nicht wunder, dass besonders die Frauen am Vorabend des Luzientages möglichst zu Hause blieben, um Schutz vor bösen Mächten beteten und mit Zauberkräutern Haus und Stall ausräucherten. Überliefert ist auch, dass sich die schiache Luz, wie viele Geisterwesen, durch Nahrung besänftigen ließ. Mütter beruhigten ihre ängstlichen Kinder mit dem Satz: »Dean ma d'Luz fuadan« – »Tun wir die Lucia füttern«, und stellten ihr eine Schüssel voll Milch und eine Schmalznudel vor die Tür.

DAS LUTSCHERL

In Südosteuropa und im Dreieck Salzburg-Bayern-Böhmen finden wir die heilige Lucia vor 200 Jahren als Begleiterin des Nikolaus: Während der Nikolaus die Buben beschenkt, bringt sie den Mädchen die Geschenke. In Österreich kam das weißgekleidete »Lutscherl« mit Kerze, Kreuz und Kochlöffel in die Häuser. Fand sie dort Schmutz vor, schlug sie die Anwesenden mit dem Kochlöffel. War aber alles ordentlich, verteilte sie Geschenke. Wie die Frau Percht in den angrenzenden Gebieten bestraft sie also Verstöße gegen die Regeln und belohnt die Folgsamen.

ORAKELNACHT

Als Wintersonnwendtag galt der Luciatag lange als wichtiger Lostag, an dem man in die Zukunft schauen konnte oder auch nur das kommende Wetter vorhersagen. Der Bauer säte Getreidekörner in einen Teller, die regelmäßig feucht gehalten wurden, und deutete das reichliche oder spärliche Keimen der grünen Saat als Vorzeichen für den Ernteertrag des nächsten Jahres – Luciaweizen oder die Tellersaat an Lucia hieß dieser Brauch.

Vielleicht gründet auch das Patronat der heiligen Lucia für gute Augen und gegen Blindheit in Wirklichkeit im Datum des Gedenktages. »Gutes Sehen« wurde womöglich viel zu wörtlich genommen und steht eigentlich für das Orakeln, das In-die-Zukunft-Schauen, und nach christlicher Deutung für das Erkennen des Lichtes der Welt: Christus, auf dessen Geburtsfest sich die Menschen gerade vorbereiten.

DIE HEILIGE OTTILIE

Am selben Tag wie die heilige Lucia hat eine andere Heilige Namenstag: die heilige Ottilie. Sie ist die zweite Schutzpatronin der katholischen Kirche gegen Augenkrankheiten und Blindheit. Und beide Gedenktage wurden auf denselben Tag gelegt, den 13. Dezember, ehemals kürzester Tag des Jahres mit der längsten Nacht. Das ist kein Zufall, und das spricht für die Theorie, dass die beiden heiligen Frauen diesen Sonnwendtag voller abergläubischer Rituale christlich besetzen sollten.

Sainte Odile ist die Schutzpatronin des Elsass. Ihr Name bedeutet übrigens einfach »die Adlige«. Er kommt vom althochdeutschen Wort ot, odal, uodal oder auch adal, im Sinne von Adel, adelig. Dargestellt wird Odilia häufig als Augustinerin mit Äbtissinnenstab und Buch. Ein Augenpaar, ihr wichtigstes Attribut, ist auf dem Buch abgebildet oder sie hält die Augen in den Händen. Wie an den beiden Orten ihrer Klostergründungen gibt es an den meisten Ottilienkultorten heilsames Wasser, das gegen Augenkrankheiten angewendet wird. Dass sie durch die Taufe sehend geworden ist, muss ebenfalls im übertragenen Sinn verstanden werden: Ottilie hat die wahre Religion erkannt in Zeiten, in denen sich das Christentum gerade in keltischen Gebieten anfing durchzusetzen. Zusammen mit Lucia soll sie den Gläubigen, die auf sie vertrauen, das Licht (wieder-)bringen – ob ganz im Wortsinn, bei Augenkrankheiten, oder im Erkennen des wahren Gottes.

Die Legende von der heiligen Ottilie

Ottilia gilt zusammen mit der heiligen Lucia als die wichtigste Helferin bei Augenleiden, schon in ihrer dramatischen Lebensgeschichte dreht sich alles ums Sehen:

Ottilie war die Tochter des fränkischen Grafen Adalrich oder Eticho. Sie gründete 690 und 700 zwei Klöster im Elsass, von denen das erste später nach ihr Odilienberg genannt wurde. Im zweiten, im Kloster Niedermünster, starb sie im Jahr 720. Odile, wie sie in Frankreich heißt, wurde der Legende nach blind geboren. Der Vater wollte sie deshalb töten, ihre Mutter rettete sie aber, indem sie sie heimlich in ein Kloster schaffte. Dort hat der Wanderbischof Erhard von Regensburg sie getauft, der durch einen Engel zu ihr geleitet wurde. Bei der Taufe wurde Ottilie sehend. Ihr jüngerer Bruder holte sie daraufhin zurück, worauf der Vater im Zorn den Bruder totschlug. Ottilie erweckte diesen wieder zum Leben, floh vor dem Vater und versteckte sich in einem Felsspalt, der sich vor ihr auftat. Der Vater versöhnte sich schließlich mit der Tochter und schenkte ihr reiche Ländereien aus seinem Besitz, und sie gründete – auf dem heiligen keltischen Berg Hohenberg – das nach ihr benannte Kloster Odilienberg, wo sie begraben liegt. Der Odilienberg am Ostrand der Vogesen gilt als heiliger Berg des Elsass und zählt bis heute zu den bedeutendsten Wallfahrtsorten Frankreichs.

Die heilige Ottilie, Tafelbild aus der Werkstatt von Marx Reichlich, ehemaliger Marienaltar der Stiftskirche St. Peter/Salzburg, um 1498.

BALD IST WEIHNACHTEN

Je näher das Weihnachtsfest rückt, desto größer wird die Spannung der Kinder. Hat das Christkind den Wunschzettel gelesen? Welche Geschenke wird es bringen? Wie wird der Christbaum aussehen, und: Wird man es diesmal schaffen, heimlich einen Blick aufs Christkind zu werfen?

VORBEREITUNGEN AUF DAS GROSSE FEST

Für die Erwachsenen ist die Zeit unmittelbar vor dem großen Fest von hektischen Vorbereitungen geprägt, früher wie heute. Nur war die Hektik früher eine andere: In der Küche wurden die Speisen für die nächsten Wochen vorbereitet. Zwischen Weihnachten und Dreikönig durfte nicht gebacken werden, man erledigte keine schweren Arbeiten außer den unbedingt nötigen. Deshalb kam zum Backen der letzten Plätzchensorten – denen, die keine Lagerzeit brauchten – das von entsprechend vielen Brotlaiben dazu und von weiterem speziellen Gebäck für Weihnachten. Aus dem Allgäu der Zeit um 1910 ist die Rede von »6–8 Laib Schwarzbrot, die gleiche Menge Birnenbrot und ebenso viele Laibe Weißbrot und noch ein paar Zöpfe«[59]. Kurz vor dem Fest wurden dann noch die Feiertagskuchen gebacken, die ja möglichst frisch sein sollten: Apfel- und Käsekuchen, Mohnkuchen gab es in Ungarn, Kuchen mit Pflaumenmus und Streusel in Schlesien und große Napfkuchen mit Mohn, Rosinen und Mandeln. Haus und Hof wurden geputzt und auf Hochglanz gebracht, Teppiche und Vorhänge gewaschen.

Während mit Backen, Kochen und Putzen vorwiegend die Frauen des Hauses beschäftigt waren, kümmerten sich die Männer um das Beschaffen des Festtagsbratens. Auf Bauernhöfen wurde geschlachtet. Und natürlich mussten alle diese Arbeiten bis ins 20. Jahrhundert hinein mit weit weniger hilfreichen Maschinen und Geräten bewältigt werden, als wir sie heute zur Verfügung haben: Wannen voller Teig wurden mit der Hand geknetet, von Hand gerührt, die Backöfen mit Holz geheizt, Stuben mit dem Besen gekehrt und die Böden mit Sand gescheuert.

Auch die Weihnachtsgeschenke wurden selbst gemacht, zumindest in den allermeisten Familien. Sicher waren auch gekaufte Spielsachen für die Kinder dabei, gekaufte Kleidung, oder es wurden lang ersehnte Herzenswünsche erfüllt. Doch lag es nicht nur am mangelnden Geld, wenn viel mehr selbst angefertigt wurde, sondern auch an der großen Freude des Selbermachens für einen geliebten Menschen und der Freude des Beschenkten über ein selbst hergestelltes Geschenk, über die Zeit, die Mühe und die Liebe, die dazugehören. Dieses Selbermachen drohte zwischendurch ein wenig in Vergessenheit zu geraten, weil man ja alles kaufen kann. Erst in jüngerer Zeit wachsen die Zweifel angesichts von Spielzeugbergen in Kinderzimmern und gleichzeitig gelangweilten und fantasielosen Kindern, angesichts überquellender Kleiderschränke, Keller und Mülltonnen und gleichzeitig schwindender Ressourcen, von Armut und Ungleichheit auf der Welt. Das Selbermachen wird wieder als sinnvoll erkannt, es macht die Schenkenden zufrieden – weil es mit handwerklicher Tätigkeit, einem Erfolgserlebnis und großer Vorfreude einhergeht – und erfreut die Beschenkten. Viele Menschen berichten auch noch Jahrzehnte später mit glänzenden Augen von der vorweihnachtlichen Stimmung beim Basteln, der Heimlichtuerei und entdeckten Geschenkeverstecken. So sehr man sich natürlich auch über liebevoll ausgesuchte gekaufte Geschenke freut und so wenig in der »guten alten Zeit« alles besser war – Selbermachen tut allen gut. Da wurden Puppenstuben und Puppenhäuser gebaut und ausgestattet, Püppchen selbst gemacht oder für gekaufte Puppen die Puppenkleidung selbst genäht. Mützen, Handschuhe, Socken, Schals, Pullover, Jacken – alles wurde selbst gestrickt, wobei von den Alten oft erzählt wird, dass natürlich die Strickenden und die zu Beschenkenden zusammen in der warmen Stube saßen, dass aber alle bis zuletzt rätselten, wer was bekommen würde. Die Kinder malten und zeichneten – zumindest selbstgemalte Bilder gab es für viele Eltern als Weihnachtsgeschenke von den Kindern.

Die Wunschzettel entwickelten sich aus den Weihnachtswunschbriefen des 18. Jahrhunderts der Kinder an die Eltern.

DER WUNSCHZETTEL

Wunschzettel sind keine Erfindung der modernen Konsumgesellschaft, wie man vielleicht meinen könnte, auch in der Vergangenheit haben Kinder Briefchen ans Christkind geschrieben. Von den Lehrern oder Eltern dazu angeregt, waren das sowohl Schönschreibübungen als auch eine Aktion, die zumindest bei kleineren Kindern den Glauben ans Christkind aufrechterhielt. Dass die Eltern dem Christkind dann unter Umständen beim Einkaufen, Basteln oder Backen helfen müssen, diese beliebte Erklärung für die Weihnachtsvorbereitungen war allseits akzeptiert.

Die Wunschzettel wurden – liebevoll verziert, gerollt oder in einem Umschlag – abends vor dem Schlafengehen auf den Fenstersims gelegt, denn das Christkind kommt ja nachts vom Himmel herab geflogen, um die Briefchen abzuholen. Und wenn am nächsten Morgen der Wunschzettel verschwunden ist, aber vielleicht ein kleines weißes Federchen aus einem Engelsflügel auf dem Fenstersims liegt, dann war das Christkind doch gewiss dagewesen.

Entstanden sind die Wunschzettel aus Glückwunschbriefen an Eltern und Paten, die die Kinder bürgerlicher Familien im 18. und 19. Jahrhundert angehalten wurden zu schreiben. Diese Weihnachtsbriefe waren »ein ausgesprochen protestantisches, norddeutsches Phänomen«[60]. Vorgedruckte Bögen, gerahmt mit religiösen Schmuckbildern, wurden gekauft und mussten von den Kindern oft in der Schule mit vorgegebenen Dankes- und Glückwunschtexten ausgefüllt werden. Erst im Lauf der zweiten Hälfte des 19. Jahrhunderts ändern sich die Inhalte, zunehmend schreiben die Kinder neben den Glückwünschen an die Eltern ihre eigenen Wünsche ans Christkind auf. Die Spielwarenindustrie nahm sich der neuen Wunschzettel begeistert an und gab Vordrucke für Wunschzettel heraus, auf denen die Kinder teilweise nur noch ankreuzen mussten, was sie sich wünschten.

Kinder von Familien außerhalb der wohlhabenden städtischen Schichten werden solche Wunschzettel früher selten zu Gesicht bekommen haben. Aber auch sie schrieben begeistert Briefe ans Christkind mit ihren Wünschen und Bitten, verzierten sie mit Zeichnungen der ersehnten Spielsachen oder Kleidungsstücke und legten sie mit klopfendem Herzen draußen auf den Fenstersims – und manchmal noch ein Plätzchen dazu, weil das Christkind ja einen so weiten Weg hinter sich hat.

FRAUTRAGEN UND HERBERGSSUCHE

Wie viele andere biblische Geschichten spielte man auch die Herbergssuche von Maria und Josef gerne nach. In den Kirchen während des Gottesdienstes oder bei einer häuslichen Andacht übernahmen Kinder die Rollen von Maria und Josef, die in dunkler Nacht eine Herberge suchen, der Vater spielte den abweisenden Wirt. Die szenischen Darstellungen gründen jedoch nur auf einem einzigen Satz, ja – einem Halbsatz im Neuen Testament. Das dramatische Drumherum – Josef und seine hochschwangere Frau Maria klopfen in der Dunkelheit an die Türen verschiedener Gasthöfe und werden von allen Wirten abgewiesen – diese Szenen haben sich im Theaterspiel dazugesellt.

Auch der Brauch des Frautragens stellt eine Erinnerung an die Herbergssuche dar. Dabei wird ein Marienbild oder eine Marienstatue von Haus zu Haus getragen, man nennt sie deshalb auch die Wandermuttergottes. Jeden Tag kehrt das Bild bei einer anderen Familie ein und findet Herberge für eine Nacht. Im Herrgottswinkel oder auf einem mit Tannengrün und Adventskerzen geschmückten Tischchen wird das Bild aufgestellt, die Familie und die Überbringer versammeln sich davor und beten gemeinsam. Weihnachtslieder werden gesungen, traditionell zum Beispiel das alte alpenländische Adventslied »Wer klopfet an?«, das in gesungenen Dialogen die Herbergssuche zum Thema hat. Den Transport des Bildes von Haus zu Haus übernehmen entweder die Kinder der Familien oder auch die Ministranten der Pfarrgemeinde. Doch gibt es den Brauch nicht nur in den Alpenländern, er war in katholischen Gemeinden von Frankreich über Hessen, Baden-Württemberg, Bayern, das heutige Polen, Tschechien und Österreich verbreitet.

Mancherorts zieht sich das Frautragen über die gesamte Adventszeit hin, oft aber tun sich neun Familien zusammen in der sogenannten Weihnachtsnovene, den letzten neun Tagen vor dem Christfest. Die Novene beginnt am 16. Dezember, weshalb ab diesem Datum früher auch keine Roratemessen mehr gelesen wurden. Dieser Zeitraum markiert die strengste Zeit der Vorbereitung auf Weihnachten, ähnlich der Karwoche unmittelbar vor dem Osterfest. Die letzte Familie behielt das Bild früher dann oft bis zum Lichtmesstag.

Die Kinder freuten sich besonders auf das Frautragen, durften sie doch das Marienbild jeweils weitertragen und wurden dafür mit Süßigkeiten oder Lebkuchen beschenkt. Der Brauch wurde über die Jahrhunderte immer wieder verboten, denn es scheint nicht beim gemeinsamen Beten und Singen geblieben zu sein. Marie Andree-Eysn berichtet 1930, dass sich jeweils nicht nur die Familie, sondern »die Dorfbewohner« vor dem Marienbild versammelten, und nach »Gebet und Lieder(n) … werden alle Angekommenen mit Brot und Käse, Schnaps und gedörrtem Obst, ›Kuacheln‹ und Krapfen, je nach den Vermögensverhältnissen des Bauern, bewirtet, und fröhliche, zuweilen aber auch mehr als übermütige Tänze schließen die Feier«[61]. So war der christliche Andachtsbrauch ein willkommener Anlass, der dunklen, tanzfreien Zeit für einen Abend zu entfliehen.

Die Herbergssuche in der Bibel

Im Evangelium des Lukas findet sich die Stelle (2,7), die die Grundlage bildet für das inzwischen wieder so beliebte Spiel von der Herbergssuche von Maria und Josef. Entscheidend ist der letzte Halbsatz in Satz 7:

1 Es geschah aber in jenen Tagen, dass Kaiser Augustus den Befehl erließ, den ganzen Erdkreis in Steuerlisten einzutragen.
2 Diese Aufzeichnung war die erste; damals war Quirinius Statthalter von Syrien.
3 Da ging jeder in seine Stadt, um sich eintragen zu lassen.
4 So zog auch Josef von der Stadt Nazaret in Galiläa hinauf nach Judäa in die Stadt Davids, die Betlehem heißt; denn er war aus dem Haus und Geschlecht Davids.
5 Er wollte sich eintragen lassen mit Maria, seiner Verlobten, die ein Kind erwartete.
6 Es geschah, als sie dort waren, da erfüllten sich die Tage, dass sie gebären sollte,
7 und sie gebar ihren Sohn, den Erstgeborenen. Sie wickelte ihn in Windeln und legte ihn in eine Krippe, weil in der Herberge kein Platz für sie war.[95]

Wer klopfet an?

Das Lied von der Herbergssuche[96]

1. (Erster Wirt:) Wer klopfet an? * (Maria und Joseph:) »O zwei gar arme Leut.« * Was wollt ihr dann? * »O gebt uns Herberg heut! * O durch Gottes Lieb wir bitten, öffnet uns doch Eure Hütten!« * O nein, nein, nein! * »O lasset uns doch ein!« * Es kann nicht sein! * »Wir wollen dankbar sein.« * Nein, es kann einmal nicht sein, da geht nur fort! Ihr kommt nicht rein.

2. (Zweiter Wirt:) Wer vor der Tür? * (Maria und Joseph:) »Ein Weib mit ihrem Mann.« * Was wollt denn ihr? * »Hört unser Bitten an! * Lasset heut bei Euch uns wohnen! Gott wird Euch schon alles lohnen.« * Was zahlt ihr mir? * »Kein Geld besitzen wir.« * Dann geht von hier! * »O öffnet uns die Tür!« * Ei macht mir kein Ungestüm! Da packt euch, geht wo anders hin!

3. (Dritter Wirt:) Wer da noch heut? * (Maria und Joseph:) »O Lieber, komm heraus!« * Seid Bettelleut? * »O öffnet uns das Haus! * Freund, ach habt mit uns Erbarmen, einen Winkel gönnt uns Armen!« * Da ist nichts leer. * »So weit gehn wir heut her!« * Ich kann nicht mehr. * »O lieber Gott und Herr!« * Ei, die Bettelsprach führt ihr? Ich kenn sie schon. Geht nur von mir!

4. (…)

5. (Fünfter Wirt:) Ihr kommt zu spät. * (Maria und Joseph:) »So heißt es überall!« * Da geht nur, geht! * »O Freund, nur heut einmal! * Morgen wird der Heiland kommen; dieser liebt und lohnt die Frommen.« * Liegt mir nichts dran. * »Seht unser Elend an!« * Geht mich nichts an. * »Habt Mitleid, lieber Mann!« * Schweigt nur gleich, laßt mich in Ruh! Da geht! Ich schließ die Türe zu.

6. (Sechster Wirt:) Da geht nur fort! * (Maria und Joseph:) »O Freund, wohin? Wo aus?« * Ein Viehstall dort! * »Geh, Joseph, nur hinaus! * O mein Kind, nach Gottes Willen mußt du schon die Armut fühlen!« * Jetzt packt euch fort! * »O, dies sind harte Wort!« * Zum Viehstall dort! * »O wohl ein schlechter Ort!« * Ei, der Ort ist gut für euch; ihr braucht nicht viel. Da geht nur gleich!

7. (Zum Schluß/Alle (Männer):) Kommt alle her! * (Alle (Frauen):) »Ihr Menschen hört mich an!« * Ja kommt nur her! * »Und seht, was ihr getan! * Ihr habt Jesum so verstoßen, habt ihm jede Tür verschlossen.« * O Mensch, nun wein! * »O sieh, das Jesulein –« * muss jetzt, o Pein, * »im kalten Stalle sein.« * (Alle:) O wie grausam ist die Sünd, die so verstoßt das Gotteskind!

THOMASTAG – 21. DEZEMBER

Als »ungläubiger Thomas« ist er in die Alltagssprache eingegangen, und passenderweise begeht man seinen Namenstag am Tag der Wintersonnenwende, dem 21. Dezember – ob das ein Zufall ist? Seit der Kalenderreform von Papst Gregor XIII. im Jahr 1582 fällt die Wintersonnenwende auf den 21. Dezember. Wie der frühere Sonnwendtag, der Luciatag am 13. Dezember, läutete nun der Vorabend des Thomastages die längste Nacht des Jahres ein, und das Brauchtum dieser Wendezeit ging auf den 21. Dezember über. Hexen und Geister sind nach altem Glauben unterwegs, draußen ist es nicht geheuer, aber weil die jenseitige Welt offensteht an einem solchen Tag, einer solchen Nacht, kann man eben auch in die Zukunft schauen. Ebenso wie die Andreasnacht am 30. November war die Thomasnacht beliebt bei jungen Frauen auf der Suche nach einem Bräutigam. Holzscheitorakel, Apfelschalenorakel, Bettstatttreten und Baumschütteln in der Hoffnung auf ein Zeichen gehörten zu den beliebtesten Übungen der Mädchen. Die lustigen, geselligen Abende wurden aber begleitet von der Angst vor bösen Mächten – so wie der Sonnwendtag eine dunkle und eine helle Seite hat: die schreckliche längste Nacht ist erreicht, ab sofort wird das Licht wieder mehr, der Tag wird wieder länger.

Gegen die Angst und die Dämonen wurde am Vorabend des Thomastages geräuchert – der Abend gehörte zu den vier wichtigsten Räuchernächten des Jahres, die anderen drei waren der Vorabend des Christfestes am 25. Dezember, der Silvesterabend, also der Vorabend des Neujahrstages, und der Vorabend des Dreikönigstages am 6. Januar. Duftende Kräuter, die wie viele sehr aromatische Pflanzen als antidämonisch galten, sollten – auf einer Glutpfanne durchs Haus getragen – die bösen Geister aus Haus und Stall vertreiben (siehe Seite 168): Wacholder, Beifuß und Fichtenharz sind die beliebtesten winterlichen Räucherzutaten.

DER BLUADIGE THAMERL

Natürlich waren das auch die Abende, an denen man sich Gruselgeschichten und Schauermärchen erzählte. Die scheußlichste Gestalt, von der man sich zuraunte, dass sie in der Thomasnacht durch die Straßen ziehe, war der Bluadige Thamerl, der besonders in Ostbayern als Schreckfigur für die Kinder diente. Der »Thama mitm Hamma« hieß er auch: ein blutbesudelter Riese, der mit seinem gewaltigen Hammer an die Türen klopfte und angeblich den Kindern widerliche Dinge antun würde, wenn er eingelassen würde. Aus vielen Orten ist überliefert, dass sich tatsächlich übermütige Männer als Bluadiger Thamerl verkleideten und – angetan mit rotbefleckter Metzgerschürze und Schlachtabfällen in der Hand – die Dörfer unsicher machten. Einer nutzte die Angst vor dem Thamerl und zog von Haus zu Haus, während er die Namen derer in ein Buch einschrieb, die im kommenden Jahr sterben würden. Man konnte sich aber mit Eiern oder Krapfen freikaufen.[62] Mit dem Apostel Thomas hat diese Schreckfigur nichts zu tun, der Name wurde lediglich von dem Heiligen geliehen, der an diesem Wintersonnwendvorabend seinen Gedenktag begeht. Und das grausige Aussehen des Thamerl hat vermutlich mit den Metzgern zu tun, die wegen der vielen Hausschlachtungen vor Weihnachten in dieser Zeit vermehrt auf den Straßen unterwegs waren.

Wegen dieser vielfältigen abergläubischen Umtriebe beschloss die versammelte römisch-katholische Geistlichkeit beim Zweiten Vatikanischen Konzil in den 1960er Jahren, den Namenstag des Apostels zu verlegen. Seit dem Jahr 1970 feiert die katholische Kirche den Gedenktag nun offiziell am 3. Juli, dem Tag der Überführung seiner Gebeine, und nicht mehr an seinem angeblichen Todestag, dem 21. Dezember. Einer der längsten Tage des Jahres Anfang Juli erschien wohl unverdächtig für antidämonische Umtriebe. Die evangelische Kirche, ebenso wie die anglikanische, halten aber am alten Thomastag fest.

DAS WEIHNACHTSSCHWEIN

Schweinebraten und -würste bilden seit Jahrhunderten das traditionelle Festessen an Weihnachten, von Skandinavien bis nach Süd- und Osteuropa. Wer Astrid Lindgrens »Michel aus Lönneberga« gelesen hat, wird sich immer an Michels tierischen Freund, das Knirpsschweinchen, erinnern, dessen Schlachtung vor Weihnachten der kleine Michel in letzter Sekunde abwenden kann – aber nur, indem er von seinem Ersparten ein Ersatzschwein kauft, das dann, wie es sich gehört, geschlachtet wird.

Das Schwein für den weihnachtlichen Braten wurde das ganze Jahr über gemästet, sodass das Ende der Mastzeit im späten Herbst der logische Schlachttermin war. »Weihnachter« nannte man das zum Schlachten vorgesehene arme Schwein denn auch oder die »Mettensau«, weil ihr Fleisch erst nach der Christmette auf den Tisch kam. Bei Kleinbauern und Häuslern, also Handwerkern oder Tagelöhnern, die keinen Bauernhof hatten, war es oft das einzige Schwein: Im Frühjahr kaufte man ein Ferkelchen und mästete es im Schweinekoben im Stall oder im Gärtchen mit Küchenabfällen und trieb es in den Wald zum Eichelnfressen.

Das große Sauschlachten begann schon zu Allerseelen, nicht jeder konnte zur gleichen Zeit schlachten, denn die Metzger zogen von einem Hof zum nächsten und hatten in der Vorweihnachtszeit einen vollen Terminplan. Je kälter es wurde, desto besser, denn dann hielt sich in Zeiten ohne Kühlschrank und Gefriertruhe das Fleisch länger. Letzter Tag fürs Schlachten war der Thomastag am 21. Dezember. Wurst und Speckseiten hingen dann im Kamin zum Räuchern, das feine Bratenfleisch war zum Teil für die Festtage reserviert, der Rest wurde eingesurt, eingepökelt, und so haltbar gemacht. Nur die Innereien verzehrte man gleich am Schlachttag, trotz Fastenzeit, da sie am schnellsten verdarben. Der Tag des Weihnachtsschlachtens war also wie viele andere ein willkommener Anlass, in der Fastenzeit ein kleines Fest zu feiern mit nicht alltäglichem, gutem Essen und Trinken, Freunden und Nachbarn. Beim Schlachten wurden nämlich viele Hände zum Helfen gebraucht, und so zog man reihum von einem Haus zum nächsten. So ein ganzes Schwein versorgte eine Familie über den Winter mit wichtigen Grundprodukten, denn es lieferte ja nicht nur das wertvolle Fleisch, Würste und Speck, sondern auch Schmalz zum Backen, Braten und zur Herstellung von Salben, Knochen zur Gewinnung von Gelatine, die Haut wurde zu Leder verarbeitet und verschiedene Knöchelchen des Schweins dienten zu allerlei magischen Praktiken.

In Bayern hieß es: »Jetzt geht's gega Weihnachten, da dean de Bauern d'Sau schlachten. Nacha geht's gega Liachtmessn, da ham sie's wieder zamgfressen.«[63] Und am Niederrhein: »Um Martin schlachtet der Bauer sein Schwein, das muss bis zu Lichtmess gefressen sein.«

Die Legende vom heiligen Thomas

Thomas war einer der zwölf Jünger Jesu, die ihn bis zu seinem Tod drei Jahre lang begleiteten. Manche behaupten sogar, er sei ein Zwillingsbruder Jesu gewesen. Er ist in allen vier Evangelien erwähnt.

Bekannt wurde er vor allem durch seine Zweifel an der Auferstehung: Im Johannesevangelium wird beschrieben, wie Jesus den versammelten Jüngern – nur Thomas fehlt – am Abend des Ostertages erscheint und ihnen seine Wundmale zeigt. Sie freuen sich, heißt es, dass sie den Herrn sahen. Als sie Thomas davon erzählten, meinte er, er glaube nur, dass es wirklich Christus gewesen sei, wenn er seine Finger in seine Wunden gelegt habe. Acht Tage später erschien Jesus seinen Jüngern erneut, diesmal war auch Thomas dabei. »Dann sagte er zu Thomas: Streck deinen Finger hierher aus und sieh meine Hände! Streck deine Hand aus und leg sie in meine Seite und sei nicht ungläubig, sondern gläubig! Thomas antwortete und sagte zu ihm: Mein Herr und mein Gott! Jesus sagte zu ihm: Weil du mich gesehen hast, glaubst du. Selig sind, die nicht sehen und doch glauben.«[64]

Thomas zweifelte angeblich auch an der Himmelfahrt Mariens. Er soll als einziger der Jünger nicht dabei gewesen sein, als Maria – wie die Lehre es will: leiblich – in den Himmel aufgefahren sei. Darauf erschien ihm die Muttergottes und reichte ihm seinen Gürtel, woraufhin er glaubte – ein beliebtes Motiv in der bildenden Kunst des Barock.

Durch sein Zweifeln wurde er aber sehr nahbar – dieses Problem haben Christen schließlich seit Anbeginn der Lehre, dass von ihnen verlangt wird zu glauben, weitgehend ohne handfeste Beweise für die Glaubenssätze. Thomas war deshalb ein bei den Gläubigen sehr beliebter Heiliger. Besonders in Indien wird er bis heute verehrt. Nach der Episode in der Osterzeit soll er über verschiedene Länder bis nach Indien gereist sein und dort missioniert haben. Er starb angeblich im Jahr 72 in der Nähe von Madras, dem heutigen Chennai. Seine Reliquien wurden, wie es heißt, an einem 3. Juli im 3. Jahrhundert nach Edessa in die heutige Türkei gebracht und ein Jahrtausend später von den Kreuzfahrern nach Ortona in Süditalien, wo sie heute noch verehrt werden.

Auch in Indien gibt es zahlreiche Wallfahrtsorte mit christlichen Kirchen, die dem Andenken des heiligen Thomas gewidmet sind, ebenso in Italien – in Prato in der Toskana kann man sogar den Mariengürtel besichtigen, den Thomas erhalten hat, und in Rom in Sta Croce in Gerusalemme den Zeigefinger, den er in die Seitenwunde Christi legte.

DIE WEIHNACHTSKRIPPE

Nach alter Tradition wird in vielen Wohnstuben, insbesondere in katholischen Gegenden, zu Weihnachten eine Hauskrippe aufgestellt. Doch so alt, wie viele meinen, ist diese Tradition gar nicht. Sie hat sich in der Form, wie wir sie kennen, erst im Lauf des 19. Jahrhunderts entwickelt.

Die grundsätzliche Idee der Krippe stammt aber schon aus dem frühen Christentum. Die heilige Helena, Mutter Konstantins des Großen, ließ im 4. Jahrhundert in Bethlehem über der Felsenhöhle, in der Jesus angeblich geboren wurde, die Geburtskirche errichten. Die Kuppel schmückte dann eine Darstellung der Krippe, die mehrmals im Lukasevangelium als der Ort erwähnt wird, der dem neugeborenen Jesuskind als Schlafstatt dient. Diese Darstellung wurde kurz darauf in Rom kopiert und breitete sich in der gesamten christlichen Welt aus. Obwohl man sich nicht einig war, ob die Krippe in einem Stall stand oder in einer Höhle, wie sie Hirten seit Jahrtausenden als Unterstand diente und wie sie schließlich in Bethlehem verehrt wurde, setzte sich die Darstellung der Krippe im Stall durch, daneben Maria. Sehr bald gesellten sich – obwohl sie in der Bibel nicht erwähnt werden – Ochs und Esel dazu, die als »unvernünftige« Tiere ihren Herrn erkannten, im Gegensatz zu den »vernünftigen« Menschen. Eine andere Deutung interpretiert den Ochsen als Opfertier und den Esel als Lasttier, die beide symbolisch für den Weg Christi auf Erden stehen. Die drei Weisen aus dem

Geburtsszene aus der Ettaler Schneekrippe, zu besichtigen in der Zirmstiftung Schusterhof, Bergen im Chiemgau.

Morgenland mit ihren Geschenken kommen dazu, später erst Josef.

Vermutlich im 12. Jahrhundert wird es üblich, zu Beginn der Christmette, also der Geburtsfeier Christi, die Krippenszene im Altarraum nachzuspielen, mit einem Engel, der die Geburt ankündigt und dann der Krippe mit dem Jesuskind und seiner Mutter Maria.

Die erste Krippe außerhalb des Kirchenraumes errichtete der heilige Franziskus in einer Höhle bei Assisi: In der Christnacht 1223 legte er dort ein lebensgroßes wächsernes Christkind in eine echte Futterkrippe, auf den Boden warf man Heu, und ein Gutsbesitzer stellte Ochs und Esel zur Verfügung. Der Überlieferung nach seien Massen von Menschen herbeigeströmt und hätten Franziskus' Predigt gelauscht, der vor allem die Armut betonte, in die der König der Welt geboren sei. Gerade die Minoritenorden, die nach ihrem Gründer Franziskus in freiwilliger Armut lebten, nahmen das Thema der Geburt Christi in Armut auf. Zur schnellen Verbreitung von Krippendarstellungen und -spielen trugen natürlich auch die anrührenden Geschichten und Inszenierungen bei, mit denen man das Ereignis nach und nach ausschmückte: Maria, die ihr Kind in einem Bettchen oder in den Armen wiegt oder ihr Kind anbetet. Josef hat man oft nützliche Arbeiten verrichten lassen: In Bildern der Spätgotik bringt er Badewasser für das Kind, kocht einen Brei oder zieht seine Beinkleider aus, die in der Not als Windeln verwendet werden. Das gläubige Volk liebt solche Darstellungen, machen sie das biblische Geschehen doch greifbar, anschaulich und nahbar. Ärmliche Zustände und einen Stall mit Ochs und Esel kannte man schließlich aus eigener Erfahrung.

Berchtesgadener Kraxentrager – Hausierer mit Berchtesgadener Holzwaren – aus der Ettaler Schneekrippe.

In den folgenden Jahrhunderten breiteten sich die Krippen vor allem in den Klöstern aus, gerade in Frauenklöstern wurden geschnitzte Christkindlein in der Größe von Babys und Kleinkindern beliebt. Die Kindlein wurden in kostbare Wiegen gelegt, mit handgenähter und gestrickter Kleidung ausgestattet und von den Nonnen wie Kinder geherzt und umsorgt.

Auch beim Adel sind Krippen beliebt, am Münchner Hof ist seit dem 16. Jahrhundert eine Krippe nachweisbar. Aus dem Jahr 1594 wissen wir, dass Maximilian, der älteste Sohn des bayerischen Herzogs Wilhelm V., seinen an der Universität Ingolstadt studierenden Brüdern »ein schönes Weihnachtskrippl« schickte, dazu gleich noch einen Schreiner, der das Geschenk richtig aufstellen sollte – es handelte sich also wohl um ein größeres Exemplar. Der Münchner Kurfürst des Barock, Ferdinand Maria, Erbauer von Schloss Nymphenburg, beschäftigte einen eigenen »Hofgrottenmeister«, der 1671 bei der Herstellung einer Krippe für die kurfürstlichen Kinder mitwirkte und sie in den darauffolgenden Jahren noch erweiterte.

Die Kinder des gemeinen Volkes konnten Krippen zu dieser Zeit allenfalls in einigen Kirchen anschauen. Besonders die Jesuiten taten sich bei der Verbreitung der Kirchenkrippen hervor – sie benutzten sie als anschauliches Material zur Unterweisung des Volkes (das im Normalfall nicht lesen konnte) in religiösen Dingen. Die erste Krippe dieser Art in Deutschland wurde 1601 im oberbayerischen Altötting errichtet, und viele kleinere und größere Kirchenkrippen folgten. 1773 jedoch wurde der Jesuitenorden verboten, ab 1782 erfolgten im Zuge der Aufklärung die kaiserlichen und kirchlichen Krippenverbote, und mit der Säkularisation 1803 war das Ende vieler barocker Kirchenkrippen besiegelt.

Zwar versteckten manche Mesner ihre geliebte Krippe auf dem Dachboden, andere Krippen überlebten bei Bürgern oder im Altwarenhandel, doch unzählige Krippen und Figuren wurden – wie Votivbilder und Heiligenstatuen – verbrannt. 1825 hob der bayerische König Ludwig I. zwar das Krippenverbot auf, doch viele Kirchenkrippen blieben verschwunden.

Die wenigen erhaltenen Barockkrippen werden inzwischen – liebevoll restauriert – sorgsam gehütet. Die mit über 50 Zentimetern größten Krippenfiguren aus dem baro-

Geburtsszene aus der großen Barockkrippe des Klosters Frauenwörth im Chiemsee, entstanden 1627.

Hochzeit zu Kana (Ausschnitt) aus der großen Barockkrippe des Klosters Frauenwörth im Chiemsee.

cken Oberbayern stehen zur Weihnachtszeit übrigens in den Kirchen von Frauenwörth, Laufen, Raitenhaslach und Tittmoning. Doch auch in vielen Kirchen, die keine barocke Krippe ihr Eigen nennen, sind in der Weihnachtszeit Krippen aufgebaut.

Kripperl schaugn – Krippen anschauen – das gehörte früher zu den liebsten Beschäftigungen von Kindern und Erwachsenen in der Weihnachtszeit. Man besuchte die Kirchen, in denen der Mesner die Krippe aufgebaut hatte – eine Sensation war das damals. Wo sonst konnte man so lebensecht wirkende Figuren anschauen, so prachtvoll gekleidet, in dramatischen Bühnenbildern aufgestellt, und vollkommen umsonst? In den bilderarmen Zeiten der Vergangenheit, ohne Zeitschriften und Fernsehen, Internet und Videowände waren bunte Figuren, theaterhafte Inszenierungen und bildlich dargestellte Geschichten seltene Ereignisse für die breite Masse der Menschen. Die eigene Krippe zu Hause reichte an die Pracht der Kirchenkrippen nicht heran.

Die größte und wertvollste Krippensammlung der Welt kann man das ganze Jahr über im Bayerischen Nationalmuseum in München besichtigen: Über sechzig Krippen vor allem aus dem bayerischen und dem Tiroler Alpenraum sowie aus Neapel und Sizilien werden hier präsentiert.

Die bayerischen und die Tiroler Krippen der Sammlung stammen überwiegend aus der Barockzeit. Im 17. und 18. Jahrhundert erreichte die Krippenbegeisterung besonders des Adels ihren Höhepunkt. Nicht nur Kirchen und Klöster hatten ihre eigenen Krippen, auch die Fürsten und Herzöge Europas gaben Krippen bei Schnitzern und Malern in Auftrag. In Neapel hatte sich im 18. Jahrhundert eine ganze Kleinindustrie der Krippenfertigung entwickelt. Es gab Spezialisten für Köpfe und Gliedmaßen, solche, die sich auf das Formen von Miniatur-Obst und -Gemüse für die Marktstände der Kulissen verlegt hatten und Weberinnen und Künstlerinnen, die eigens winzige Kleidungsstücke, Borten, Litzen und Knöpfe für die Krippenfiguren anfertigten.

Nach dem Krippenverbot der Säkularisation hatten Bürger und Bauern begonnen, in ihren Privathäusern eigene Krippen aufzustellen: Oft kleiner und bescheidener, aber in einer unglaublichen Vielfalt. Bei armen Leuten war die sogenannte Mooskrippe verbreitet: Auf dem Fensterbrett stellte man auf einigen Moosplatten aus dem Wald die biblische Szene mit selbst gemachten, vielleicht auch aus Papier ausgeschnittenen Figuren nach – oft der Länge nach zwischen die doppelten Winterfenster eingeklemmt, die man ohnehin gegen die Zugluft mit Moos oder Wolle abdichtete. Wer es sich leisten konnte, kaufte sich die in Heimarbeit in Gebirgsgegenden hergestellten Krippenfiguren beim Hausierer oder auf Jahrmärkten.

Viele handwerklich begabte Menschen fertigen sich seither ihre Krippe selber an: Aus Holz, Rindenstücken, Steinen oder Pappmaché entsteht ein Stall oder eine Höhle, Zweige und Moos bilden die Natur nach, die Figuren werden geschnitzt, getöpfert, aus Wachs geformt und farbig gefasst oder mit echten Stoffen bekleidet. Ganze Generationen von Eltern und Großeltern haben ihr Herz an die Krippe verloren und beginnen schon lange vor Weihnachten damit, beschädigte Figuren zu reparieren oder neue Ausstattung herzustellen: das Lagerfeuer für die Hirten, raffiniert mittels Birnchen und Batterie zum Flackern gebracht, ein Ziehbrunnen zum Wasserholen, Schäfchen und Engel, die drei Könige samt Kamel und Elefanten. Wie eine Art biblische Puppenstube wurde mit den Figuren auch gespielt, hat man sie in Szene gesetzt und immer wieder neu gruppiert. Während in den barocken Krippen die Akteure meist in wertvolle Stoffe gekleidet sind, wurden die Hauskrippen oft der einheimischen Landschaft nachgebildet, tragen die Figuren die Tracht des eigenen Landstrichs bis hin zu den sogenannten Schneekrippen, bei denen die Ereignisse aus dem Heiligen Land ins winterliche Alpenvorland verlegt sind.

Die Hauskrippe wird vielfach schon mit dem ersten Advent aufgestellt, die Futterkrippe bleibt dabei leer bis auf Heu oder Stroh, das die Kinder im Lauf des Advents sammeln und in das Bettchen fürs Christkind legen. In der Christnacht schließlich kommt das heilige Paar in den Stall, das Jesuskind wird feierlich in die Krippe gelegt. Meist jedoch wird die gesamte Krippe an Heiligabend oder in den Tagen davor aufgebaut, oft unter dem Christbaum.

Der gemeinsame Waldspaziergang mit den Eltern oder der Gang in den Garten, um frisches Moos und Zweige für die Krippe zu sammeln, gehört für viele Kinder zu den schönsten Weihnachtsvorbereitungen.

Einer der Propheten aus der großen Barockkrippe des Klosters Frauenwörth im Chiemsee.

WEIHNACHTEN – 24./25. DEZEMBER

WANN IST EIGENTLICH WEIHNACHTEN?

Heiligabend ist nicht Weihnachten, das wird oft verwechselt. Weihnachten ist das Fest der Geburt Christi, und die fand laut kirchlicher Festlegung am 25. Dezember statt. Weil ein Tag aber in der Rechnung der Antike mit dem Sonnenuntergang endet, zählt der Vorabend des Geburtsfestes zum Festtag dazu. Es ist also im Wortsinn der Heilige Abend, an dem die Feier des Weihnachtsfestes beginnt.

Bereits im frühen Christentum, zwischen dem 3. und 4. nachchristlichen Jahrhundert, wurde nach einigen Diskussionen die Feier der Christusgeburt auf den 25. Dezember festgelegt. Zunächst errechnete man den Todestag Christi aus dem Johannesevangelium und legte ihn auf den 25. März fest. Zum Geburtsdatum steht in der Bibel nichts geschrieben. So beging man das Erinnerungsfest zu Christi Geburt an seinem Todestag. Schließlich wurde Ostern – also das Gedenken an Tod und Auferstehung – zu einem beweglichen Fest erklärt, und der 25. März zum Tag der Verkündigung an Maria, also dem Tag, an dem Maria schwanger wurde. Exakt neun Monate später wurde dann das Geburtsfest gefeiert – am 25. Dezember.

Allerdings war der 25. Dezember im vorkonstantinischen Rom der Tag des höchsten Gottes, des Sol invictus, der unbesiegbaren Sonne. Unter Konstantin dem Großen, auch er zunächst Anhänger des Sonnenkults, vermischte sich das Bild von Sol invictus und Christus: Einige erhaltene Bildnisse zeigen Christus mit einem Strahlenkranz um das Haupt und mit der Quadriga des Sol invictus dargestellt. Das erstarkende Christentum hat durchweg versucht, »heidnische« Kulte – Kultorte, Festtage, Götter – entweder zu zerstören und auszulöschen oder christlich umzudeuten, mit christlichen Inhalten zu besetzen. So war es wohl nicht nur der Zufall, der den 25. Dezember zum Entbindungstermin der Maria werden ließ, sondern ein ganz bewusster Akt, das »Licht der Welt«, den Messias, den Retter der Menschheit aus der Dunkelheit, an die Stelle des Sonnengottes zu setzen. Denn Sonne, Licht, Fruchtbarkeit, genau das erhoffen sich die Menschen seit jeher in der dunklen Zeit um die Wintersonnenwende.

Christkindlmarkt auf der Fraueninsel im Chiemsee.

DER CHRISTBAUM

Heute ist der Christbaum das Symbol für Weihnachten schlechthin – ob bei Religiösen oder Atheisten, ob im kalten Mitteleuropa oder im tropischen Brasilien. Doch so alt, wie viele glauben, ist der Brauch, zu Weihnachten einen geschmückten Tannenbaum ins Wohnzimmer zu stellen, nicht. Er stammt in der Form, wie wir ihn kennen, aus der Biedermeierzeit zu Beginn des 19. Jahrhunderts. Das Bild von der bürgerlichen Idylle, in der die Familie in der Wohnstube um den Weihnachtsbaum feiert, entstand erst in dieser Zeit der religiösen, sozialen und wirtschaftlichen Umbrüche.

Die Geschichte des Christbaums

Ein Anfang der Entwicklung zum Weihnachtsbaum war jedoch schon mit Luther und den Reformatoren gemacht, die die bei den katholischen Gläubigen so beliebten Krippen- und Hirtenspiele (und die Heiligenverehrung) ablehnten und das Bibelwort in den Mittelpunkt stellten. Luther war es auch, der den Schenkbrauch vom Nikolaus weg zum Christkind lenkte. So entstanden eine katholische und eine evangelische Art, Weihnachten zu feiern – die katholische mit Krippenspiel und die evangelische mit dem Vorlesen der Weihnachtsgeschichte aus dem Lukasevangelium, dem Singen von Weihnachtsliedern und allmählich auch dem Aufstellen eines Weihnachtsbaums. Sein Einzug in die Wohnstuben begann Ende des 18. Jahrhunderts. Bis dahin hatte er sich in Fürstenhöfen verbreitet und im wohlhabenden städtischen, meist protestantischen, Bürgertum. Dabei gab es immer wieder Versuche, das Aufstellen von Christbäumen zu verbieten – auch mit dem Argument, das Fällen so vieler Bäume würde dem Wald schaden, vor allem aber, weil das Grün im Haus als »heidnisch« galt. Bis ins 20. Jahrhundert hinein reichte in katholischen Gegenden die Ablehnung des Christbaums, besonders des Tannenbaums, als »protestantischer Brauch« oder »heidnische Unsitte«.

Die ersten halböffentlich aufgestellten Weihnachtsbäume sind schon Ende des 16. Jahrhunderts für das Elsass belegt, wo es Rechnungen für Äpfel, Hostien, buntes Papier zum Schmuck des Weihnachtsbaums in einem Saal für eine Weihnachtsfeier gibt, ebenso in einem Bremer Zunfthaus für die Kinder der Zunftgenossen. Bereits im 17. Jahrhundert scheint er in wohlhabenden Kreisen in Straßburg verbreitet zu sein: Hier klagt der Prediger des Münsters, dass mit Äpfeln und Zuckerwerk behängte Bäume an Weihnachten von den Kindern abgeschüttelt werden dürfen, was den »heiligen Übungen« abträglich sei.

Nicht von Anfang an waren es immergrüne Tannen, die man schmückte. Liselotte von der Pfalz, im Heidelberger Schloss geboren und aufgewachsen, wurde mit dem Herzog von Orléans verheiratet und musste ihr Leben dann am Hof des französischen Sonnenkönigs Ludwigs XIV. verbringen. Um 1708 berichtet sie in ihren Briefen davon, dass sie deutsche Weihnachtssitten vermisse und man vom »Christkind hier noch nichts gehört« habe. Aus ihrer Kinderzeit in Heidelberg erinnert sie sich an Buchsbäumchen, die man zu Weihnachten mit Kerzen besteckte und auf die Tische stellte.

Zu Beginn des 19. Jahrhunderts gelangt der Weihnachtsbaum in adeligen Kreisen von Berlin nach Wien, 1833 führt der bayerische König Otto von Griechenland den Christbaum in Athen und in Nauplia ein, und nach Nordamerika kommt der Baum auch mit deutschen Auswanderern. Im Lauf des 19. Jahrhunderts verbreitet sich der Christbaumbrauch von den

Städten und aus den Schlössern des Adels bis in ländliche Gegenden. Oft waren es die Schulmeister, die den ersten Christbaum des Dorfes im Schulzimmer aufstellten. Sogar in den abgelegenen Bergbauernhof, in dem Peter Rosegger (1843–1918) aufwuchs, kam um 1865 der erste Christbaum. Der steirische Schriftsteller beschreibt das sehr anrührend: »Es waren die ersten Weihnachtsferien meiner Studienzeit«, heißt es: Rosegger marschiert sechs Stunden vom im Schnee steckengebliebenen Zug aus hinauf ins einsame Haus, und »als ich eintrat, wie war die Stube so klein und niedrig und dunkel und warm – unheimlich. In den Stadthäusern verliert man ja allen Maßstab für ein Waldbauernhaus.… Ich hatte viel sprechen gehört davon, wie man in den Städten Weihnachten feierte. Da sollen sie ein Fichtenbäumchen, ein wirklich kleines Bäumlein aus dem Wald, auf den Tisch stellen, an seinen Zweigen Kerzlein befestigen, sie anzünden, darunter sogar Geschenke für die Kinder hinlegen und sagen, das Christkind hätte es gebracht.« Ganz geheim bereitet er nun den ersten Christbaum im Hause Rosegger vor, vor allem für seinen kleinen Bruder, schneidet Kerzenstücke von einem Wachsstock ab, klebt sie auf die Fichtenzweige und zündet sie an. Die Tür geht auf: »›Was ist denn das?‹, sagte der Vater mit leiser, langgezogener Stimme. Der Kleine starrte sprachlos drein. In seinen großen, runden Augen spiegelten sich wie Sternlein die Christbaumlichter. – Der Vater schritt langsam zur Küchentür und flüsterte hinaus: ›Mutter, Mutter! Komm ein wenig herein.‹ Und als sie da war: ›Mutter, hast du das gemacht?‹ ›Maria und Josef!‹, hauchte die Mutter, ›was lauter habens denn da auf den

Christkindldult in München, Gemälde von P. Bauer, um 1893.

Tisch getan?‹ Bald kamen auch die Knechte und die Mägde herein, hell erschrocken über die seltsame Erscheinung. Da vermutete einer, ein Junge, der aus dem Tal war: Es könnte ein Christbaum sein.... ›'s kommt halt eine neue Mod' auf‹, wusste der Junge aus dem Tal zu sagen. ›Der Lutherisch Verwalter in Mitterdorf hat in ganz Mürztal den Christbaum aufgebracht.‹«[65]

Woher kommt der Christbaum?

Die Vorläufer des Christbaums waren grüne Zweige, mit denen man winters das Haus schmückte – sie dienten aber nicht nur zur Dekoration: Zahlreiche überlieferte Rituale und magische Praktiken zeigen, dass die Menschen schon immer das Bedürfnis nach neuem Leben, Fruchtbarkeit, grünender und blühender Natur befriedigten, indem sie die Natur in die Stuben holten. Immergrüne Pflanzen galten als Zauberpflanzen, sie verloren wie durch ein Wunder ihre Blätter nicht im Winter, weshalb man sie als Schutzpflanzen mit übernatürlicher Kraft betrachtete. Vor die Fenster und über die Türen gesteckt, sollten sie alles Böse der dunklen Zeit abhalten. Hildegard von Bingen (1098–1179) hält die Meinung ihrer Zeit in ihrer berühmten Schrift »Physica« fest:

Großvater richtet den Christbaum, aus der Zeitschrift Gartenlaube 1901.

> *»Denn an welchem Ort auch immer Tannenholz ist, hassen und meiden es die Luftgeister mehr als andere Orte, und Zauber und Magie haben dort weniger Kraft und herrschen weniger vor als an anderen Orten.«*[66]

1494 beschreibt schon Sebastian Brant in seinem berühmten »Narrenschiff«, dass, wer nicht zum neuen Jahr einen grünen Tannenzweig im Haus hat, meint, er würde das Jahr nicht überleben.[67]

Der Lebensbaum, der Weltenbaum – in vorchristlichen Kulturen hat man immer heilige Bäume verehrt. Bäume tauchen in vielen Weltschöpfungsmythen als Ursprung der Erde und allen Lebens auf. So nimmt es nicht wunder, dass diese seit Anbeginn dem Menschen innewohnende enge Verbindung zum Grün und zur Natur auch in die christliche Tradition Eingang fand.

Im Salzburger Raum gab es schon im 16. Jahrhundert den Brauch, einen Fichtenwipfel als »Weihnachtsmaien« neben die Eingangstür oder ans Viehgatter zu stecken, um Fruchtbarkeit und das Gedeihen der Feldfrüchte fürs nächste Jahr herbeizuwünschen. Aus der Steiermark weiß man von umgekehrt in der Stube aufgehängten Fichtenwipfeln, Spitze nach unten, die man dann irgendwann mit Äpfeln, vergoldeten Nüssen und

Backwerk schmückte. Selbst an der Wende zum 20. Jahrhundert hängte man den Christbaum mancherorts noch an die Decke – so in einem schwäbischen Dorf und in der Slowakei.[68]

Auch die Barbarazweige, deren Erblühen bis zum Weihnachtsfest bis heute Glück bringen soll, waren ja nicht immer nur Zweige – man holte sich ganze Kirschbäumchen und auch Nadelbäumchen ins Haus, und alle wurden dann zum Christfest geschmückt. Noch im 21. Jahrhundert erzählt ein alter Mann in Oberbayern, in seiner Jugend habe es zu Hause nur Weidenbäumchen als Christbäume gegeben – Tannenbäume habe die Mutter als »evangelisch« abgelehnt. Vielleicht steckte aber auch Geldmangel hinter diesem Argument der Mutter, denn Weiden waren immer schon Bäume, die nicht in hohem Ansehen standen und die man sich kostenlos am feuchten Flussufer holen konnte. Bis in die 1950er Jahre waren es beim Durchschnittsbürger meist Fichten, die als Christbaum dienten. Tannen waren teuer und nicht in der benötigten Menge verfügbar. Der Nachteil der Fichten: Sie verlieren im warmen Zimmer schnell ihre Nadeln, dafür duften sie angenehm nach Fichtenharz, im Gegensatz zu den heute üblichen Nordmanntannen, die zwar lange schön aussehen, aber keinen weihnachtlichen Harzduft verströmen. Wer seinen Christbaum aber beim letzten Novembervollmond schlägt, der wird sich lange an ihm erfreuen können, er »nadelt dann nicht«, wie erfahrene Bauern behaupten.

Aus Holz geschnitzter und handbemalter Christbaumschmuck aus Berchtesgaden, sogenannte »Berchtesgadener War«.

Theologisch wird der Christbaum gern mit dem Paradiesbaum in Verbindung gebracht: So wie Eva und Adam die Frucht vom verbotenen Baum aßen und damit die Erbsünde über die Menschheit brachten, so erlöste Maria, die das Jesuskind zur Welt brachte, die Menschheit von der Erbsünde. Altes und Neues Testament in Beziehung zu setzen, das war im 15. Jahrhundert besonders beliebt. Maria ist die »neue Eva«, die die Erbsünde überwindet, und Jesus der »neue Adam«, der sich opfert für die Menschen. Nicht umsonst wurden die Gedenktage, die Namenstage, von Adam und Eva auf den 24. Dezember gelegt, den Tag, bevor »das Licht in die Welt kam«. Im Mittelalter fanden am Tag vor Weihnachten sogenannte Paradiesspiele in den Kirchen statt, in denen die Szene mit Adam und Eva nachgestellt wurde – bevor dann die Weihnachtsgeschichte folgte.

DER CHRISTBAUMSCHMUCK

Rotbackige Äpfel, vergoldete Nüsse und »Zuckerwerk« gehörten zu den ersten Zutaten, die frühe Weihnachtsbäume schmückten. Auch Bänder, »Flitter« – eine Art Lametta – und Papierrosen werden genannt. Kerzen tauchen erst später auf.

Die Geschenke wurden ja ursprünglich vom Nikolaus überreicht, sodass der neu aufgekommene Weihnachtsbaum das »Geschenk« an sich darstellte. Die Weihnachtsfreude war es, den geschmückten und kerzenbesteckten Baum zu betrachten und – für die Kinder – die daran hängenden Süßigkeiten und Gebäckstücke verzehren zu dürfen.

Bis ins 19. Jahrhundert hinein wurde der Christbaumschmuck jeweils von den Familien selbst angefertigt, und da nahm man, was verfügbar war – oft Naturmaterialien: Zapfen, Nüsse, Äpfel. Auf dem Land hatte man Stroh, das man zu kunstvollen Strohsternen verarbeitete. Aus Streifen von Holzspänen wurden Sterne geflochten. Mit der Verbreitung des Christbaumbrauchs begannen Heimarbeiter, Baumschmuck herzustellen: In Berchtesgaden wurde geschnitzt – die berühmte »Berchtesgadener War« in klein: Schaukelpferd und Pfeifchen, Rösser, Engelchen und Wiegenkinder. Was seit Jahrhunderten als Kinderspielzeug, Spanschachtel und Instrumente vertrieben wurde, hängte man jetzt in Miniaturform an den Christbaum. In Thüringen begannen die Glasbläser um 1850 mit der Produktion von gläsernem Christbaumschmuck – damals war kaum abzusehen, in welch kuriosen Formen die gläsernen Kugeln und Figuren inzwischen daherkommen. Seit einiger Zeit taucht vermehrt die »Weihnachtsgurke« als Christbaumschmuck auf, ein gläserner Christbaumanhänger in Gestalt einer Essiggurke. Der Brauch soll aus Amerika kommen, und dort erzählt man sich folgende Geschichte: In Bayern haben die Leute angeblich früher gern eine echte Gewürzgurke zwischen die bunten Kugeln in die Äste des Baumes gehängt. Die Kinder des Hauses mussten die – grüne und deshalb schwierig zu entdeckende – Gurke suchen, und wer sie als erster fand, bekam ein Extra-Geschenk oder hatte zumindest viel Glück im neuen Jahr. Allerdings ist in Bayern niemand zu finden, der von dem »alten« Brauch schon gehört hätte. Angeblich hat man

Die Weihnachtsgurke, alt-neuer lustiger Christbaumanhänger.

Abbildung rechts: Christbaum auf dem Römerberg Frankfurt/Main (rechts).

in der alten Thüringer Glasbläserstadt Lauscha aber schon vor über hundert Jahren Christbaumanhänger in Form von Gewürzgurken hergestellt. Und so hängen wir heute – wieder? – Weihnachtsgurken an den Christbaum: Möglichst versteckt und möglichst weit innen, sodass die Kinder sie nicht gleich entdecken.

DIE LETZTEN VORBEREITUNGEN

Am Heiligabend »wurde die Mutter immer nervöser«, erinnert sich eine alte Frau – ein Tag, ausgefüllt mit den letzten Vorbereitungen, das war vor hundert Jahren nicht anders als heute: Haus und Hof werden gesäubert und festlich geschmückt, Christbaum, Festessen und Geschenke müssen bereitstehen, kleine Kinder müssen aus dem Weihnachtszimmer herausgehalten und beschäftigt werden.

Wer einen Stall und Vieh zu versorgen hatte, bei dem kam die Stallarbeit dazu, wie üblich in aller Frühe und am Abend. Das Futter für die Tiere wurde für die Weihnachtstage im Voraus vorbereitet, weil an Weihnachten die schwere Arbeit ruhen sollte, um den Stubenofen herum schichtete man reichlich Holz für drei Tage auf. »Die Mutter putzte den ganzen Morgen den Stubenboden, meist auf den Knien mit Bürste und Schmierseife. Nachmittags backte sie noch einige Laibe Weiß- und Birnenbrot und machte mit dem Wellholz noch Nudeln für Suppe und Braten.« Ältere Kinder wurden genauso zur Arbeit herangezogen, zumindest mussten sie auf die jüngeren aufpassen, die noch ans Christkind glaubten. Der Baum wurde meist am Nachmittag des Heiligabends geschmückt, dabei stand ein Fenster offen, »damit das Christkind aus- und einfliegen kann«. In manchen Familien wurde darunter die Weihnachtskrippe aufgebaut, und da gibt es immer Pannen, auch früher schon: Der Baum passte nicht in den Ständer und musste mühsam zurechtgeschnitzt werden – die patenten Christbaumständer von heute waren noch nicht erfunden –, der Baum war zu wenig dicht gewachsen – in diesem Fall war es oft Aufgabe der Väter, Löcher in den Stamm zu bohren und weitere Zweige einzusetzen. Am Christbaumschmuck oder der Weihnachtskrippe mussten noch schnelle Reparaturen vorgenommen werden. Die kleinen Kinder wurden zum »Kripperl anschauen« geschickt – von Kirche zu Kirche an der Hand einer Tante oder Großmutter wurden die Weihnachtskrippen besucht oder das nachmittägliche Krippenspiel. Oder die Kinder wurden beim Großvater abgestellt, der sie mit Geschichten unterhielt, oder mussten in der Wohnküche sitzen und »mit dem Onkel, dem Knecht und der Magd zusammen einen Rosenkranz beten«. Besser hatten es die Kinder, die nachmittags der Reihe nach ein Bad nehmen mussten, denn sie wussten genau, »dass das Christkindle erst zu uns kam, wenn wir alle fünfe sauber gewaschen waren und ein frisches Kleidchen anhatten«. Andere wurden von der großen Schwester der Reihe nach am Küchenfenster platziert: »Dort sollten wir Ausschau halten, wann das Christkind am hellerleuchteten Erkerfenster hinausflog – der Augenblick, an dem wir zur Bescherung gerufen würden.«[69] In manchen Gegenden drohte man neugierigen Kindern schreckliche Folgen an, wenn sie versuchen würden, durchs Schlüsselloch zu schauen: Das »Eisabettl« würde den Kindern durchs Schlüsselloch ins Auge stechen, erzählt eine Frau noch im Jahr 2018 – wer das Eisabettl aber ist, das hat sie bis jetzt nicht herausgefunden.

Dass die weihnachtliche Fasten- und Bußzeit wie die vorösterliche Fastenzeit auch tätige Nächstenliebe bedeutete, die Sorge um Alte, Kranke und Arme, auch das gehörte in vielen Familien zu den Aufgaben der Kinder an Heiligabend. Sie gingen ins Altenheim, brachten den Bewohnern Plätzchen mit und sangen Weihnachtslieder, oder die Mutter packte einen Korb mit Weihnachtsgebäck, das dann an arme Familien im Dorf verteilt wurde.

WAS GIBT ES ZU ESSEN?

Der 24. Dezember war früher der letzte Tag der adventlichen Fastenzeit. Das weihnachtliche Festessen fand deshalb erst nach der Christmette statt oder überhaupt erst am 25. Dezember, dem Weihnachtstag. Am Heiligen Abend gibt es deshalb bis heute meist nur einfache Speisen, die schnell zubereitet sind und den Magen nicht zu sehr belasten – schließlich kommen die üppigen Festmahle noch. Die Klassiker sind Kartoffelsalat mit Würstchen, Salzburger Würstelsuppe, Eintopf mit Würstchen, Bratwürste mit Kartoffelsalat – so viele Würste auf einmal sind eine Reminiszenz an den Weihnachter, das Schwein, das vor Weihnachten sein Leben lassen musste und die Bauersfamilie mit frischen Würsten versorgte.

Wenn heute auch Schweine- und Rinderbraten, gebratene Gänse mit Klößen und Weihnachtskarpfen samt Vor- und Nachspeise auf den Tisch kommen, dann sind das eigentlich vorgezogene Festessen des Weihnachtstages, des 25. Dezember. Vielleicht ist die moderne Familie nur an diesem einen Abend vollständig, weshalb das gemeinsame mehrgängige Mahl inzwischen oft schon am Heiligabend stattfindet.

Allerdings finden sich regional und in den verschiedenen Ländern Europas sehr unterschiedliche Traditionen.

So ist es etwa im Erzgebirge und anderen Regionen üblich, dass an Heiligabend das »Neunerlei« aufgetischt wird: neun verschiedene Speisen, jede mit einer Bedeutung für die Zukunft, für das kommende Jahr, besetzt. Klöße, damit das große Geld nicht ausgeht, Fisch und Linsen, damit die Münzen nicht ausgehen, Bratwürste, damit die Kraft nicht ausgeht, Sauerkraut, damit das Leben nicht sauer wird, Semmelmilch oder Buttermilch für die Schönheit, Nüsse für ein gutes Leben, Rote Bete für rote Wangen – von Familie zu Familie unterscheiden sich die Speisenfolgen. Mancherorts ist es auch üblich, Münzen unter die Teller zu legen – sie sollen genug Geld im kommenden Jahr bedeuten – und ein zusätzliches Gedeck »für die Armen« oder »den unerwarteten Gast« aufzulegen. Stroh unter dem Tischtuch, unterm Weihnachtsbaum, unter dem Tisch oder auf dem ganzen Stubenboden verteilt, soll an die Geburt Christi im Stall erinnern – eine erstaunliche Mischung von uraltem Aberglauben in christlicher Deutung. Denn »der unerwartete Gast«, das sind die Armen Seelen oder die Geister der Ahnen, die uns schon zu den Totenfesten im November begegnet sind, das Stroh in der Stube steht für Fruchtbarkeit, Feldfrüchte, eine gute Ernte im nächsten Jahr und die Münzen für den Geldzauber, den man auch von münzenförmigen Lebensmitteln wie Linsen erhoffte oder von den Fischschuppen, die man sich in den Zaubernächten der Weihnachtszeit in den Geldbeutel legte. Ähnlich im nahen Polen, wo der heilige Abend Wigilia heißt, von vigilare = wachen (die Vigil bis zur Ankunft des Jesuskindes): Hier besteht das traditionelle Heiligabend-Menü aus zwölf Gängen.

DIE BESCHERUNG

Vor oder nach dem Essen gab und gibt es die Geschenke. In Familien mit kleinen Kindern findet die Bescherung meist vorher statt, sie können es schließlich kaum erwarten, dass aus dem Weihnachtszimmer endlich ein Glöckchen erklingt, das signalisiert: Das Christkind war da!

Dass sich die Kinder dann auf Berge von Geschenken stürzen, das war allerdings früher nicht so und ist auch heute nicht überall der Fall. Es gab bis vor einem halben Jahrhundert nicht solche Mengen an Geschenken, außerdem war es, wie wir gehört haben, ja lange Zeit der Nikolaus, mit dem der Schenkbrauch verknüpft war. Vor der Bescherung wird in religiösen Familien bis heute an den Anlass für das große Fest erinnert: Christus ist geboren! Da versammelt sich die Familie um den Baum und die Krippe – inzwischen sind die ehemals »protestantische« und die »katholische« Art des Weihnachtenfeierns friedlich vereint – und das Lukasevangelium mit der Weihnachtsgeschichte wird vorgelesen. Früher wurde dann noch gemeinsam gebetet, sogar ein ganzer Rosenkranz, und man sang Weihnachtslieder. Wer ein Instrument spielen konnte, hatte zum Fest ein Stück vorbereitet, das jetzt vorgetragen wurde. Die Spannung und die Aufregung waren für die Kinder ins Unermessliche gestiegen, bis die Geschenke verteilt wurden.

So in etwa wird ein Heiligabend in vielen Familien im deutschsprachigen Raum immer noch ablaufen. In angelsächsisch geprägten Ländern – Großbritannien, USA –, den Niederlanden und Skandinavien bringt der Weihnachtsmann die Geschenke erst in der Nacht, wenn alle schlafen. Er kommt mit seinem Rentierschlitten aus dem Himmel angefahren, schlüpft durch den Kamin ins Haus und steckt die Geschenke in die aufgehängten Strümpfe und die Stiefel der Kinder, die ihre Geschenke dann am Morgen des 25. Dezembers vorfinden. Entstanden ist der Weihnachtsmann oder Santa Claus aus einer Mischung des Gabenbringers Nikolaus im roten Ornat, Rute und Sack von Knecht Ruprecht oder Klaubauf und Geisterglauben der Vorzeit. Denn die bösen Geister versuchte man mit Schutzmaßnahmen davon abzuhalten, durch die Öffnungen wie Fenster und Türen ins Haus zu kommen. Die Kaminöffnung musste man nicht schützen, da hier durch den reinigenden Rauch keine bösen Geister eintreten könnten – nur gute Geister.

Der fliegende Rentierschlitten könnte nach Ansicht einiger Forscher von vorzeitlichen europäischen und sibirischen Schamanen stammen, die sich nach dem Genuss von berauschenden Stoffen auf ihren »Seelenflug« durch die Lüfte begaben – in Rentierschlitten bis zum magischen Weltenbaum. Ihr beliebtestes Rauschmittel war der Fliegenpilz, dessen rotweiße Farbe in die Kleidung des Weihnachtsmannes übernommen worden sei.[70] Seinen Namen hat Santa Claus vom Nikolaus der holländischen Einwanderer, die ihren Sinterklaas an die amerikanische Ostküste brachten.

Die Kinder in Spanien müssen sogar noch länger warten: Ihre Geschenke haben erst die Heiligen Drei Könige am 6. Januar dabei.

Das Schenken ist keine Erfindung von Nikolaus und Christkind, auch keine christliche Idee, sondern ein Grundbedürfnis des Menschen. Das Austauschen von Geschenken an Weihnachten wird oft auch von den Saturnalien der römischen Antike hergeleitet – üppigen Gelagen Ende Dezember, ursprünglich zu Ehren des Gottes Saturn, bei denen man sich auch gegenseitig beschenkte. Doch wichtige Elemente der Saturnalien wie die »verkehrte Welt« – Sklaven werden zu Herren und umgekehrt – weisen eher auf das Fest des Bohnenkönigs am 6. Januar hin und auf unseren Karneval.

Schenken ist ein menschliches Urbedürfnis, um sich des anderen zu versichern. Jeder Mensch ist darauf angewiesen, in einer Gemeinschaft zu leben und von ihr anerkannt und getragen zu werden. Mittels verschiedener Verhaltensweisen versichert er sich dieser Gemeinschaft immer wieder. Diese Verhaltensweisen der Zuwendung sind im Laufe der Menschheitsgeschichte in Bräuchen ritualisiert worden: Dazu gehören gegenseitiges Helfen (Kooperation), die Pflege der Familie (Familialität) und eben auch das Schenken und Gegenschenken.[71]

DIE CHRISTMETTE

Für Christen gehört der Besuch der Christmette zum Weihnachtsfest – sogar Nichtchristen und getaufte Christen, die das Jahr über kaum eine Messe besuchen, werden in der Christnacht zu Kirchgängern. Die Christmetten sind die bestbesuchten Gottesdienste des Jahres.

Der Name »Mette« leitet sich von der Matutin ab, dem mitternächtlichen Stundengebet in der Liturgie. Die Christmette fand früher an Mitternacht oder in den frühen Morgenstunden der Nacht vom 24. auf den 25. Dezember statt. Sie ist die Feier der Geburt Christi. Heute beginnt sie vielerorts auch schon um 22 oder 23 Uhr, für die Kinder gibt es eine sogenannte Kindermette am späten Nachmittag.

Kaum jemand wagte es früher, die Christmette zu versäumen, sie war der geistliche Höhepunkt des Weihnachtsfestes, sodass rund um diese spezielle Messe zahlreiche Bräuche entstanden sind.

Das Spiel der Ruhpoldinger Waldweihnacht findet im Freien statt: im Holzknechtmuseum, mitten im verschneiten Bergwald des idyllischen Chiemgauer Voralpenlandes.

Weihnachtsschießen

In Berchtesgaden etwa, wo die Gehöfte des Talkessels oft weit voneinander entfernt liegen, ist der tief verschneite Weg für deren Bewohner in der dunklen Winternacht beschwerlich und mit Gefahren verbunden. Sie verständigten sich deshalb durch Abschießen von Salven und kündigten ihr Kommen an – wer sich mit der Familie auf den Weg machte, gab ein akustisches Signal, immer und immer wieder in der Dunkelheit, bis alle im Ort angekommen waren. »Zuaweschiaßn« nennt man das bis heute – also das »Heranschießen« an die Kirche. Der Lärm und der Pulverrauch der Handböller gehören zum vorchristlichen Lärmbrauchtum, zum Geistervertreiben in der Dunkelheit.

Die vereinigten Berchtesgadener Weihnachtsschützen haben den Brauch des Schießens zu Weihnachten inzwischen auf bestimmte Termine festgelegt – nicht ganz freiwillig, ist das Schießen doch durch die Jahrhunderte immer wieder verboten worden. Angeblich mischten sich zu viele Wilderer unter die Geistervertreiber, die hofften, durch den allgemeinen Lärm nicht aufzufallen, wenn sie die fürstpröbstlichen Wälder leerräumten. Heute wird ab dem 17. Dezember täglich um 15 Uhr das »Christkindl angeschossen«, also durch Schießen begrüßt. An Heiligabend findet in der halben Stunde vor der mitternächtlichen Mette das Weihnachtsschießen statt, an Silvester wird das alte Jahr »aussigschossen«, also hinausgeschossen, verabschiedet, und am 1. Januar das neue Jahr begrüßt.

Die Berchtesgadener Weihnachtsschützen schießen in der Woche vor Weihnachten täglich «das Christkindl an».

Mettenstock und Mettensuppe

Wenn alle Familienmitglieder samt Knechten und Mägden das Haus verließen, musste Vorsorge getroffen sein, dass in der langen Zeit der Abwesenheit das Feuer im Herd nicht verlöschte. Wenn nicht ein gebrechlicher, alter Hausbewohner auf die Mette verzichtete und Wache hielt (»Junge Frettn geh zur Mettn – oide Frettn bleib dahoam!«), wurde dann der Mettenbinkel oder Mettenstock aufs Feuer gelegt – ein großer, verwachsener Wurzelstock oder ein von Harz durchzogenes übernormal großes Holzscheit, das man das ganze Jahr über schon zur Seite gelegt und getrocknet hatte, für genau diesen Zweck: Es würde so lange brennen und die Glut halten, bis die Gottesdienstbesucher wieder zu Hause wären. Der Ausdruck hat sich sogar verselbständigt: Wenn sich ein großes Stück Holz der Axt widersetzt und nicht spalten lässt, schimpft manch einer, das sei halt »ein Mettenstock«.

Das war überall so, wo mit Holz geheizt wurde, nicht nur in Deutschland. In Frankreich nannte man den Mettenstock *Bûche de Noël*, »Weihnachtsscheit«. Aus diesem großen Weihnachtsscheit ist inzwischen eine süße Spezialität geworden: Heute versteht man unter der Bûche de Noël eine Biskuittorte mit Schokoladen- oder Kastaniencreme, die wie ein Baumstamm oder ein Holzscheit verziert ist und als üppiges Weihnachtsdessert serviert wird.

Die Mettensuppe wurde in Süddeutschland traditionell nach der Christmette verzehrt, vereinzelt wird der Brauch heute in den Gemeinden wiederbelebt. Eine reichhaltige Suppe mit Würsten wärmte die hungrigen und frierenden Kirchgänger wieder auf. Sie war das erste reichhaltige Gericht, für das die Mettensau, das Weihnachtsschwein, hatte sterben müssen. Eine Erinnerung an die von den Alten vielgeliebte und in den Erinnerungen verherrlichte Mettensuppe ist die Tradition der Salzburger Würstelsuppe oder eines Gemüseeintopfs mit Würstchen am Heiligen Abend. Die Mettensuppe gab es allerdings erst nach der Messe, und weil die an Mitternacht begann, saß man in der Christnacht oft bis in den frühen Morgen zusammen.

STILLE NACHT

In der Christmette des Jahres 1818 erklang zum ersten Mal das berühmteste Weihnachtslied der Welt »Stille Nacht, heilige Nacht«. Niemals hätten sich die Verfasser des Liedes vorstellen können, dass ihr Gedicht, ihre Melodie, einmal um die Welt gehen würden.

Entstanden ist das Lied im österreichischen Oberndorf im Salzburger Land, direkt am Grenzfluss zu Bayern, der Salzach, gelegen. In der Salzachschleife steht heute die Stille-Nacht-Kapelle an der Stelle, an der bis vor gut hundert Jahren die St.-Nikola-Kirche über die Salzschiffer wachte, die auf der gefährlichen Wasserstraße immer wieder den Segen des Schifferpatrons Nikolaus erflehten.

Franz Xaver Gruber war Kantor und Organist in dieser Kirche, Joseph Mohr der junge Hilfspriester. Dieser hatte, weil kurz vor Weihnachten die altersschwache Orgel von St. Nikola versagte, ein Gedicht geschrieben und es dem Kantor mit der Bitte überreicht, eine »passende Composition für zwei Solostimmen mit Chor und Guitarrenbegleitung« zu komponieren. Und so sang der junge Priester in der Christmette die Oberstimme des neuen Liedes und begleitete sich selbst auf der Gitarre. Gruber übernahm die Bassstimme. Die Oberndorfer waren von dem Lied genauso ergriffen, wie wir es heute noch sind: Ein Orgelbauer trug es zunächst ins Zillertal, Zillertaler Sänger führten es vor Kaiser und Zar und schließlich 1839 in den USA auf – heute sind Übersetzungen in 330 Sprachen und Dialekte bekannt.

Die alte Nikolauskirche wurde 1899 von einem Hochwasser schwer beschädigt und abgerissen. An ihrer Stelle erbaute man die Stille-Nacht-Kapelle, als Denkmal für die Friedensbotschaft des Liedes von Joseph Mohr.

Den Höhepunkt des Jahres bildet in Oberndorf die Weihnachtsandacht, die an Heiligabend ab 17 Uhr an der Kapelle stattfindet. Das Schifferschützencorps und die Goldhaubenfrauen begleiten die Andacht. Nach Bläser- und Sängergruppen und Weihnachtsschützen läuten alle Kirchenglocken auf deutscher und auf österreichischer Seite und die Besucher aus aller Welt singen in ihren jeweiligen Sprachen das Stille-Nacht-Lied.

Die Stille-Nacht-Kapelle an der Stelle der alten Nikolauskirche, in der das berühmte Weihnachtslied erstmals erklang.

Stille Nacht, heilige Nacht

Das berühmteste Weihnachtslied der Welt,
entstanden 1818 im kleinen österreichischen Ort Oberndorf an der Salzach.

Stille Nacht! Heilige Nacht!
Alles schläft, einsam wacht
Nur das traute hochheilige Paar.
Holder Knabe im lockigen Haar,
Schlaf in himmlischer Ruh!
Schlaf in himmlischer Ruh!

Stille Nacht! Heilige Nacht!
Gottes Sohn, o wie lacht
Lieb aus deinem göttlichen Mund,
Da uns schlägt die rettende Stund'.
Christ, in deiner Geburt!
Christ, in deiner Geburt!

Stille Nacht! Heilige Nacht!
Die der Welt Heil gebracht,
Aus des Himmels goldenen Höh'n
Uns der Gnaden Fülle lässt seh'n
Jesus, in Menschengestalt,
Jesus, in Menschengestalt

Stille Nacht! Heilige Nacht!
Wo sich heute alle Macht
Väterlicher Liebe ergoss
Und als Bruder huldvoll umschloss.
Jesus, die Völker der Welt,
Jesus, die Völker der Welt.

Stille Nacht! Heilige Nacht!
Lange schon uns bedacht,
Als der Herr vom Grimme befreit,
In der Väter urgrauer Zeit
Aller Welt Schonung verhieß,
Aller Welt Schonung verhieß.

Stille Nacht! Heilige Nacht!
Hirten erst kundgemacht
Durch der Engel Halleluja,
Tönt es laut von fern und nah:
Christ, der Retter, ist da!
Christ, der Retter ist da!

Text: Joseph Mohr
Melodie: Franz Xaver Gruber

DIE RAUNÄCHTE

Mit der Nacht vom 24. auf den 25. Dezember beginnen die Zwölften, die Zwölfnächte, die Zeit »zwischen den Jahren«. Auch unter dem Namen Raunächte sind diese zwölf Tage und Nächte bekannt, wobei vielerorts die Raunächte schon ab dem Wintersonnwendtag, dem 21. Dezember, gezählt werden. Warum sind es aber ausgerechnet diese Tage zwischen Wintersonnenwende, Weihnachten und Heiligdreikönig, die als Geisterzeit, als Losnächte, als Orakel für die Zukunft oder zumindest fürs nächste Jahr gelten?

Die unterschiedliche Länge von Mond- und Sonnenjahr ist die Hauptursache: Der Sonnenumlauf dauert 365 Tage, das Mondjahr ist zwölf Tage kürzer. Diese Differenz haben schon die alten Ägypter versucht, durch das Anhängen von Tagen an das Kalenderjahr auszugleichen, ebenso wie alle anderen Kalendervariationen, die danach kamen: etwa der julianische Kalender durch Julius Cäsar und die berühmte Kalenderreform durch Papst Gregor XIII. im Jahr 1582. Der Jahresbeginn war lange der 6. Januar, das Jahresende der 24. Dezember, aber nicht jedes Land, jede Region hatte den gleichen Jahresanfang.

Die Zeit »zwischen den Jahren« war also eine nicht greifbare Zeit, eine unsichere Zeit, in der man die Tore zur Jenseitswelt offen glaubte. Wie in allen Wendezeiten fühlte man sich auch in diesen langen, dunklen Tagen und Nächten den unsichtbaren Bedrohungen der bösen Geister, der Hexen und Dämonen, der zerstörerischen Winde ausgesetzt. Zahllose Sagen und Legenden entstanden von den unterschiedlichen Gestalten, die es auf Mensch und Tier abgesehen hätten, und ebenso viele Verbote und Gebote, wie man dem Bösen entkommen könne. Gleichzeitig barg diese Geisterzeit – wie alle Wendezeiten – nach altem Glauben die Chance, einen Blick in die Zukunft zu werfen, eben weil in der geheimnisvollen Jenseitswelt auch die kommenden Ereignisse quasi schon vorbestimmt seien.

DIE PERCHT, DIE PERCHTEN UND DIE WILDE JAGD

Woher der Name Raunächte kommt, darüber besteht Uneinigkeit: Er könnte von der »rauen Percht« kommen, einer Schreckensfigur dieser Nächte, mit der man insbesondere den Kindern drohte. »Rau« meint in diesem Fall »wild« oder auch »fellbekleidet, haarig« – Felle und Pelze nannte man früher auch »Rauchwaren«, althochdeutsch »rouhe« Waren. Und die Perchten des Alpenraumes, junge Männer mit Fellen und grausigen Masken verkleidet, die auch unter den Namen Klausen und Klaubauf heute schon den gesamten Advent über die Weihnachtmärkte ziehen, das sind ja die »schiachen Perchten«, die hässlichen Perchten, die man einst in den Raunächten fürchtete. Sie werden als personifizierte Winterdämonen gedeutet, die mit ihrer Fruchtbarkeitsrute die Passanten schlagen, zu dem Zweck, den Winter auszutreiben und neues Wachstum für das nächste Jahr herbeizuzaubern. Es gibt aber auch Stimmen, die den gesamten Perchtenbrauch lediglich als Ausdruck der alten Lust am Verkleiden abtun.[72]

Die Frau Percht geistert heute noch durch die Erzählungen der Leute im Berchtesgadener Land. »Sie schaut nach unfolgsamen Kindern und fängt sie ein.« »Sie kann durchs Schlüsselloch und durch geschlossene Fenster hereinkommen.« »Wer nicht aufräumt, wird von der Frau Percht mitgenommen.« An derartige Drohungen aus ihrer Kinderzeit erinnern sich sogar junge Menschen. Und einmal, so erzählt man sich, hat ein Vater im Zorn seinen unfolgsamen Sohn zum Fenster hinausgehalten und gerufen: »Da, Frau Bercht, nehmt's den Fratzen mit!«, worauf ihm das Kind mit großer Kraft entrissen worden sei. Man habe den Buben nie mehr gesehen.

Besonders in der Zeit zwischen den Jahren muss man vor der Frau Percht oder Bercht – manchmal heißt sie auch »Frau Berg« – auf der Hut sein: »Wiederum finden wir Perchta als die Wächterin der häuslichen Arbeit und als eine unheimliche Schreckgestalt, mit welcher man unartige Kinder zu bedrohen pflegt. Den Flachs hat sie zu bauen gelehrt, und sie überwacht die Spinnerinnen, dass sie an Werktagen fleißig spinnen, an Festtagen aber die Arbeit ruhen lassen; nicht minder ist ihr Augenmerk auf Reinlichkeit im Hauswesen gerichtet, und wehe der Dienstmagd oder Hausfrau, durch deren Schuld in der Stube Unreinlichkeit zu treffen ist: Frau Bercht kommt, schneidet ihr den Bauch auf und füllt ihn mit Kehricht! Vorzüglich in den zwölf Nächten hält sie ihren Umzug, und vor allem in dieser Zeit muss darum das Haus reingehalten und jeder Rocken abgesponnen sein; von Arbeit freigelassen und

Die Perchten mit ihren grausigen Masken und zotteligem Fellkostüm sollen böse Winterdämonen darstellen.

heiliggehalten müssen diese Tage werden, und durch besondere Kost, die zu Ehren der Göttin verzehrt und von welcher auch wohl ihr selber ein Antheil bei Seite gesetzt wird, muss man ihr seine Verehrung bezeigen.«[73]

Spätestens im 13. Jahrhundert taucht die heute noch in Bayern, Salzburg, Tirol, Vorarlberg und der Schweiz bekannte Frau Percht auf, die vor allem die kirchliche Fastenordnung und die Ordnung in Haus und Hof kontrolliert und belohnt oder bestraft. In Süd- und Südosteuropa hat sie viele Verwandte, so die italienische Befana, eine Art gute Weihnachtshexe. Weiter im Osten, Richtung Kärnten, Steiermark, Kroatien, heißt sie Budelmutter, Lutzelfrau und Berchtl. Jedoch sind weder der Ursprung der Figur noch der ihres Namens eindeutig geklärt. Eine Mischung aus keltischem, germanischem und mittelalterlichem katholischem Einfluss scheint vielen am wahrscheinlichsten. Ihr Name könnte wie der der italienischen Befana von »Epiphanie« kommen, dem Fest der Erscheinung des Herrn, dem Dreikönigstag, an dessen Vorabend sie bevorzugt auftritt. Die Gestalt der »Perchta« wird auch von althochdeutsch »peraht« hergeleitet, »hell, glänzend« – vielleicht also eine Art vorchristliche Göttin, die in der dunklen Zeit über Recht und Ordnung wacht und erst später, ab dem 16. Jahrhundert, von der Kirche dämonisiert und deshalb namengebend für die Perchtenfiguren wurde?

Sie gilt als süddeutsche Ausprägung der mitteldeutschen Frau Holle. Wie sie könnte man sie als Erdenmutter sehen, die sowohl das Unterirdische als auch das Irdische bewacht und sogar überirdisch waltet. Beide Frauengestalten gelten ja als Anführerinnen der Wilden Jagd, des Zuges der Totengeister und der ungetauft verstorbenen Kinder, die in den Zwölfnächten übers Land fegt.

Besänftigen lässt sich die Frau Percht übrigens mit Essen. Bis vor nicht allzu langer Zeit war es üblich, dass man in den Raunächten »die Bercht füttert«, ihr also einen Teller Essen vor die Tür stellt, bevorzugt Berchtnudeln oder Raunachtnudeln, das sind Rohrnudeln oder Schmalzgebäck, das zu diesem speziellen Anlass dann eben anders hieß.

Die Percht galt auch als Anführerin der Wilden Jagd. Wenn sich in den kalten dunklen Winternächten bisweilen ein wildes Rauschen in der Luft erhebt, das Heulen des Windes ums Haus sich bis zu einem orkanartigen Brausen steigert, dann ist das unheimlich, bis heute. Wir gruseln uns ein bisschen, sitzen aber schön warm in unseren hell beleuchteten Wohnungen und wissen, dass es sich um winterliche Stürme handelt. Früher rückte man voller Angst zusammen im Halbdunkel, wo flackernde Kerzen oder Kienspäne bedrohliche Schatten warfen. Die Geschichten der Alten taten ihr Übriges: Sie erzählten von der Wilden Jagd, dem Heer der Jenseitigen, der bösen Mächte, angeführt vom wilden Jäger, den manche auch Wotan nennen, auf einem wilden Schimmel. Seine Frau ist die Percht, heißt es, und ihnen folgt der Zug der Untoten – geisterhafte Männer und hexenartige Frauen. Die Percht wird angeblich begleitet von den ungetauft verstorbenen Kindern, von einer lärmenden Hundemeute und schaurigen Nachtvögeln. Manchmal heißt es aber auch, sie führte den Zug der Kinder an, die erst im nächsten Jahr geboren würden – also eine zwar gruselige Vorstellung, aber doch eine, die in die Zukunft weist.

Diese Höllenmächte werden die meiste Zeit des Jahres in der Unterwelt festgehalten, doch in den Zwölfnächten sind sie nach altem Glauben freigelassen und treiben ihr Unwesen auf der Erde.

Berchtnudeln

In der letzten Raunacht, der Nacht auf den Dreikönigstag, fürchtete man vor allem die Perchta oder Bercht. Durch gutes Essen und Trinken ließ sie sich angeblich besänftigen, und so stellte man ihr abends einen Teller mit Rohrnudeln und ein Schüsselchen Milch auf den Tisch oder auch draußen aufs Fensterbrett oder vor die Tür. An diesem Abend hießen die Rohrnudeln dann Berchtnudeln.

Für 1 Raine (etwa 18 Stück)

Zubereitungszeit: 30 Minuten
+ 1 ¼–2 ¼ Stunden Gehenlassen
+ 30–35 Minuten Backen

FÜR DEN TEIG:

¼–½ Würfel Hefe (10–20 g)
¼ l Milch
50 g Zucker
50 g Butter
500 g Weizenmehl Type 550
Salz
1 Ei

ZUM BACKEN:

80 g Butter

SO WIRD'S GEMACHT

Hefe (Menge je nach Zeit, die zum Gehen zur Verfügung steht), lauwarme Milch und etwas Zucker in einer Tasse glatt rühren und 15 Minuten gehen lassen. Alle Teigzutaten (zimmerwarm) zu einem glatten Teig abschlagen. Zugedeckt 1–2 Stunden gehen lassen.

Die Butter zum Backen zerlassen und wieder etwas abkühlen lassen. Aus dem Teig etwa golfballgroße Stücke abstechen und rundschleifen (mit der hohlen Hand auf der Arbeitsfläche zu einer glatten Kugel schleifen). Die Teigkugeln in der zerlassenen Butter wälzen und eng nebeneinander in eine Raine (rechteckige Auflaufform) setzen.

Die Raine in den kalten Backofen schieben und die Temperatur auf 200 °C (Ober-/Unterhitze) schalten. Die Rohrnudeln etwa 30–35 Minuten backen. Dazu schmecken am besten Vanillesauce und Heidelbeer- oder Zwetschgenkompott.

Wer sich ihrem heulenden Zug entgegenstellt, der wird von ihnen emporgerissen und mitgenommen. »'S wuide Gjoad« hieß dieser gefürchtete Zug des Bösen im Chiemgau und im Berchtesgadener Land, bis heute erinnern die Gjoadwand und der Gjoadkopf in Berchtesgaden an diesen Aberglauben. Nach dem Gebetläuten um 18 Uhr durfte keiner das schützende Haus verlassen. Wem die Wilde Jagd draußen begegnete, der hatte nur eine Chance: Er musste sich auf den Boden werfen, das Gesicht zur Erde, die Arme kreuzweise hinter dem Kopf verschränkt, die Beine ebenfalls über Kreuz gelegt, und er musste Gebete sprechen. Wen sie erwischte, den riss sie empor in die Lüfte, um ihn weit entfernt fallenzulassen, bevorzugt an Orten, an denen ein Überleben fraglich war – im Chiemgau hieß es, die Percht lasse ihre Opfer in die dunklen Fluten des Chiemsees fallen.

Ein Mann befolgte zwar diesen Rat, weiß eine andere Sage, und warf sich auf den Boden, die Wilde Jagd schlug ihm aber einen Keil in den Rücken. Er solle nochmal hingehen und sich auf den Boden legen, riet man ihm, damit die Wilde Jagd den Keil entfernen könne. Das traute er sich aber nicht und litt deshalb sein Leben lang unter Rückenschmerzen.

Die Wilde Jagd lockt aber auch leichtfertige Mädchen zu sich: »Nach einer unterfränkischen Sage schaute eine Magd zum Fenster heraus und lauschte auf das schöne Lied der Wilden Jagd, das gefiel ihr so gut, dass sie laut dem mächtigen Zug hinaufrief: ›Wenn ich geschürzt und gegürtet wäre, ging ich mit!‹ Kaum hatte sie diese Worte ausgesprochen, als zwei wilde Gesellen neben ihr standen. Der eine band ihr die Schürze um, der andere festigte den Gürtel; dann fassten beide links und rechts sie an den Armen, und husch! gings zum Fenster hinaus durch die Lüfte auf und davon.«[74]

RÄUCHERN

Das Wort Raunächte könnte aber auch eine Verkürzung von »Rauchnächte« sein. Denn in vielen Häusern wurde in diesen bedrohlichen Nächten mit magischen Kräutern Haus und Hof geräuchert. Meist konzentrierte sich das Räuchern auf die drei Haupt-Rauchnächte: die Christnacht, die Silvesternacht und die Dreikönigsnacht, manche rechneten eine vierte dazu, die Nacht auf den Thomastag. Bis heute wird im Alpenraum der Brauch des Räucherns am Vorabend von Dreikönig gepflegt. Dabei legt der Haushaltsvorstand, traditionell der Vater, glühende Kohlen aus dem Ofen in eine Räucherpfanne – oft war es einfach eine blecherne Kehrichtschaufel – darauf kommen die getrockneten Räucherkräuter. Das Sammeln und Trocknen der Kräuter ist Frauensache. Zum Einsatz kommen auf jeden Fall Beifuß, Wacholderbeeren oder -zweige, Tannen- oder Fichtenharz oder auch Zweige dieser Bäume, vielleicht ein paar Körnchen Weihrauch, aber jede Familie hat(te) ihre speziellen Vorlieben. Zumindest der Vater, eventuell in Begleitung eines oder mehrerer Kinder oder Familienmitglieder, die ein Gefäß mit Weihwasser und einen Zweig zum Wasserverspritzen trugen, zog nun in jeden Raum des Hauses bis zum Dachboden. In jeden Winkel sollte der Rauch dringen, viele öffneten Schränke und Truhen und räucherten sie aus, Männer lupften ihre Hüte und schickten eine Portion Rauch darunter, Frauen nahmen ihre Kopftücher ab, hielten sie über die Rauchpfanne und setzten sie gleich wieder auf – das sollte gegen Kopfweh helfen –, im Stall wurde ebenso geräuchert wie in den Vorratsräumen. War ein Raum geräuchert, spritzte man Weihwasser hinterher und ging beruhigt in den nächsten. Die Geister hatten hier nun keinen Zugriff mehr.

CHRISTNACHT – 24./25. DEZEMBER

Die erste wichtige Rauchnacht war die Nacht der Geburt Christi. Peter Rosegger beschreibt, wie er in der Stube die Kerzen am Christbaum entzündet, während der Vater mit den Kleinen noch räuchert – denn erst, wenn das Haus durch den reinigenden Rauch gegen die Geister gefeit ist, kann man beruhigt Weihnachten feiern: »Da hörte ich über der Stube auf dem Dachboden auch schon Tritte – langsame und trippelnde. Sie waren schon da und segneten den Bodenraum. Bald würden sie in der Stube sein, mit der wir den Rauchgang zu beschließen pflegten.«[75]

In der ersten der drei Haupt-Geisternächte konnte man angeblich die Sprache der Tiere verstehen, wenn man sich unter den Futtertrog legte. Eine Sage weiß von einem Bauern, der nachprüfen wollte, ob das tatsächlich wahr sei. Er schlich in der Christnacht in den Stall und legte sich zu den Ochsen. Punkt Mitternacht wurden die Tiere unruhig, und er hörte zu seinem Schrecken, wie der Ochse zu dem, der neben ihm stand, sagte: »Ja, ja, morgen ist der Bauer auch schon tot!« Entsetzt rappelte sich der Bauer hoch, lief ins Haus und erzählte seiner Frau, was er gehört hatte. Sie schalt ihren Mann einen törichten Kerl, drehte sich um und schlief weiter. Am nächsten Tag fand sie den Bauern tot im Stall. Manchmal heißt es auch, nur Sonntagskinder – also an einem Sonntag Geborene – könnten in der Christnacht die Tiere reden hören.

Ähnliche Sagen gibt es in vielen Variationen, und immer gehen sie für den Neugierigen schlecht aus – eine Warnung an alle, die sich zu nah an die Geisterwelt heranwagen.

Der niederbayerische Heimatforscher Max Peinkofer (1891–1963) schrieb eine ganz gruselige Geschichte auf – das Orakel des sprechenden Totenkopfs. Man hatte sie wohl als Abschreckung erzählt, denn mit Totenköpfen wurde früher allerhand Magie betrieben, waren sie doch die letzten irdischen Reste von Personen, die sich schon im Jenseits befanden. Mittels dieser Schädel musste sich doch ein Kontakt nach »drüben« herstellen lassen, glaubte man. Nahe dem niederbayerischen Tittling sollen die Leute einst in der Heiligen Nacht einen Totenkopf ausgegraben, ausgekocht und auf den Tisch gestellt haben. Dann begannen sie, dem Schädel Fragen zu stellen, und er gab jedem die gewünschte Antwort. Als der Totenkopf jedoch anfing, fürchterliche Dinge zu erzählen, die keiner hören wollte, versuchten die Dörfler, den Kopf wieder dahin zu tragen, wo sie ihn geholt hatten. Doch er war so schwer geworden, dass sie ihn nicht mehr heben konnten. Auch der herbeigerufene Pfarrer richtete mit seinen Gebeten nichts aus. Der Totenkopf jammerte und klagte in der Zwischenzeit laut, weil man ihn um seine Grabesruhe gebracht hatte. Erst einem »neu geweihten« Priester aus Passau gelang es, den Kopf wieder auf den Friedhof zu tragen. Fortan, so heißt es, haben die Leute im Dorf nie wieder versucht, durch Freveltaten die Zukunft zu ergründen.

Ebenso soll man auf einem Schemel aus neunerlei Holz Hexen erkennen können – also scheinbar normale Frauen, die in Wirklichkeit Hexen waren und durch dieses »Mettenschamerl«, den Mettenschemel, in ihrer

---

Abbildung S.144/145: Die Perchtengruppen geben sich meist Namen mit Bezug auf die Region: hier die Tannberg-Perchten in Oberösterreich.

wahren Gestalt sichtbar würden. Der Schemel mit vier Beinen, vier Seitenbrettern und einem Deckbrett, also neun Teilen, musste aus neunerlei Nadelhölzern gefertigt sein: Zirbe, Kranawitt (also Wacholder), Zeder, Eibe, Fichte, Tanne, Föhre, Lärche, Latsche. »Da die neunerlei Nadelhölzer schwer zu beschaffen waren, genügte es, wenn die hölzernen Keile – ein eiserner Nagel durfte nicht verwendet werden – aus Latschenholz waren.«[76] Der Schemel musste entweder in Raunächten während des Gebetläutens oder in der Andreasnacht zusammengezimmert sein und gerade mit dem mitternächtlichen Stundenschlag fertig geworden sein. Um die Hexen zu erkennen, sollte man sich in der Christmette auf den Schemel knien. Dann »vermag er alle Hexen und Druden zu erkennen, denn diese knien ärschlings mit dem Rücken zum Hochaltar«. Am besten hatte man sich vorher noch geweihte Friedhofserde auf den Kopf gelegt, dann konnten einen die Hexen nämlich nicht sehen – man war nun quasi »unter der Erde«. Sonst würden sie einen auf dem Heimweg packen und »gottsjämmerlich sein Antlitz« zerkratzen: »Ein Bursch aus Schondorf«, berichtet Karl von Leoprechting aus dem Lechgebiet, »hat erst im Jahr 52 (1852!) seinen Vorwitz büßen müssen und ist bis Ostern an solcher Mißhandlung liegerhaft gewesen.«[77]

LOSEN IN DER RAUNACHT

Die Zauberkraft dieser Nacht kann man aber auch aktiv nutzen, um in die Zukunft zu schauen oder gar Zukünftiges zu beeinflussen. Orakelbräuche waren weit verbreitet, sowohl die Versuche, den Zeitpunkt der Heirat und den Namen des Bräutigams zu erfahren – mit ähnlichen Bräuchen wie in der Andreasnacht – als auch sonstige Ereignisse des kommenden Jahres. So heißt es, dass die Wachteln in der Mette so oft schreien wie man noch Jahre zu leben hat. Aus Niederbayern wird berichtet, dass in der Christnacht jedes Familienmitglied ein Holzscheit auf den Tisch stellte. »Von welcher Person das Holzscheit zuerst umfällt, diese muss im nächsten Jahr sterben.«[78]

Auch die gefürchtete Wilde Jagd als den mächtigsten Unterweltzug versuchten angeblich vorwitzige Burschen zur Zukunftsschau zu benützen: »Ein Bursch stand in einer der Losnächte auf dem Kreuzweg, um das Wilde Gjoad zu erwarten und seine zukünftige Frau zu erfragen. Da vernimmt er eine Stimme, die ihn auffordert, morgen in die Kirche zu gehen, wo er seine künftige Frau sehen werde. Als er in die Kirche kam, wurde ihm das Gesicht zerkratzt; er sah aber das Mädchen, welches er später heiratete.«[79]

In den Raunächten kann man angeblich auch das Wetter des nächsten Jahres erfahren: Der 25. Dezember lost den Januar, der 26. den Februar, der 27. den März und so weiter. Jeder der zwölf Tage gibt Auskunft über das Wetter eines jeden Monats des kommenden Jahres. Manche nahmen das dann ganz genau: Aus dem Wetter am Vormittag des 25. Dezember versuchte man das Wetter der ersten Januarhälfte zu erkunden, aus dem Wetter am Nachmittag das der zweiten Monatshälfte. Auch die Träume in den zwölf Nächten sollen sich in den zwölf Monaten des neuen Jahres bewahrheiten.

Das Zwiebelschalenorakel war ebenfalls eine beliebte Art, das Wetter des kommenden Jahres zu erfahren. Aus der Rhön und dem Allgäu heißt es, dass das Orakel besonders in der Christnacht praktiziert wurde: Vor der Christmette wurde eine Zwiebel halbiert und vorsichtig zerlegt, sodass man zwölf Zwiebelschälchen bekam. Man setzte sie auf ein Brett in einer Reihe – stellvertretend für Januar bis Dezember. In diese wurden jeweils einige Körnchen Salz von der letzten Dreikönigsweihe gelegt. Je nachdem, wieviel Salz sich bis nach der Mette aufgelöst hatte, schloss man auf feuchtes oder trockenes Wetter im entsprechenden Monat.

Besonders auf den Wind achtete man in den Raunächten. Denn die Winde galten schon seit Menschengedenken als die Verursacher von gutem Wetter und Unwetter, von Krankheiten, von Fruchtbarkeit der Felder oder Misserfolgen bei der Ernte. Auch die Vorstellung eines mächtigen Winddämons, der die weibliche Verkörperung des Windes, die Windsbraut, in den Raunächten über den Himmel jagt, war weit verbreitet. Gegen diese beiden Dämonen sollte es zum Beispiel helfen, wenn man Lärm macht, gegen sie ausspuckt oder ein Messer in den Wind wirft, das dann die Windsbraut tötet. Dabei sollte man aber gut zielen können, denn die nicht getroffene Windsbraut reißt den Angreifer in die Höhe und lässt ihn fallen, wie man es auch der Wilden Jagd nachsagt. Weniger riskant ist es, den Wind mit derben Flüchen zu beschimpfen. Dreimal sollte man rufen: »Saudreck! Saudreck! Saudreck!« oder »Windhur«, »Sauwind«. Bis heute hört man bisweilen, wenn ein starker Wind übers Land fegt, sagen: »Da kommt die Windsau!«

Im Wind der Zwölfnächte »rammeln« die Obstbäume, wie man in vielen Gegenden Deutschlands sagte. Den Wind glaubte man von Windgeistern verursacht, guten und bösen, und um sie günstig zu stimmen, versuchte man sie unter anderem mit Essen zu besänftigen. Das Windfüttern übernahm die Frau des Hauses, indem sie etwa mit einem Teller Mehl ins Freie trat und eine Handvoll Mehl in die Luft warf, die der Wind dann ergriff und forttrug. Dabei sprach sie: »Da hast du, lieber Wind, für dich und dein Kind!« Brotbrösel oder Salz waren auch beliebte Speisen für den Wind, und sehr verbreitet war das Ritual, dem Wind einen Löffel entgegenzuwerfen – quasi eine symbolische Fütterung. Im Kärntner Glantal legt die Bäuerin Brot auf die Äste der Bäume, damit sich der Wind daran satt essen kann und im Frühjahr nicht die junge Saat »frisst«.[80]

VERBOTE DER RAUNÄCHTE

Bis in die 1930er Jahre hielt sich der feste Glaube, dass man sich in den Zwölfnächten vorsehen musste – der Einzug der elektrischen Beleuchtung zu Beginn des 20. Jahrhunderts und der Zweite Weltkrieg machten vielen alten Bräuchen den Garaus.

Nach dem abendlichen Gebetläuten durfte keiner das schützende Haus verlassen. Die Stallarbeit musste erledigt sein, denn danach gemolkene Milch »gehört der Hex«. Liederliche Dirnen und unfolgsame Kinder, insbesondere solche, die noch bei Dunkelheit draußen sind, werden von der Percht an den Haaren durch die Lüfte geschleppt und tauchen nie wieder auf oder werden fallengelassen und brechen sich die Knochen.

Es durfte nichts getan werden, was mit einer Drehbewegung einherging: nicht spinnen, nicht dreschen, nicht mit dem Wagen fahren, nicht klöppeln, flicken, mahlen, Weiden flechten. Aller Besitz musste unter Dach sein, damit er vor den Hexen und bösen Mächten geschützt war: Kein Ackergerät durfte draußen stehen, kein Backgerät und kein Holz vor dem Backofen liegen bleiben. Es durfte nichts verliehen werden – sonst könnte man es verhext zurückbekommen. Keine Wäsche und auch sonst nichts durfte im Freien aufgehängt werden – es könnten sich ja unsichtbare Dämonen darin verfangen, die man dann mit der Wäsche ins Haus bringen und sogar am Leib tragen würde; davon könnte man Krebs bekommen. Wer in den Zwölften Wäsche zum Trocknen über den Zaun hängt, der müsse im nächsten Jahr einen Toten bekleiden, sagte man. Nägel und Haare durften nicht geschnitten werden, sonst bekäme man »böse Finger« und Kopfweh. Manche Tiere durfte man nicht beim Namen nennen, besonders nicht Wolf, Fuchs, Maus und Ratte, da sie vielleicht verwandelte Geistwesen seien. Auch für das Essen galten in dieser Zeit Vorschriften: Überall sollte der Verzehr von Hülsenfrüchten, vor allem Erbsen, in den Zwölften Unglück bringen. Nur an Silvester und Neujahr machte man eine Ausnahme, da galt das Gegenteil. Verantwortlich für das Verbot ist vermutlich wieder der Glaube an Hülsenfrüchte als Toten- und Geisterspeise (siehe Seite 12).

Nur in den Raunächten wurden die bestickten Tücher im Berchtesgadener Land benützt.

DAS RAUNACHTTUCH

Für die drei Haupt-Rauchnächte gibt es im Berchtesgadener Land eine ganz besondere Tischdecke, die nur in diesen drei Nächten den Tisch bedeckt: das »Rautuach«. Die Hausherrin stellt eine große Kerze darauf, die mit Efeu, Tannenzweigen oder Misteln geschmückt sein kann. Dazu ein Kreuz, Heiligenfiguren oder ein Jesuskind im Glassturz. Auch der Rauwecken, ein Brot oder Früchtebrot mit einer Vertiefung für eine kleine Kerze, kommt auf den Tisch. Während der Hausherr mit der Räucherpfanne durch Haus und Hof geht, versammeln sich die übrigen Familienmitglieder um den Stubentisch und beten, teils auf dem Boden kniend, den Rosenkranz. Nach dem Räuchern beteiligt sich auch der Hausherr.

Das »Rautuach« kann ein weißes Leinentuch sein, eine besonders schöne Decke oder ein eigens für diesen Zweck besticktes Tuch, wie es in vielen Haushalten der Gegend noch gehütet wird. Das älteste bestickte Tuch, das wir kennen, ist mit 1843 datiert. Wer noch ein altes Tuch in Familienbesitz hat, erinnert sich, dass es so »heilig« war, dass es sofort nach dem Rosenkranzbeten wieder weggeräumt wurde. Für einen anderen Zweck benutzte man es nicht.

Das Grundmuster ist bei allen bekannten Tüchern gleich: Das Jesuszeichen IHS und

Auf dem »Rautuach« liegt ein Brotlaib mit einer Kerze in der Mitte, während die Familie den Rosenkranz betet.

das Marienmonogramm sind handtellergroß gleichwertig nebeneinander gestickt. Ähnlich wie dem Kreuz wurde ihnen eine Schutzwirkung gegen böse Geister zugeschrieben. Für die Tücher nähte man mit einer rot gewebten Bordüre oder einer Häkelspitze zwei Leinenbahnen zu einem quadratischen Tuch zusammen. Es fehlen nie die Monogramme oder der ausgeschriebene Name der Stickerin und die Jahreszahl. Die Ecken und den Rand zieren meist Lebensbäumchen mit Nelkenblüten (in vielen regionalen deutschen Dialekten heißen Nelken »Nagerl, Nägeli, Nägelken«, was mit den Kreuznägeln in Verbindung gebracht wurde), Rosetten oder Granatäpfeln – Symbolen für Leben und Tod Christi. Zum Sticken hat man ausschließlich himbeerrotes Garn verwendet, die Farbe der Liebe und des Blutes, das Christus vergossen hat.

Wann das »Rautuach« aufgekommen ist, weiß man noch nicht. Ein Anhaltspunkt könnte ein Dekret des Habsburger-Kaisers Joseph II. bilden, der 1787 das Räuchern durch Mesner und Schulmeister abschaffte. Erst danach wurde vom Hausvorstand selbst geräuchert, das Räuchern wurde zum Hauskult. Um der Würde dieses Aktes gerecht zu werden, legte man eine besondere Decke auf.[81]

STEPHANITAG – 26. DEZEMBER

PFERDEPATRON

Der heilige Stephanus war einst der wichtigste Pferdepatron. Noch heute gibt es in Bayern Stephaniritte am Festtag des Heiligen, etwa in Erharting bei Mühldorf, Oberhaching südlich von München und in Mörlbach im Landkreis Starnberg. Doch wurde dieser allererste Pferdepatron zunächst stellenweise vom heiligen Wendelin und dann bayernweit vom heiligen Leonhard verdrängt.

Stephanus hatte mit Pferden nichts zu tun. Das Pferdepatronat ging vermutlich von vorchristlichen Göttern der Wintersonnenwende auf ihn über. Schon im frühen Mittelalter weihte man am Stephanstag Wasser, Salz und Brot. Das Stephansbrot verschenkte man an Arme, das »Steffelswasser« wurde getrunken, man besprengte damit das Futter der Tiere und gab ihnen auch ein paar Körnchen Salz zu fressen. Im gesamten deutschsprachigen Raum bis hinauf nach Skandinavien nahm man am Stephanstag die Weihe von Hafer vor, der dann ins Futter der Pferde gemischt wurde und Gesundheit und Glück im neuen Jahr bringen sollte. Auch unter die Frühlingssaat kamen einige Körner des geweihten Hafers.

Beim Stephaniritt in Erharting werden zahlreiche Motivwägen mit Szenen aus dem Heiligenleben mitgeführt.

Die Legende vom heiligen Stephanus

Stephanus war ein Zeitgenosse von Jesus und der erste Diakon, den die Apostel selbst durch Handauflegen weihten. Er war auch der erste Märtyrer, der für seinen christlichen Glauben starb: Vor dem Damaskustor von Jerusalem wurde er von einer aufgebrachten Menge als Gotteslästerer gesteinigt, weil er ausgesagt hatte, er habe in einer Vision Christus zur Rechten Gottes stehen sehen. Deshalb gilt er als Erzmärtyrer, dessen Gedenktag unmittelbar auf das Hochfest von Christi Geburt folgt. Reliquien von Stephanus wurden im Lauf der Jahrhunderte von Jerusalem aus in viele Orte gebracht, unter anderem nach Konstantinopel und Rom, nach Mainz, Straßburg, Passau und Wien. Die erste Stephanuskirche in Rom, S. Stefano Rotondo, stammt schon aus dem 5. Jahrhundert. Im 6. Jahrhundert ließ der Papst Gebeine von Stephanus auch in die neu errichtete Kirche S. Lorenzo fuori le Mura bringen und neben Laurentius bestatten. Da sei, heißt es in einer Legende, der Leichnam des Laurentius von selbst ein wenig zur Seite gerückt, um Stephanus Platz zu machen. Die beiden Heiligen gehörten zu den im Mittelalter am meisten verehrten, gelten sie doch beide als Erzmärtyrer, als besonders vorbildliche Märtyrer – Stephanus starb im Jahr 36 oder 40, Laurentius im 3. Jahrhundert – er wurde auf einem Rost über einem Feuer zu Tode gequält.

Erkennbar ist der heilige Stephan auf Bildern und Altären meist an seinen Marterinstrumenten, den Steinen, die ihm manche Künstler irgendwo an den Körper oder auf den Kopf gemalt haben – das sieht manchmal unabsichtlich lustig aus.

Hl. Stephanus von Carlo Crivelli (ca 1435–1495), Demidoff-Altar, National Gallery London.

STEPHANS- UND JOHANNESMINNE

Neben dem Wasser wurde auch roter Wein geweiht und rituell getrunken, die sogenannte Stephansminne. In den Kelch mit dem Wein legte man kleine Steine zur Erinnerung an das Martyrium des Heiligen und goss auch etwas davon auf die Felder – auch das ein Fruchtbarkeitsbrauch in den Raunächten, der einen christlichen Namen bekam. Schon unter Karl dem Großen kam es dabei offenbar zu ausartenden Gelagen. Deshalb wissen wir überhaupt davon, denn Karl verbot 798 das Trinken und Schwören auf den heiligen Stephanus.[82] Die Stephansminne ist dann bald von der Johannesminne abgelöst worden: Der Gedenktag des Evangelisten Johannes wird ja am Tag darauf, am 27. Dezember, gefeiert, und auch an diesem Tag weihte man roten Wein. In der Kirche bekam jeder Gläubige einen Schluck, den der Priester mit dem Spruch begleitete: »Trinke die Liebe des heiligen Johannes!« Was übrig blieb, verkaufte der Mesner nach der Messe an die Gläubigen. Viele Familien brachten auch selbst flaschenweise Wein zum Weihen in die Kirche, manche alten Leute erinnern sich noch an den Brauch ihrer Kindheit. Der Wein sollte Glück und Gesundheit verleihen, wenn er anschließend am häuslichen Tisch getrunken wurde. Dazu gab es ein festes Ritual: Nach der Eröffnung mit dem Spruch »Durch die Fürbitte des

Das Trinken von geweihtem rotem Wein am Stephans- und Johannistag soll Glück fürs kommende Jahr bringen.

heiligen Johannes bewahre uns Gott vor allem Bösen im Namen des Vaters und des Sohnes und des Heiligen Geistes. Amen« durch Bauer und Bäuerin trank jeder in der Runde – von den Kindern bis zu Mägden und Knechten – nacheinander drei Schlucke. Nach dem ersten Schluck musste man sagen: »Gott Vater«, nach dem zweiten: »Gott Sohn«, und nach dem dritten: »Gott heiliger Geist«, bevor das Glas an den nächsten weitergereicht wurde. Der Wein wurde übers Jahr aufbewahrt und kam bei besonderen Anlässen zum Einsatz, etwa beim offiziellen Antrag der Brautleute, bei der Hochzeitsmesse und auch als ein Mittel bei Krankheit, wenn sonst nichts half. Besonders gegen Vergiftungen sollte der Wein wirksam sein. Es gab Winzer, die in jedes Fass Wein einen Schluck Johanniswein schütteten.

Als Begründung erzählte man sich diese eindrucksvolle Geschichte aus der Johannes-Legende: Ein heidnischer Priester soll Johannes einen Giftbecher gereicht und versprochen haben, er werde an den Christengott glauben, wenn Johannes von dem Becher trinke und nicht sterbe. Zwei verurteilte Verbrecher hatte man vorher davon trinken lassen, und beide waren auf der Stelle tot umgefallen. Johannes trank davon, und das Gift konnte ihm nichts anhaben. Als er dann noch die beiden Toten zum Leben erweckte, ließ der heidnische Priester sich taufen. Johannes ist deshalb oft mit einem Kelch in der Hand dargestellt, aus dem eine Schlange entweicht, Sinnbild für das Böse, das Gift.

Johannes der Evangelist mit seinem Namenstag am 27. Dezember darf übrigens nicht verwechselt werden mit Johannes dem Täufer, dessen Namenstag am 24. Juni gefeiert wird. In Bayern mussten sich die Kinder früher merken, dass es einen »Winterhansl« und einen »Sommerhansl« gibt. Die Kirche hat bewusst die beiden wichtigen Heiligen auf entscheidende Termine gelegt: Der Täufer sollte die unchristlichen Umtriebe zur Sommersonnenwende christianisieren, der andere die der Wintersonnenwende.

Pfeffern

Am Stephanstag treffen wir auch auf den Brauch des Pfefferns oder Fitzelns, an anderen Orten hieß es Dengeln: Junge Burschen versuchen, mit einer Rute – in der Oberpfalz musste es mancherorts ein Wacholder-, Tannen- oder Fichtenzweig sein – junge Mädchen zu schlagen. Der Spruch dazu lautete: »Pfeffer, Pfeffer, Krone, ich pfeffere nicht zum Lohne. Ich pfeffere nur aus Ehrbarkeit, dir und mir Gesundheit.« Der Schlag mit der Lebensrute soll Glück und Fruchtbarkeit im neuen Jahr versprechen – wieder ein auf die Zukunft gerichteter Fruchtbarkeitsbrauch der Raunächte, der mit einem christlichen Fest verbunden wurde. Zur »Belohnung« erhielten die Burschen von den Mädchen Pfefferkuchen, vielleicht hat der Brauch deshalb seinen Namen erhalten. Bis heute erinnert unser Ausdruck »etwas in die Ecke pfeffern« noch an das Pfeffern in dieser alten Bedeutung. Im früheren Herzogtum Sachsen-Coburg, heute teils Franken, teils Thüringen, wurden am Weihnachtstag die Frauen von den Männern gefitzelt und am Neujahrstag die Männer von den Frauen. Die Frauen verwendeten dafür übrigens Flieder-, Kirschbaum- oder Lindenzweige, traditionell »weibliche« Pflanzen, und zwar die, welche am Barbaratag als Barbarazweige ins Haus geholt worden waren. Wenn sie bis Weihnachten Blüten oder zumindest Blätter hervorgebracht hatten – also lebendig waren – dann kamen sie als fruchtbarkeitsspendende Lebensruten zum Einsatz.

SILVESTER – 31. DEZEMBER

Silvester I. wurde 314 zum Bischof von Rom gewählt – Papst sagte man damals noch nicht, das kam erst hundert Jahre später auf. Seine Amtszeit fällt mit der Regierungszeit Kaiser Konstantins zusammen, der das Recht auf freie Religionsausübung eingeführt hat. Weil Silvesters Lebensbeschreibung keine der im Volk so beliebten Wundertaten aufwies, wurde ihm später in vermutlich gefälschten Dokumenten einiges angedichtet. So soll er Kaiser Konstantin getauft haben, was historisch nicht haltbar ist, und er soll ihn vom Aussatz geheilt haben. Silvester starb nicht als Märtyrer, sondern eines natürlichen Todes, und zwar am 31. Dezember 335. Sein Haupt-verdienst« war es also, dass sein Todestag mit unserem letzten Tag des Jahres zusammenfällt.

Die letzte Nacht des Jahres war die zweite der drei Haupt-Rauchnächte, sodass natürlich geräuchert wurde, man das Orakel befragte und die Geister der Raunacht fürchtete. Verdoppelt und vervielfacht wurde die Bedrohung durch Dämonen und die Möglichkeit der Zukunftsschau aber durch einen der drei wichtigsten Wendetage des Jahres: den der kalendarischen Jahreswende. Die anderen beiden, die Sommer- und die Wintersonnenwende, waren für die Bauern und die Landleute früherer Jahre aber wohl wich-

Das alte Lärmbrauchtum der Raunächte zur Abwehr der Winterdämonen wurde zum modernen Feuerwerksbrauch.

tiger, denn diese Wendetage verpasste keiner. Der kalendarische Übergang von einem Jahr ins nächste, den wir heute ausgelassen, laut und lärmend feiern, der fand für viele Bauern in einer Nacht wie jeder anderen statt, wie es Peter Rosegger ganz lapidar aus der Steiermark im 19. Jahrhundert erzählt: »Der Bauer geht am Silvesterabend um neun Uhr zu Bett, schläft ein, und wenn er erwacht, ist die Milchsuppe fertig und das neue Jahr. Er steht auf, gähnt und sagt: Hiazt hon i lei a ganzes Johr gschlofn? Vorigs Johr hon i mi niedaglegt und heuer bin i erst aufgstanden!«[83]

LÄRMBRAUCHTUM

Ganz im Gegensatz dazu haben sich viele der früher in den Raunächten üblichen Bräuche heute auf diesen einen Abend, diese Nacht konzentriert.

Die Weihnachtsschützen des Berchtesgadener Landes schießen mit ihren Böllern das alte Jahr hinaus und begrüßen das neue Jahr schießend, und Millionen von Menschen in aller Welt zünden an Mitternacht Feuerwerke, Böller und Raketen. Dieses Lärmbrauchtum drückt die Freude über das Neue aus, es ist nicht ausschließlich eine Reminiszenz an das Geistervertreiben früherer Jahrhunderte. Salutschüsse gab es schließlich schon immer zu freudigen Anlässen – sei es die Geburt eines Kindes, ein besonderer Geburtstag oder eine Hochzeit. Gerade royale Geburten und Hochzeiten werden bis heute von Freudenschüssen begleitet, ebenso wie Feiern in orientalischen Kulturen.

Überall läuten die Kirchenglocken zum Ende des alten Jahres und zum Beginn des neuen. Dahinter steht nicht nur der Geister vertreibende Lärm, den die Glocken machen, sondern auch die Zauberwirkung der geweihten Kirchenglocken. So weit die Glocken zu hören sind, so weit reicht ihr Segen, heißt es. Überall gab es aber auch individuelle Lärmbräuche, die nicht nur das Böse vertreiben, sondern auch ein gutes neues Jahr herbeirufen sollten. So schoss man auch in die Obstbäume, um sie »aufzuwecken«, man schoss über die Felder, damit die Saaten gut wachsen sollten. Auch Freudenfeuer im Freien kannte man mancherorts zur Begrüßung des neuen Jahres und zum symbolischen Verbrennen des alten. Bis heute werden in der Silvesternacht riesige Silvesterfeuer an den Stränden der Niederlande entzündet.

ORAKELBRÄUCHE

Die Altjahrsnacht, wie sie auch genannt wird, ist heutzutage die einzige, in der es noch verbreitet üblich ist, das Orakel zu befragen. Wie wir schon gehört haben, steht nach altem Glauben an allen Wendetagen, in allen Wendezeiten, das Tor zum Jenseits offen, sodass man in einer so bedeutenden Nacht hoffen konnte, Antworten auf die Fragen nach der Zukunft zu erhalten.

Liebes- und Eheorakel gehören bis heute zu den beliebtesten, dazu benutzte man die Techniken wie in der Andreasnacht, vom Pantoffelwerfen und Bettstatttreten über das Apfelschalenorakel bis zum Wasserschauen. Auch das »Horchen« oder »Losen« in seiner Bedeutung »hinhören« war verbreitet: Man begab sich in der Silvesternacht, mög-

Abbildung rechts: In den Raunächten wurde immer schon das Orakel befragt. Geblieben ist das Bleigießen in der Silvesternacht. Grafik von 1884.

lichst zwischen 23 und 24 Uhr – wenn die Zukunft also schon ganz nah ist – an einen Kreuzweg, schaut durchs Schlüsselloch der Kirche oder stellt sich unter einen Balken, dessen eines Ende nach Osten gerichtet ist. Dann horcht man, aus welcher Richtung ein Ton kommt, etwa Hundegebell, und mutmaßt dann, dass aus dieser Richtung etwas Zukünftiges kommt: die Braut oder der Bräutigam, eine Reise, ein Gast. Im Obstgarten muss das Mädchen den Zwetschgenbaum schütteln und dann horchen – damit »weckt« es gleichzeitig den Obstbaum auf, damit er im neuen Jahr viele Früchte trage.

Beliebt waren auch das Aufschlagen der Bibel oder des Gesangbuches, ohne hinzuschauen: Die zufällig aufgeschlagene Stelle suchte man dann in Bezug auf die Zukunft zu deuten.

Das Bleigießen kennen wir heute noch: Ein nussgroßes Stückchen Blei wird in einen Löffel gelegt und über einer Kerzenflamme geschmolzen. Dann gießt man das flüssige Blei mit Schwung in eine Schüssel kaltes Wasser. Früher hieß es, man müsse das Blei durch einen Erbschlüssel ins Wasser schütten – das ist ein alter Schlüssel, den man geerbt hat und der etwa auch bei der Befragung eines Diebes zur Wahrheitsfindung verwendet wurde. Das Blei erstarrt in mitunter bizarrer Form, die man dann herausfischt und gemeinsam dreht und wendet, um die Bedeutung der Form für die Zukunft zu ergründen. Schon im 19. Jahrhundert gab es dazu Listen, die man zur Deutung – in diesem Fall um den Beruf des Zukünftigen zu erfahren – heranziehen konnte: »Sieht man Seile, Hobel, Leisten oder Scheren, so bedeutet es einen Seiler, Schreiner, Schuster oder Schneider. Rüben und Möhren bedeuten einen Landmann, Schiffe einen Seemann, und kommen Spitzhacke, Kratze und Fäustel zutage, so flüstert man: ›Am Ende bekommen wir gar einen Wegearbeiter.‹ Hier und da schlägt man auch Eier ins Wasser und schließt aus den Gestalten, die der Inhalt annimmt, auf die Zukunft. Aber nicht nur auf die Verehelichung gehen die Winke, die man so erhält. Viele kleine Rüben bedeuten auch Geld, ein Wagen eine Reise, ein Sarg Tod.«[84] Statt Blei verwendete man früher auch Kerzenwachs.

Hinter dem Wasserorakel steckt der uralte Glaube, dass das Wasser, das vom Himmel herabfällt und wieder zu ihm hinaufsteigt, Informationen aus dem Jenseits in sich trägt. Wasser, glaubte man, könne durch Zauberkräfte heilen, Krankheiten wegschwemmen und erlaube einen Blick in die Zukunft. Schließlich konnte man Bilder, Zerrbilder, im Wasser sehen – und das in Zeiten, in denen es keine Spiegel gab. Bis heute werden in aller Welt Quellen und Wasser verehrt. Sogar das Orakeln aus dem Wasser hat sich bis in die jüngste Zeit überliefert. Das Wasserorakel war eine beliebte Methode der Schau ins kommende Jahr – das sogenannte Wassermessen wurde am Andreasabend, am Weihnachtsabend und in der Silvesternacht praktiziert. Dafür füllte man am Abend eine bestimmte Menge Wasser in einen Topf oder eine Schüssel, je nach Region müssen es sogar eine bestimmte – magische – Anzahl von Löffeln sein: neun Löffel voll oder »drei Mäßchen« voll. Das Gefäß verwahrte man sicher in einem leeren Kasten. Am nächsten Morgen wurde der Wasserstand kontrolliert: »Je nachdem das ins Gefäß gegossene Wasser steigt oder fällt, gibt es eine teure oder wohlfeile Zeit, Abnahme oder Zunahme der Güter, ein dürres oder gesegnetes Jahr.« In manchen Gegenden füllten die Bauern mehrere

Schüsseln mit Wasser und bezeichneten jede mit einer Getreideart. »Diejenige«, hieß es, »in deren Schüssel sich über Nacht am meisten Luftperlen bilden, gedeiht im nächsten Jahr am besten.«

Auch auf das Wetter wurde an Silvester genau geachtet, denn es sollte Aufschluss über das Wetter im nächsten Jahr geben. So deutete Wind von Osten auf ein gutes Obstjahr hin, Wind von Westen bedeutete viel Milch, Nordwind dagegen Sturm und Kälte. Zahlreiche Wetterregeln beschäftigen sich mit dem letzten Tag des Jahres: »Wind in St. Silvesters Nacht hat nie Wein und Korn gebracht« oder »Silvester Wind und warme Sunnen wirft jede Hoffnung in den Brunnen« und nicht zuletzt »Silvester hell und klar, glückauf zum neuen Jahr«.

GLÜCKSBRINGER

Um dem Glück im neuen Jahr auf die Sprünge zu helfen, hat man sich aber auch noch zusätzlicher Mittel bedient: Bis heute die bekanntesten Glücksbringer sind Schwein und Glücksklee, Glückspfennig und Kaminkehrer, Hufeisen und Fliegenpilz.

Einen ganz besonderen Silvesterbrauch kennt man in Italien: Dort müssen Mann und Frau in der Nacht aufs neue Jahr rote Unterwäsche tragen, das soll Glück bringen – und zwar nicht nur der italienischen Dessous-Industrie, sondern auch dem jeweiligen Paar. Geschenkt muss sie allerdings sein und nicht selbst gekauft. Rot ist schon immer die Farbe der Liebe, ebenso die Farbe des Blutes, also des wirkmächtigsten Stoffes, den ein Mensch besitzt. Rot ist deshalb seit Menschengedenken die apotropäische, also Böses abwehrende Farbe schlechthin. Und wenn man diese mächtige Farbe in einer so zukunftsschwangeren Nacht so eng am Leib und an so intimen Stellen trägt, dann kann das doch nur Glück bringen.

Hufeisen

In der ganzen Welt als Glücksbringer bekannt, muss das Hufeisen, damit es auch wirkt, sieben Löcher haben, und es muss von einem Pferd getragen worden sein, also ein echtes, gebrauchtes Hufeisen sein.

Es gibt mehrere Gründe, weshalb dieser unscheinbare Gebrauchsgegenstand früherer Zeiten zu dem Glückssymbol schlechthin avancierte. Das Hufeisen besteht aus Eisen, handgeschmiedet vom Hufschmied. Der Schmied, an der heißen Esse tätig, bärenstark, schwarz die Hände und das Gesicht, galt schon immer als einer, der Verbindungen zur Unterwelt hatte. Feuer und die Farbe Schwarz ebenso wie die Analogie zum göttlichen Schmied der alten Griechen, Hephaistos, machten den Schmied zu einer fast magischen Figur, der man überirdische Kräfte zutraute. Er verstand es, das überaus harte Material Eisen zu formen, das von alters her als Zauber abwehrend gilt. Nicht nur das Material an sich, sondern auch daraus geformte Alltagsgegenstände wehren Böses ab. So soll auch das Bei-Sich-Tragen von handgeschmiedeten Nägeln Glück bringen und vor Unglück bewahren.

Beim Hufeisen kommt dazu, dass es von einem Pferd getragen wurde, das seit Jahrtausenden zu den magischen und zauberisch wirksamen Tieren gehört. Als Reittier von Göttern wie etwa Wotan, dem höchsten Gott der Germanen, Sturmdämon und Anführer der Wilden Jagd, wurde dem Pferd stets eine Verbindung zur jenseitigen Welt nachgesagt. Ein Hufeisen entsprach deshalb fast einer Berührungsreliquie, es war ein durch das Pferd magisch mit positiver Energie aufgeladenes Ding, das Abwehr- und Schutzfunktion hatte. Wichtig war jedoch stets, dass man das Hufeisen selbst gefunden hatte, am besten auf einem Feldweg, idealerweise an einer Wegkreuzung, also einem magischen Ort. Oft heißt es auch, die Nägel in dem Hufeisen müssten vollständig sein, oder es müsse zumindest ein Nagel noch darin stecken. Sieben Löcher, sagt man in Italien, muss ein Hufeisen aufweisen, um optimal wirksam zu sein. Da spielt die magische Zahl sieben herein, die die Wirksamkeit quasi noch verstärkt.

Als starkes Abwehrmittel diente das Hufeisen zum Schutz von Haus und Hof, aber auch am Mast eines Schiffes angebracht, sollte es Dämonen und Unwetter abhalten. Allmählich wurde es dann zum allgemeinen Glückssymbol. Heute finden wir das Hufeisen noch an vielen alten Häusern und Stallungen. Nach überwiegender Meinung soll es mit der Öffnung nach oben angebracht werden, »weil sonst das Glück herausfällt«, oder: »weil es dann der Mondsichel gleicht« oder »einem Geldsack«. Wer es mit der Öffnung nach unten anbringt, will »das Glück auf Haus und Hof leiten«.

Inzwischen ist der Gebrauch des Hufeisens als Glückssymbol inflationär. Ein Hufeisen aus Plastik, das im Glücksklee-Topf steckt, ein gedrucktes auf einer Karte oder eines aus Marzipan ist aber nur das Symbol für den Glücksbringer. Der Glücksbringer selbst muss die oben erwähnten Voraussetzungen erfüllen. Extra hergestellt oder nur abgebildet kann er zwar einen bildlichen Glück-Wunsch für eine Person darstellen, nicht aber selbst Glücksbringer sein.

Glücksklee

Ein Kleeblatt mit vier Blättern statt der üblichen drei wird als Glücksklee bezeichnet. Und wie viele Verirrungen der Natur wird der vierblättrige Klee seit jeher als Glück bringend angesehen. Wie beim Hufeisen ist aber auch beim Glücksklee wichtig, dass man ihn selbst gefunden hat – und zwar zufällig. Wer nach einem vierblättrigen Kleeblatt gezielt sucht und schließlich eines findet, hat keinen Glücksbringer gefunden. Manche Forscher vermuten, dass auch die Kreuzform, die die vier Blätter bilden, einen Beitrag zu dem Aberglauben leistet – gilt das Kreuz doch als das stärkste Abwehrsymbol überhaupt. Schon im 15. Jahrhundert heißt es: »Welcher ein Kleeblatt mit vier Blettern findet, der sol das in wirden halten, sol sein Lebenlang glückselig und reich sein.« Das 1616 in München erlassene »Landgebot wider den Aberglauben« von Herzog Maximilian in Bayern sah Strafen für diejenigen vor, die »gewisse Sachen … mit vierbletterten klee verrichten«. Später sagte man, wie sich ein in den Schuh gelegter »Vierklee« allmählich auflöst, so kommt das Glück. Auch auf Reisen schützte das Kleeblatt im Schuh oder in die Kleidung eingenäht.

Der Klee kann auch zum Liebeszauber dienen: Man kann ihn schlucken, an den Liebsten / die Liebste denken, und »dann kriegt man ihn/sie«. Mit Vierklee unterm Kopfkissen erscheint im Traum der Zukünftige. Doch Achtung: Wer bei der Ernte einen Vierklee findet, hat reichen Kindersegen zu erwarten, hieß es in Nassau. Vierblättrige Kleeblätter machen auch hellsichtig – wer sie besitzt, dem kann kein Zauber etwas anhaben, und der kann Hexen erkennen. Fünfblättriger Klee allerdings bringt nach landläufiger Meinung nicht noch mehr Glück – sondern Unglück.

Von Europa hat sich der Glaube an das vierblättrige Kleeblatt als Glücksbringer mit den Auswanderern seit dem 18. Jahrhundert auch in der Neuen Welt verbreitet. So ist der Glücksklee heute eines der weltweit gleich verstandenen Symbole.

Kaminkehrer

Auch beim Kaminkehrer oder Schornsteinfeger liegen Glück und Unglück verheißende Bedeutung nahe beieinander. Der Kaminkehrer ist schon durch sein Aussehen – schwarze Kleidung, rußige Haut – oft als Kinderschreck und Unglücksbote angesehen worden. Durch seine enge Verbindung mit dem magischen Rauch aus Herdstelle und Kamin wurden ihm dunkle Kräfte nachgesagt: Er könne mit dem Teufel in Verbindung treten, und er könne Geister bannen und »vertragen«, also von einem Ort zum anderen tragen. Deshalb hielt man ihn des Zauberns für fähig – im Guten wie im Schlechten – und eben auch, Glück zu bringen. Kaminkehrer als Angang, als das erste, was einem im neuen Jahr begegnet, bringen nach altem Glauben besonders dann Glück, wenn sie eine Leiter tragen – weshalb man bis heute kleine Kaminkehrerfiguren mit Leiter in die Glückskleetöpfchen zu Neujahr steckt. Bis vor kurzem haben die Kaminkehrer an Neujahr die Jahresrechnungen eingetrieben, sind von Haus zu Haus gegangen und haben gleichzeitig einen gedruckten Neujahrswunsch oder einen Kalender verteilt, vielleicht gelten sie auch deshalb als Glück bringend im neuen Jahr. Mancherorts beeilte man sich, liegengebliebene, möglichst mit Ruß bedeckte Haare vom Kehrbesen des Kaminkehrers einzusammeln. In der Geldbörse aufbewahrt, sollten sie immer genug Geld im neuen Jahr verheißen. Auch der Ruß allein galt schon als Glück bringend. Deshalb bemühte man sich, die rußige Kleidung zu berühren und schwarze Finger zu bekommen. So hoffte man, die zauberischen Fähigkeiten auf sich selbst zu übertragen.

Schwein

Das Schwein gilt seit jeher als Glückstier, aber auch als Zaubertier, auf dem Hexen reiten und in dessen Gestalt sie und andere jenseitige Wesen sich verwandeln können. Daher kommt der Ruf des Schweins als Orakeltier und viele Ausdrücke und Gebräuche, die noch heute auf diese alte Rolle hinweisen.

»Schwein gehabt«, heißt es, wenn jemand Glück hatte. Das Schwein ist einer der Glücksbringer, der es bis in unsere moderne Umgangssprache geschafft hat.

Über Jahrtausende war das Schwein das wichtigste Nutz- und Opfertier bei den Völkern nördlich der Alpen bis hinauf nach Skandinavien. Wer ein Schwein besaß, würde nicht so schnell Hunger leiden. Seit der Mensch sesshaft wurde, hat er Schweine gehalten. Das beweisen Ausgrabungen von Pfahlbauten, Gräbern und Feuerstätten, an denen Schweineknochen gefunden wurden. Das Schwein war für den Haushalt in allen seinen Teilen verwendbar. Neben der Hauptsache, dem Fleisch, das sich gesalzen, geräuchert und getrocknet wunderbar konservieren ließ, konnte man auch alles andere brauchen: Die Haut verarbeitete man zu Leder, und die Teile, die sich beim besten Willen nicht essen ließen, fanden zu Heil- und zu magischen Zwecken Verwendung. Schweineknochen mit Salbei gekocht dienten zur Abwehr von Mardern aus dem Hühnerstall, ein bestimmtes Knöchelchen aus dem Ohr, das »Fraisenbein«, galt als sicheres Mittel gegen kindliche Krämpfe, die sogenannten Fraisen. Dazu hängte man es kleinen Kindern an einer Schnur aufgefädelt als »Fraisenkette« um den Hals. Dieser Brauch war bis vor hundert Jahren besonders im südlichen Deutschland, in Böhmen und im heutigen Österreich sehr verbreitet. Schweinehufe wurden pulverisiert als Medizin gegen Kolik eingenommen, Schweinegalle sollte gegen Verstopfung, Epilepsie und Frostbeulen helfen, während der Genuss von Schweinsgenitalien als probates Mittel gegen Unfruchtbarkeit galt. Alles vom Schwein und auch alles, was mit dem Schwein zusammenhängt, galt als heilend – vom Stroh aus dem Schweinekoben (anzuwenden bei bettnässenden Kindern) bis zum Span aus dem Schweinetrog, am besten von der Stelle, an der der Hals des Schweins beim Fressen aufliegt. Sehr verbreitet war auch der Glaube an das Schwein als Orakeltier. Häufig wurde das Schweinestallhorchen in den Raunächten zwischen Weihnachten und Heiligdreikönig betrieben: Ein junges Mädchen oder ein junger Bursche klopften an den Schweinestall. Je nachdem, welches Schwein daraufhin welchen Ton von sich gab, schloss man auf den Bräutigam / die Braut und auf den Zeitpunkt der Hochzeit.

Erst christlicher Einfluss brachte dann die Idee vom Schwein als unreinem Tier auf. Das scheint im Volk niemanden gestört zu haben – Schweine wurden weiterhin in Ehren gehalten und spielten bis ins 20. Jahrhundert eine wichtige Rolle im bäuerlich-ländlichen Haushalt, vor allem »Weihnachter«, die, kurz vor den Feiertagen geschlachtet, das Festmahl der nächsten Wochen sicherten. Allerdings muss man auf seine Schweine gut Acht geben: Für Behexung und Verzauberung durch Hexen und Teufel sind sie angeblich sehr empfänglich. Dämonen benutzen das Schwein nicht nur als Reittier, sie verwandeln sich selbst gern in eine auffällig grunzende, oft schwarze Sau (der Teufel) oder ein rotes Schwein (die Hexen). Womöglich spielte bei dieser Vorstellung auch die Tatsache eine Rolle, dass das Schwein gern Wiesen und Felder mit seinem Rüssel tief umpflügt und so quasi ständig mit der Erde und ihren darin verborgenen dämonischen Bewohnern in Kontakt steht.

Die wichtige Rolle des Schweins für die menschliche Ernährung und seine Verbindung zur Dämonenwelt andererseits sind früher so augenfällig gewesen, dass sich daraus die Herkunft unseres Glücksschweines also leicht ableiten lässt.

Speisebrauchtum

Das Schwein liefert entsprechend auch das Glück verheißende Essen in der Silvesternacht. Rituell serviert man in Italien gefüllten Schweinsfuß mit Linsen *(Zampone e lenticchie)* oder auch eine Schweinewurst mit Linsen *(Cotechino con lenticchie)*, in Österreich gibt es Schweinerüssel als Silvesteressen und in angelsächsischen Ländern *Honey-glazed Ham*, Schinkenbraten mit Honigglasur. Bei unseren österreichischen Nachbarn begründet man den Verzehr des Schweinerüssels damit, dass der Rüssel nach vorn zeigt, also in die Zukunft, und damit das geeignete Silvesteressen ist. Er wird übrigens gekocht und dann abgekühlt mit Kren, mit Meerrettich, verzehrt. In Tschechien und angrenzenden deutschen Gebieten war es lange Brauch, am Silvesterabend einen Schweinskopf zu kochen. Bis Mitternacht ist er fertig, sodass man pünktlich gleich zu Anfang des neuen Jahres mit dem Glück bringenden Mahl beginnen konnte.

Alternativ kann man auch Karpfen servieren, der anderswo schon als traditionelles Weihnachtsessen verzehrt wurde – auch der

Fisch schwimmt nach vorne, er ist also auch eine zukunftsträchtige Mahlzeit. Wichtig ist vor allem, dass man eine Schuppe des Silvesterkarpfens in den Geldbeutel legt. Hier bleibt sie ein Jahr lang liegen und wird jeweils an Silvester erneuert. Dann geht einem angeblich das ganze Jahr über das Geld nicht aus. Das gleiche gilt für die Linsen, die ja in Italien traditionell auf den Tisch kommen. Das war auch bei uns und in vielen anderen europäischen Ländern früher so, eben weil die kleinen flachen Linsen an Geldstücke erinnern sollen. Das Linsenessen an Silvester soll für genug Geld im neuen Jahr sorgen. Erbsen und Bohnen gehören mancherorts ebenfalls zur Kost am Übergang vom alten zum neuen Jahr. Getrocknet klimpern sie wie Geldstücke, werden eingeweicht und quellen auf – sie vermehren sich wie das Geld, hoffte man zumindest. Sicherlich tragen aber auch uralte Vorstellungen von den Hülsenfrüchten, vor allem den Bohnen, als Speisen aus dem Jenseits zu dieser Tradition bei, galt die Neujahrsnacht doch als eine der magischen Raunächte, in denen die Geister und Dämonen noch häufiger als sonst unterwegs sind und besänftigt werden müssen.

Das Verzehren von Geflügel zur Jahreswende gilt allerdings in den meisten Regionen als Unglück bringend. Dann, heißt es, fliege im neuen Jahr das Glück davon.

Die Zahl zwölf spielt auch bei den Speisebräuchen an Silvester eine große Rolle. Das hängt vor allem mit den zwölf Monaten des kommenden Jahres zusammen, und für jeden einzelnen dieser Monate suchte man Vorkehrungen zu treffen. Außerdem nimmt man die zwölf Schläge der Kirchturmuhr zur mitternächtlichen Stunde zum Anlass, den Countdown des neuen Jahres quasi mit Essen und Trinken mitzumachen. Wer es schafft, zu den zwölf Glockenschlägen zwölf Bier zu trinken, der soll im neuen Jahr Glück haben. Mit normalgroßen Bieren wird das kaum möglich sein (und das neue Jahr wird dann nicht eben glücklich beginnen), aber in zwölf Mini-Gläser abgefüllt soll das schon mancher geschafft haben. In ganz Spanien werden dagegen am Silvesterabend Tütchen mit genau zwölf Weintrauben, den *uvas de la suerte* – Weintrauben des Glücks – verteilt, die mit den Glockenschlägen verzehrt werden müssen – ein kollektives spanisches Weintraubenessen in den Sekunden vor Mitternacht, immer mit dem Versuch, nicht vorzeitig an der Herausforderung zu ersticken.

Aber auch an die guten Hausgeister dachte man in der Neujahrsnacht: Von der Antike bis in die jüngste Vergangenheit war es Tradition, am Silvesterabend Speisen und Getränke auf dem Tisch stehen zu lassen, um damit Wohlstand für das kommende Jahr zu sichern. In der Nacht kamen angeblich die Geister, um sich damit zu stärken und dann – satt und zufrieden – Segen und Fruchtbarkeit zu bringen. Im Chiemgau war es noch bis in die 1930er Jahre üblich, vor dem Zubettgehen in der Neujahrsnacht Brot, Salz und ein Messer zum Brotschneiden auf den Tisch zu stellen, damit sich die Hausgeister bedienen konnten.

In der Generation unserer Groß- und Urgroßeltern waren die ausufernden Feuerwerke um Mitternacht noch nicht üblich. Erstaunlich viele aus dieser Generation – vom Sudetenland bis in den Schwarzwald – erinnern sich an eine Aufteilung der Geschlechter am Silvesterabend: Man besuchte gemeinsam die Jahresschlussandacht, danach gingen Frauen und Mädchen nach Hause und verbrachten den Abend daheim, die Männer dagegen vergnügten sich im Wirtshaus mit Trinken, Kartenspielen und Würfeln.

Herzlichen Glückwunsch
zum neuen Jahre

NEUJAHR – 1. JANUAR

»Wie der Neujahrstag so das ganze Jahr« – schon die Römer der Antike achteten auf dieses sogenannte omen principii, auf das Vorzeichen des Anfangs: So, wie etwas beginnt, wird es weitergehen. Man war deshalb stets darauf bedacht, dass der Beginn bedeutender Zeit- oder Lebensabschnitte optimal verlief – sei es der Beginn einer Reise, einer Arbeitsstelle, eines Hausbaus, einer Lebensgemeinschaft wie der Hochzeit oder eben eines ganzen langen Jahres.

NEUJAHRSWÜNSCHE

»Mit Lust und Fröhlichkeit muss das neue Jahr begonnen werden. Das Glückwünschen ist nicht bloße Höflichkeit, sondern ein wirksamer Zauber. An manchen Orten ist es auf den Morgen oder Vormittag beschränkt.«[85]

Überall wetteiferte man darum, »das Neujahr abzugewinnen«, das heißt, der Erste beim Glückwünschen zu sein. Das soll nämlich für den Wünschenden Glück bringen. Eine große Rolle spielt es dabei, von wem der Neujahrsgruß kommt. Besonders günstig nach altem Glauben: wenn ein Kind zum Neujahrswünschen kommt. Denn Kinder symbolisieren Frische, Kraft, Zukunft. Auf alten Neujahrskarten sind es deshalb auffallend häufig rotbackige Kinder, die treuherzig ein »Gutes neues Jahr« wünschen.

An vielen Orten war es üblich, dass Kinder von Haus zu Haus zogen und den Bewohnern ein gutes neues Jahr wünschten. Dafür erwarteten sie natürlich ein kleines Geschenk, eine Süßigkeit oder Neujahrsgebäck. Es gab eigene Ansingelieder, die von Kindergruppen zu Neujahr an der Haustür vorgetragen wurden – das hat sich inzwischen auf den Dreikönigstermin und den Besuch der Sternsinger verlegt, der ebenfalls Glück bringen soll. Die Kinder wünschten dem Bauern Segen in Haus und Stall, »dass Flachs und Korn gut geraten«. Mancherorts streuten sie ihm dazu symbolisch die Körner verschiedener Getreidesorten vor die Füße.

Abbildung links: Neujahrswünsche aus dem Mund von Kindern galten als besonders wirksam.

NEUJAHRSGESCHENKE

Außerdem bedeutete es ein gutes Omen für das neue Jahr, wenn man sich gegenseitig beschenkte – ein schöner Brauch, der heute als Neujahrsbrauch in Vergessenheit geraten ist. Bis ins späte Mittelalter gehörte das unbedingt zu Neujahr, wie der große Dichter der Dürerzeit, Sebastian Brant, in seinem »Narrenschiff« schrieb: »Wem man nit etwas schenken tut, der meint, das ganz Jahr werd nit gut.« Ein Neujahrsgeschenk galt schon im alten Rom als Glück bringend, damals waren es Palmzweige, die man aus dem Umland in die Stadt brachte, außerdem schenkte man sich Süßigkeiten und süße Früchte, Datteln oder Feigen. (Diese Glück bringenden Neujahrszweige hießen *strenae*, ein Wort, das sich bis heute im Französischen erhalten hat. Dort sind die *étrennes* das Neujahrsgeschenk, heute auch: Weihnachtsgeld.) Erst allmählich verlagerte sich das Schenken bei uns auf den Weihnachtsabend – die Kinderbescherung fand früher ja an Nikolaus statt.

VON DER BEDEUTUNG DES ANFANGS – GEBOTE UND VERBOTE AM NEUJAHRSTAG

Wie das neue Jahr verlaufen wird, das hat nach altem Glauben jeder selbst in der Hand: Wer an Neujahr als Letzter aufsteht, wird das ganze Jahr nicht in die Gänge kommen. Wer als Erster aus den Federn hüpft, wird das ganze Jahr über früh dran sein. Hat man am Neujahrstag Geld, so wird man das ganze Jahr Geld haben und umgekehrt. Wer in der Neujahrsnacht schlecht schläft, wird das ganze Jahr Probleme mit dem Schlaf haben – wer an diesem Tag aber tagsüber schläft, wird das ganze Jahr lang schläfrig sein. Wer am Neujahrstag fröhlich ist und herumspringt, wird das ganze Jahr flink und lustig sein – und so weiter. Jeder bemühte sich also darum, den Neujahrstag und die vorhergehende Nacht so zu verbringen, wie er sich wünschte, dass das Jahr verlaufen möge.

Wie in allen Raunächten gelten aber auch für diesen Tag die allgemeinen Verbote, Wäsche draußen aufzuhängen, Dinge zu verleihen oder halbfertige Arbeit vom alten ins neue Jahr hinüberzunehmen – etwa nicht abgesponnene Wolle auf dem Rocken oder eine unordentliche Wohnung.

Diese Bedeutung des Anfangs übertrug man auch auf die Tiere im Stall, auf die Bäume im Obstgarten und die Felder und Wiesen. Am Neujahrsmorgen wurden die Obstbäume geschüttelt, man band volle Ähren um den Stamm, der Bauer steckte sich Körner von jeder Getreidesorte in die Tasche, bevor er in die Kirche ging – alles, um eine reiche Ernte im neuen Jahr anzuregen. Die Tiere bekamen besonders reichlich zu fressen – vielfach Erbsen oder Erbsenstroh. Denn Erbsen gehörten zu den Glücksspeisen am Neujahrstag, auch für Menschen. Wie bei den Linsen, der Speise für die Silvesternacht, so stehen die Erbsen für Reichtum an Geld ebenso wie für das Aufquellen, das Vermehren, von Glück und Wohlstand. Der Glaube an die Wirksamkeit der Erbsen am Neujahrstag ging so weit, dass man sogar Erbsen kochen sollte, selbst wenn keiner sie essen wollte. Aber von ihrem Verzehr versprach man sich nicht nur Geld, sondern auch Gesundheit im ganzen neuen Jahr.

DER ANGANG

Der Angang war das ganze Jahr über wichtig, an Neujahr aber wurde er als Vorzeichen für das ganze Jahr gedeutet.

Unter Angang versteht man die zufällige Begegnung mit einem Menschen oder einem Tier, aus der man eine Bedeutung für die nähere oder ferne Zukunft ableitet. Wir kennen heute nur noch den Aberglauben von der schwarzen Katze, die Unglück bringt. Am wichtigsten als Zukunftsorakel waren schon immer die erste Begegnung am Morgen, die auf den Verlauf des Tages hinweisen soll, und vor allem die erste Begegnung im Jahr, also am Neujahrsmorgen. Daraus leitete man Glück oder Unglück im ganzen Jahr ab. Unglück verheißende Zeichen waren immer alte Leute, von denen es hieß, sie hätten nicht mehr genügend Glück, um davon etwas abgeben zu können, ferner alles, was symbolisch auf den Tod hinweist: ein Mensch oder ein Tier, das in der Erde gräbt, jemand, der einen Kranz trägt, Menschen mit leeren Gefäßen in der Hand und alles Schwarze. Gute Vorboten sind junge, schwangere Frauen, geliebte Menschen, solche mit vollen Gefäßen und alles Weiße.

Karl von Leoprechting hat 1855 über diesen Aberglauben im Lechrain Folgendes geschrieben: »In der Morgenfrüh, wenn der Tag noch jung und unentweiht, wenn man da über Land geht, was einem zuerst begegnet, das nennt man den Angang und bedeutet Gutes oder Uebles, je nachdem. Ein altes Weib, ein Geistlicher, ein Weib mit aufgelöstem Haar, das sind schlechte Angänge, sollte man lieber umkehren. Eine Hure dagegen bringt Glück; drum sind die ledigen Kinder auch so häufig Glückskinder. Schweine sind schlechte, Schafe hingegen gute Zeichen. Ganz von übler Vorbedeutung ist es, wenn ein Hase über den Weg springt, da sagt man gern: Has, Has, Langohr, bist eine Hex bewahr mich Gott davor. Auch von dem Wiesel hat man gar einen schlechten Glauben. Ebenso ist die Eidechse ein geschiechenes Thier, ist giftig und soll aus fleischlicher Vermischung von Hexen mit dem bösen Feind herstammen. Ein schwarzer Hahn, eine schwarze Katze und ein schwarzer Bock können am leichtesten verhext werden darum üble Zeichen.… Besonders von den Katzen weiß man nicht recht, sind es Thiere oder verwunschene Geister.… So glaubt man auch, dass aus alten Katzen Hexen, und aus diesen endlich wieder Katzen werden. Wenn man Katzen peitscht, zeigen gewisse Weiber oft verhauene Gesichter. Raben dagegen, Krähen, Störche, Schwalben sind den Menschen glückbringende Thiere, und soll man keine schießen, das bringt ganzen Gemeinden Unglück. Elstern sind Galgenvögel, bedeuten für das vorhabende Geschäft einen ganzen verlorenen Tag. Das Aechzen der Käuzln zeigt ein Sterben an; ebenso das Erdschmidl, wenn es tickt; die Atter, wenn sie klappert; die Schermaus, wenn sie den Scherhaufen nahet menschlicher Wohnungen aufstößt und dergleichen mehr.«

Gegen einen schlechten Angang, wenn er einen nun schon einmal ereilt hat, hilft es, umzudrehen, noch einmal ins Haus zurückzugehen und abermals seinen Weg anzutreten. Wenn man schon zu weit von zu Hause entfernt ist, dann ist ein probates Gegenmittel das Ausspucken, am besten dreimal. Schon bevor man das Haus endgültig verlässt, soll dreimaliges Ausspucken über der Türschwelle Böses abhalten und Gutes herbeizwingen. Heute haben wir gelernt, dass sich das nicht gehört. Wir sagen inzwischen »Toi, toi, toi« – was nichts anderes ist, als eine gesprochene Erinnerung an das früher gebräuchliche dreimalige Ausspucken.

BAUERNREGELN AM NEUJAHRSTAG

Natürlich war der erste Tag des neuen Jahres auch ein wichtiger Lostag, an dem man aus dem Wetter Rückschlüsse auf den Verlauf des neuen Jahres zog. Wie das Wetter an Neujahr, so soll es das ganze Jahr über sein – also entweder gut oder schlecht. Das Neujahrs-Wetter hat nach altem Glauben aber auch Auswirkungen auf Mensch und Tier: Starker Wind am Neujahrstag bedeutet – je nach Region – viele Krankheiten im neuen Jahr, einen Sterbefall oder zumindest ein unruhiges Jahr. Entsprechend gilt: »Schöner Neujahrstag, fruchtbar Jahr.« Heiteres Frostwetter soll Gesundheit vorhersagen, feuchtes Nebelwetter dagegen Krankheiten. Ist der Himmel heiter, legen die Hühner gut, wenn es schneit, gibt es viele Bienenschwärme. Diese Aufzählung ließe sich noch lange fortsetzen, sie zeigt vor allem, wie sehr die Menschen früher genauso wie heute versuchten, essentielle Ereignisse vorherzusehen: Wetter, Fruchtbarkeit, Krankheiten, Tod – mit dem Unterschied, dass es früher nicht die modernen Instrumente gab, über die wir heute verfügen, sondern nur Naturbeobachtungen, Glauben und Aberglauben.

Ein Spruch ist heute noch gültig: Die dunklen Nächte werden kürzer, der Tag sichtbar länger – »an Weihnacht um an Muckenschritt, Neujahr um an Hahnatritt, Dreikönig um an Hirschensprung, Lichtmess um a ganze Stund«.

DREIKÖNIG – 6. JANUAR

Am 6. Januar, dem Dreikönigsfest, ziehen die Sternsinger von Haus zu Haus, sammeln Geld für einen guten Zweck und schreiben mit geweihter Kreide die Segensformel C + M + B verbunden mit der Jahreszahl oben auf die Haustür oder den Türrahmen. Dieser Brauch geht auf einen alten Abwehrsegen zurück, mit dem von Haus und Hof Feuer, Krankheit und anderes Unglück ferngehalten werden sollten. Vermutlich hat er deshalb bis in unsere Zeit überlebt, weil ihm außerordentlich starke Zauberkraft nachgesagt wurde. Er ist leicht anzubringen, und die Zeichen sind für jeden verständlich.

DIE LEGENDE DER DREI KÖNIGE

So wie wir uns die Heiligen Drei Könige vorstellen, sind sie historisch nämlich nicht verbürgt. In der Bibel ist lediglich von Sterndeutern aus dem Osten die Rede, die einem außergewöhnlich hellen Stern bis nach Bethlehem folgen. Dort bringen sie dem Jesuskind Gold, Weihrauch und Myrrhe (Mt 2,1–12). Wegen der kostbaren Geschenke schloss man erst später auf Könige, aufgrund der Zahl ihrer Gaben legte man sich auf drei Personen fest. In der Bibel werden sie *magoi* genannt – Magier. Sie waren Gelehrte, Berater der Herrscher, Stern- und Traumdeuter. Mitte des 4. Jahrhunderts fand Helena, die Mutter Kaiser Konstantins, die angeblichen Reliquien der drei Magier im Heiligen Land und überführte sie nach Konstantinopel. Von dort kamen sie nach Mailand und im Jahr 1164, nach der Unterwerfung Mailands durch Friedrich Barbarossa, in einer geheimen Nacht-und-Nebel-Aktion nach Köln. Für die kostbaren Reliquien wurde von den besten Goldschmieden ein Reliquiar hergestellt – bis heute ist der Dreikönigsschrein der berühmteste mittelalterliche Reliquienschrein. Die Dreikönigsverehrung erfuhr nicht nur im Volk einen ungeheuren Aufschwung, auch Fürsten und Herzöge pilgerten nach Köln, sogar der Kaiser schenkte Gold und Geld, sodass man in Köln beschloss, den alten karolingischen Dom durch einen neuen gotischen zu ersetzen. 1248 wurde mit dem Bau begonnen, ganz fertig war der Dom erst im 19. Jahrhundert. Durch die Reliquien der drei Magier wurde Köln im Mittelalter zu einem religiösen Zentrum und zu einer wohlhabenden Stadt – nicht umsonst zieren seither drei Kronen das Kölner Stadtwappen.

KATHARINA, MARGARETHE, BARBARA

Nachdem die Ursprünge dieses Anschreibebrauchs noch weitgehend im Dunkeln liegen, sucht man immer wieder nach möglichen Erklärungen für die drei geheimnisvollen. Eine interessante Theorie geht sehr weit zurück auf einen vermutlich keltischen Kult, die Verehrung der drei Bethen. Das waren drei vor allem in Mitteleuropa verehrte Göttinnen namens Wilbeth, Ambeth und Borbeth – es gibt aber verschiedene Varianten der Namen. Sie stellen die jungfräuliche, die Todes- und die

Abbildung rechts: Die Kinder, die als Sternsinger von Haus zu Haus ziehen, gelten seit jeher als Glück und Segen bringend und werden freudig empfangen.

Sonnengöttin dar, oder auch die junge, die erwachsene, die alte Frau. Bis ins 11. Jahrhundert scheint die Dreiergruppe der Göttinnen sehr bekannt gewesen zu sein, sehr zum Missfallen der Kirche. Jedenfalls wurde die Trinität wohl umbenannt in die drei weiblichen Heiligen aus der Gruppe der vierzehn Nothelfer: Katharina, Margarethe und Barbara, volkstümlich die »drei heiligen Madl« genannt. Die Initialen ihrer Namen würden auch die drei gesuchten Buchstaben ergeben: K M B, weshalb manche Forscher in den drei heiligen Frauen respektive ihren vorchristlichen Vorgängerinnen den Ursprung des Schutzzaubers an der Haustür sehen.

DREIKÖNIGSRÄUCHERN UND ANSCHREIBEBRAUCH

Von den vielen Rauchnächten, die bis vor etwa einem Jahrhundert in weiten Gebieten Süddeutschlands und im Alpenraum beachtet wurden, ist bis in unsere Zeit nur noch eine einzige übriggeblieben: die Dreikönigsnacht, die Nacht auf den 6. Januar. Noch heute ziehen vor allem im bäuerlich-ländlichen Raum viele Familien am Abend des 5. Januar mit der Räucherpfanne durch das Haus, um Segen für Heim und Herd, für die menschlichen und die tierischen Bewohner zu erbitten. Aus dem Herd nahm man glühende Holzkohlen, die noch das Osterfeuer in sich tragen sollten – an Ostern war das Herdfeuer mit dem geweihten Feuer neu entzündet worden, es sollte das Jahr über

Das Anschreiben erledigen heute die Sternsinger, früher kamen dafür oft Priester oder Mönche ins Haus.

niemals ausgehen. Darauf kamen Weihrauchkörner, am Dreikönigsabend in der Kirche geweiht, außerdem einige Palmkätzchen aus dem geweihten Palmbuschen vom Vorjahr, neunerlei Kräuter aus dem Kräuterbuschen von Maria Himmelfahrt und – regional unterschiedlich – allerlei Zauberkräuter, die seit alten Zeiten das Böse vertreiben sollten: zum Beispiel Beeren vom Kranawittstrauch (Wacholder), ebenso die stark duftende Raute, Schlehdorn oder Myrrhe. Geräuchert werden musste unbedingt vor dem Gebetläuten, weil danach vielleicht eine Hexe mit in den Stall schlüpfte.

Der kleinen Prozession voran schritt stets der Hausvater, mit dem »Glüahtl«, wie sie in Oberbayern hieß, der Glutpfanne, in der Hand. Dahinter folgten in feierlicher Andacht die Mutter mit der brennenden, an Lichtmess geweihten Hauskerze, die Kinder und die Dienstboten. Sie trugen einen Teller mit den geweihten Dreikönigsutensilien: das Dreikönigssalz und die geweihte Kreide. Nicht fehlen durfte auch der »Weichbrunn«, das geweihte Dreikönigswasser. Durch das ganze Haus zog man in andächtigem Gebet. Keine Stube, keine Kammer, weder Keller noch Dachboden wurden ausgelassen. Jeder Schrank, jede Truhe wurde geöffnet, damit der Rauch auch in sie eindringen und »das Böse« vertreiben konnte. Jedes Zimmer wurde außerdem – mit einem Rosmarin- oder Buchszweig – noch mit Weihwasser besprengt. Besonders wichtig war auch der Besuch im Stall, nachdem die Werkstatt, die Tenne und alle Wirtschaftsräume schon ausgeräuchert worden waren. Das Vieh bekam zusätzlich ein bisschen geweihtes Salz zu fressen, die »Maulgab«, manchmal auf einem Stückchen Brot zusammen mit geweihten Kräutern, zum Schutz gegen Krankheiten. Der Rest des Salzes wurde das Jahr über sorgsam gehütet, und dem Vieh bei Krankheit unters Futter gemischt. Auch andere zum unmittelbaren Lebensraum gehörende und fürs tägliche Überleben entscheidende Orte wurden »gekinigt«: der Brunnen, der Obstanger, teils sogar die Felder, der Hausgarten, beim Fischer Netze und Boote und beim Holzknecht in den Alpen Schlitten und Axt – alles sollte für ein weiteres Jahr von allen bösen Geistern gereinigt sein. Nicht geräuchert wurde übrigens der Backofen – der galt zwar als Unterschlupf von Druden und Hexen, wurde aber durch das regelmäßige Brotbacken genug geräuchert.

Vor den wichtigsten Türen und Toren, dem Hauseingang, der Stall- und der Tennentüre, beschrieb der Hausvater mit dem Räuchergefäß das Kreuzzeichen, und die Familie bekreuzigte sich ebenfalls. Dann zeichnete er mit der geweihten Kreide die Jahreszahl und C + M + B auf die Haus- und die Stalltür.

Je nach Region oder Familientradition werden unterschiedlich viele Kreuze aufgemalt: entweder zwei C+M+B (Christus mansionem benedicat) oder drei + C + M + B – wegen der Dreifaltigkeit Gottes – oder gar vier + C + M + B +. Es gibt auch die Version * C + M + B +: Die drei Kreuze bezeichnen die Dreifaltigkeit, der Stern die Menschwerdung Christi. Begrenzt wird die Segensformel auf beiden Seiten von der Jahreszahl: 20*C+M+B+21. Die Inschrift wird jedes Jahr erneuert, nur so ist sie am wirksamsten. Und – die Kreidezeichen dürfen im Lauf des Jahres niemals entfernt werden, heißt es, das bringe Unglück.

Verstärkt wird die Wirksamkeit der Segensformel durch das Material, mit dem sie aufgebracht wird. Die schneeweiße Kreide, gewonnen aus den Kreidefelsen europäischer Küsten, gilt per se schon als Zaubermittel, das gegen alles Böse schützt. Nicht umsonst zeichnen die Hexen im Märchen ihren Krei-

20+C+M+B+20

dekreis damit. Wenn sie im Gottesdienst am Vorabend von Dreikönig noch in der Kirche geweiht wird – zusammen mit Wasser und Salz – vervielfacht sich nach altem Glauben diese Wirkung. Auch unabhängig vom Dreikönigstag wirken drei mit Kreide gezeichnete Kreuze an den Türen und auf Balken angeblich Unheil abwehrend: nicht nur gegen böse Geister, sondern auch gegen Unwetter, Hochwasser und Feuersgefahr. »Eine neu gekaufte Kuh bezeichnet man vom Kopfe bis zum Rücken mit geweihter Kreide«, ist aus der Oberpfalz des 19. Jahrhunderts überliefert, damit sie gedeihe und immer den Weg in den Stall finde. Einer Kuh, die gekalbt hat, reicht man ein mit Kreide bestrichenes Butterbrot, dann soll sie reichlich Milch geben. In den Raunächten war es in ganz Süddeutschland der Brauch, dem Vieh neben Salz und Brot auch Kreide in den Trog zu geben. Alles, was man gegen den Zugriff von Dämonen schützen will, soll man mit einem Kreidekreuz bezeichnen: die eigene Schuhsohle, wenn man auf Reisen geht, die Unterseite des Milchkübels gegen Behexung der Kuh und die Wiege zum Schutz des Neugeborenen.

Früher waren es oft Priester oder Mönche aus umliegenden Klöstern, die das Räuchern und das Anschreiben der drei magischen Buchstaben vornahmen – sie hofften dafür nicht umsonst auf reichliche Spenden. Da sie ein großes Gebiet zu versorgen hatten, zog sich das Ritual dann natürlich über Wochen und konzentrierte sich nicht ausschließlich auf den Dreikönigsabend. Am wirksamsten soll der Segensspruch übrigens gewesen sein, wenn ihn Kapuziner oder Franziskaner anschrieben. Meist jedoch musste man mit dem Mesner oder Küster oder dem Lehrer vorliebnehmen oder das Familienoberhaupt schrieb die Segensformel auf.

DAS GEWEIHTE SALZ

Heute wird das am Dreikönigsabend in der Kirche geweihte Salz wohl nach und nach in der Küche verbraucht, früher aber schleppten die Bäuerinnen große Schüsseln voller Salz zur Weihe. Es musste damals nämlich das ganze Jahr über für zauberische und heilkundliche Zwecke reichen. Aufbewahrt wurde das geweihte Salz, das *sal sacerdotale*, nach alter Tradition, die in vielen Gegenden des Alpenraumes üblich war: Aus Dreikönigssalz und Dreikönigswasser rührte man einen großen Salzklumpen – wobei das Weihwasser möglichst aus drei verschiedenen Kirchen stammen sollte. Diese drei heiligen Wasser wurden gemischt und wirkten dann angeblich durch drei Mauern hindurch. Aus dem Achental im Chiemgau berichtet Hans Heyn, dass dort die Frauen mit den Händen den Salzbrei kneteten. Es war »ein Brauch, nach dem sich die Frauen drängten … Sie glaubten, dass die Berührung mit dem geweihten Salz und Wasser Kraft und Gesundheit bringt.«[86] An einem warmen Ort in der Nähe des Ofens wurde der Brei getrocknet, bis das Wasser verdunstet und das Salz zu einem harten Klumpen geworden war. An einem Strick aufgehängt fand es seinen Platz für ein ganzes Jahr neben dem Türstock, in der Nähe des Weihwasserkessels.

Für vielerlei Zwecke wurde jeweils ein kleines Stückchen des Salzsteins abgeschabt: Wer jeden Abend etwas davon aß, war angeblich vor Hexen, Alpdruck und plötzlichem Tod bewahrt. Vor jedem größeren Gang, bei Antritt jeder Reise, kratzte man ein bisschen Salz ab und nahm es entweder in den Stiefeln oder der Jackentasche mit oder man verzehrte es auf einem Stückchen Brot. So glaubte man sich unterwegs vor allem Bösen geschützt – abgeleitet hat man diese Wirkung von der langen Reise der Heiligen Drei Könige. Auch wenn das Vieh zum ersten Mal im Jahr auf die Weide getrieben wurde oder auf die Alm ging, bekam jedes Tier ein wenig von dem Salzstein auf die Zunge gelegt. Sogar wenn ein Tier verkauft wurde, gab man ihm als letzte gute Gabe ein bisschen geweihtes Salz. Auch zum Einstand bekam ein neu erworbenes Tier geweihtes Salz zu fressen. Wurde ein Tier krank, oder auch ein Mensch, gab man ihm Dreikönigssalz; die Kuh vor dem Kalben und das neugeborene Kalb wurden mit Weihesalz versorgt. Immer aber war der Salzstein nur für die Angehörigen des eigenen Haushalts bestimmt, nicht für Besucher. Auch gegen Unwetter sollte das Salz wirken – ins Herdfeuer oder vors Fenster gestreut. Dort war es auch gegen Hexen und Dämonen wirksam, in den Raunächten, der Walpurgisnacht und in sonstigen gefährlichen Situationen. Aus dem Lechgebiet wissen wir, dass dort der Salzstein oft statt mit Weihwasser mit Johanniswein angemacht wurde, also mit dem am Tag des Evangelisten Johannes (27. Dezember) geweihten Wein. Dieser Wein wurde übrigens auch ohne Salz genossen, bevor man über Land reiste – gemeinsam steigerten sich Salz und Wein also offenbar in ihrer erhofften Schutzwirkung.

DIE HEILIGEN DREI KÖNIGE ALS NAMENSPATRONE

Die drei Könige deutete man als Vertreter der drei damals bekannten Kontinente Europa, Asien, Afrika, einer von ihnen – zunächst Kaspar, dann meist Melchior – wurde als Vertreter Afrikas mit schwarzer Hautfarbe dargestellt, obwohl er in den ersten deutschsprachigen Quellen des 8. Jahrhunderts lediglich als »schwarzhaarig« bezeichnet wurde. Im hohen Mittelalter waren die Dreikönigsspiele so beliebt, dass der vornehme König Kaspar sich zum regelrechten Volkshelden entwickelte. Als komischer Kasperle ist er bis heute aus dem Puppentheater nicht wegzudenken. Von den Dreikönigsspielen sind nur noch die Sternsinger übriggeblieben. Der Mohr aus dem Spiel gefiel den Leuten natürlich am besten, sodass er bis ins 18. Jahrhundert auch als Taufname sehr häufig war. Immer öfter hat man seinen Namen wegen der schwarzen Gesichtsfarbe aber auch für den Teufel oder einen Kobold verwendet und am Ende eben für den Kasperl im Puppentheater. Melchior war der am seltensten als Taufname verwendet Dreikönigsname. Balthasar dagegen erfreute sich wie Kaspar vom 15. bis weit ins 18. Jahrhundert großer Beliebtheit. Der Name wurde in Bayern gerne zu »Balthauser« verballhornt, auch viele »Waldhauser« und »Hauser« sollen sich von Balthasar herleiten. Vor 400 Jahren kommt auch der Name »Walthauser« als Taufname vor. Verbreitet war damals auch ein Zusammenziehen der Königsnamen zu »Cabame« als Taufname. 1855 fand man den eigenartigen Namen im Lechgebiet noch als Hausnamen.

Den Namen der drei Könige wurde magische Kraft zugeschrieben. Ihre Anfangsbuchstaben zeichnete man nicht nur auf Haus- und Stalltüren, sondern auch auf Fensterrahmen, in den Kamin oder auf die Ofentür, um Hexen und Geister fernzuhalten. Mancherorts schor man vor dem Almauftrieb dem Vieh die drei Buchstaben ins Fell, um es vor dem Verhexen zu schützen. Die drei Buchstaben auf einen Zettel geschrieben und immer am Körper getragen, sollten vor Seuchen und Unglück bewahren. Und Wünschelruten musste man nur auf die Namen der Könige taufen, damit sie den gewünschten Erfolg brächten: Eine Kaspar getaufte Rute würde Gold anzeigen, wer Silber finden wollte, nannte seine

Wünschelrute Balthasar, und eine Rute namens Melchior schlage bei unterirdischen Quellen aus.

DIE STERNSINGER

Bevor die Sternsingerbewegung in der Nachkriegszeit organisiert wurde, zogen als Heilige Drei Könige verkleidete Kinder, ungeordnet und aus Eigeninitiative, am Dreikönigsabend von Haus zu Haus, sangen ein Lied, wünschten Glück und erhielten dafür Geld oder Naturalien wie Gebäck. Sie wurden begleitet vom Sternträger mit einem Stern aus Wachspapier auf einer langen Stange. Die meist jungen Sternsinger waren überall willkommen, verstand man ihren Besuch doch als Glück bringend. Im 16. Jahrhundert wurde das Sternsingen der katholischen Bevölkerung auch als Reaktion auf die Kritik Luthers an den Dreikönigsspielen und überhaupt an der Verehrung der Königsreliquien befeuert. Luther hatte darauf hingewiesen, dass das Epiphaniasfest das eigentliche Fest am 6. Januar sei, die Erscheinung des Herrn unter anderem bei seiner Taufe, der man am 6. Januar gedenkt und bei der Hochzeit zu Kana.

Oft waren es arme Kinder und ihre Familien, die die Sternsingerei als Heischegänge durchführten, um sich im Winter ein Zubrot zu ersingen. So weiß man etwa aus Laufen an der Salzach, dass das Sternsingen den Salzschiffern ausdrücklich erlaubt war, weil sie im Winter keine Arbeit hatten. Immer wieder wurde das Sternsingen aber auch verboten, weil es stellenweise ausartete: »Sie halten vor ansehnlichen Häusern und singen jämmerlich ein Lied auf die Geburt Jesu. Dann macht man ihnen eine Schenkung an Geld. Bei den Bäckern erhalten sie Semmeln und bei den Bauern und Wirten Bier, wo es nicht selten geschieht, dass alle drei Könige so sternhagelvoll werden, dass sie ihren Stern nicht mehr unterscheiden können …«, lautete die Begründung für das Verbot der Sternsingerei 1784 in Freising. Und im Zuge der Aufklärung ist es dann erst einmal vorbei mit dem Sternsingen: »Selbst die Geistlichkeit der beiden Konfessionen sprach sich nun gegen das Sternsingen aus, die evangelische aus Prinzip, die katholische wegen der angeblich eingetretenen Missbräuche.«[87]

GESCHENKEBRAUCH AN DREIKÖNIG

In Spanien freuen sich die Kinder am Dreikönigstag über ihre Weihnachtsgeschenke: In der Dreikönigsnacht haben die Weisen aus dem Morgenland die Gaben für die Kinder heimlich in ihre Zimmer gestellt. Auch wenn immer mehr Spanier den Schenkbrauch aus dem übrigen Europa übernehmen, zu Weihnachten einen Baum schmücken und den Weihnachtsmann die Geschenke bringen lassen, so gibt es immer noch zahlreiche Familien, die den Heiligabend weitgehend ignorieren und erst an Dreikönig ihre Kinder beschenken. Am Vorabend von Dreikönig erreichen die drei Weisen aus dem Morgenland Spanien und ziehen mit ihrem Gefolge durch die kleinen und die großen Städte des Landes in aufwendigen, an Karneval erinnernden Umzügen – der *Cavalcada dels Reis* in Katalonien, der *Cabalgate de los Reyes Magos* im übrigen Spanien, von ihren Wägen werfen sie den Kindern Süßigkeiten zu.

In Italien ist es die Hexe Befana, die gut und böse zugleich ist: Sie belohnt die braven Kinder und straft die bösen. In der Dreikönigsnacht bringt sie den artigen Kindern die Geschenke, den unartigen ein Stück Kohle – was nicht so häufig vorkommt und heutzutage dann eine eingefärbte Süßigkeit ist. Ihr Name leitet sich von Epiphania ab, und der Legende nach reitet sie in der Dreikönigsnacht auf dem Besen von Haus zu Haus und sucht das Jesuskind. Eigentlich wollte sie ja zusammen mit den Heiligen Drei Königen dem Stern folgen, war aber leider zu spät dran. Sie ist die italienische Entsprechung der Frau Percht, die ja diesseits der Alpen in der letzten großen Raunacht unterwegs sein soll.

DER BOHNENKÖNIG

Im westlichen Mitteleuropa – von Frankreich über Belgien, Luxemburg, die Niederlande, England und Deutschland – war seit dem 16. Jahrhundert der Brauch bekannt, am Vorabend von Dreikönig den Bohnenkönig zu bestimmen. In einen Kuchen wurde eine ganze Bohne eingebacken, dann versammelte man sich um den Tisch, jeder verzehrte ein Stück Kuchen, und wer die Bohne in seinem Stück fand, war der Bohnenkönig für einen Tag. Manchmal durfte er sogar noch seine Königin bestimmen oder gar einen ganzen Hofstaat. Alle mussten des Königs Anweisungen Folge leisten – eine Art Karneval mit einer Umkehrung der Rollen. Der Brauch weist Elemente der römischen Saturnalien auf, Forscher versuchen seit Langem, eine direkte Verbindung der neuzeitlichen Bräuche mit den antiken herzustellen: Im alten Rom gab es die ursprünglich dem Gott Saturn geweihten Feierlichkeiten am Jahresende, die sich über mehrere

Das Fest des Bohnenkönigs am Dreikönigstag. Gemälde von Jacob Jordaens (1593-1678), Kunsthistor. Museum Wien.

In Frankreich heißt der Dreikönigskuchen Galette des Rois. Wer die eingebackene Figur findet, ist Bohnenkönig*in.

Tage erstreckten. Verbunden mit ausufernden Trink- und Fressgelagen, dem Brauch, sich gegenseitig zu beschenken und karnevalesken Spielen erinnern einige der Elemente tatsächlich an unsere Weihnachtszeit, einige an Karneval. Die ebenfalls beschriebene scherzhafte Gleichstellung von Sklaven, die teilweise wohl sogar von ihren Herren bedient werden mussten, ebenso wie von Kindern, die ihre Eltern kritisieren und Erwachsenenrollen übernehmen durften, und als Höhepunkt die Kür eines »Trinkkönigs« oder »Saturnalienfürsten« ähneln dem Spiel vom Bohnenkönig.

Gleichzeitig beginnt am 6. Januar im schwäbisch-alemannischen Bereich der Fasching, der hier nicht so heißt und auch nicht Karneval wie im Rheinland, sondern Fasnet, Fastnacht. So leitet der ausgelassene Tag mit dem Bohnenkönig nahtlos über in die Fastnachtsmaskerade, nachdem gerade die letzte angstbesetzte Raunacht vorüber ist.

Der Brauch um den Bohnenkönig ist in Deutschland heute weitgehend vergessen. Man kennt ihn jedoch in Frankreich und der Schweiz, in Spanien, Portugal, teilweise in Süd- und in Nordamerika, wo der entsprechende Kuchen als *King's Cake* vermarktet wird.

Sehr populär ist er in Frankreich, wo der Bohnenkuchen verfeinert als *Galette des Rois* am Dreikönigstag auf jeden Tisch kommt – sei es privat oder in der Firma. Den Kuchen gibt es in zweierlei Ausführung: in Nordfrankreich als Blätterteigtorte mit Mandel-Marzipan-Füllung und im Süden als Hefeteigring mit kandierten Früchten. In den Kuchen eingebacken wird eine winzige Porzellanfigur, die *fève* heißt – Bohne – und daran erinnert, dass sie die ursprünglich eingebackene Bohne ersetzt. Diese Figuren gibt es in den unterschiedlichsten Formen, sie gelten inzwischen als Sammelobjekte. Mit der Galette kauft man eine goldene Papierkrone, die der »König« dann aufsetzt, wenn er sich feiern lässt. Und immer, wenn der »König« sein Glas zum Mund führt, müssen alle rufen »Der König trinkt!« – das ist in französischer Sprache schwieriger als auf Deutsch: »Le roi boit!«

Aus dem 19. Jahrhundert gibt es für deutschsprachige Regionen sogar Belege, dass der Bohnenkönig dann von den Anwesenden emporgehoben wurde und an die Zimmerbalken und die Stubentüren mit Kreide C+M+B schreiben musste gegen alles Übel und böse Geister[88] – ein eindrucksvolles Beispiel für die Vermischung von Bräuchen unterschiedlichster Herkunft.

In der Schweiz ist der Dreikönigskuchen so beliebt, dass nach der Statistik etwa jeder Schweizer Haushalt vor Dreikönig einen Bohnenkuchen kauft[89] – dazu kommen noch die selbst gebackenen. Dabei wurde der Brauch erst in den 1950er Jahren wieder eingeführt, nachdem er in der Schweiz fast komplett in Vergessenheit geraten war. Max Währen (1919–2008) war eigentlich Versicherungsbeamter, hatte sich in seiner Freizeit aber der historischen Brotforschung verschrieben. Er fand das Datum 1390 als ältesten Beleg für den Dreikönigskuchen in der Schweiz, am englischen Königshof ist er sogar schon 1316 nachgewiesen. Doch erst die Unterstützung des Schweizer Bäcker- und Konditorenverbandes verhalf Währen und seiner Dreikönigskuchenbegeisterung zum Durchbruch: In den Ausbildungsbetrieben des Verbandes wurde im Winter 1952/53 ein neuer Schweizer Dreikönigskuchen entworfen und in einer Fachzeitschrift für Bäcker und im Radio vorgestellt – mit durchschlagendem Erfolg. Bereits zu Dreikönig 1953 wurden rund 50.000 Stück verkauft. Der Schweizer Dreikönigskuchen besteht aus einem feinen Hefeteig mit Rosinen, geformt zu einem großen runden Mittelstück – dem König – und mehreren kleinen Teilen rundherum – den Vasallen des Königs. Eingebacken wird ein extra entwickeltes weißes Plastikfigürchen, das den König darstellt, seit einigen Jahren gibt es im Zuge der Gleichberechtigung auch Königinnenfigürchen. Zunehmend sind es jedoch Comic- und Trickfilmfiguren, die in die Kuchen eingebacken werden, sodass zum Leidwesen traditioneller Volkskundler immer weniger an den eigentlichen Ursprung des Brauches erinnert. Dennoch ist der Brauch heute in der gesamten Schweiz außerordentlich populär sowohl in den Familien als auch außerhalb, in Kitas und Betrieben.

Dreikönigskuchen aus der Schweiz

ZUTATEN

250 ml Milch
50 g Butter
400 g Mehl (Dinkelmehl 630
oder Weizenmehl 550)
1 TL Salz
50 g Zucker
10 g Hefe (¼ Würfel)
Geschmackszutaten nach Belieben:
abgeriebene Schale von
½ Bio-Zitrone, 3 EL Rosinen,
1 Pck. Vanillezucker
1 ganze, ungeschälte Mandel
1 Ei zum Bestreichen
Hagelzucker und Mandelblättchen zum
Bestreuen

Für 1 Dreikönigskuchen
Zubereitungszeit: 45 Minuten + 2 ½ Stunden
Gehenlassen + 30 Minuten Backen

SO WIRD'S GEMACHT

Die Milch leicht erwärmen, die Butter darin schmelzen lassen. Etwas abkühlen lassen.

In einer großen Rührschüssel Mehl, Salz und Zucker mischen, die Hefe hineinbröseln. Die nur noch lauwarme Milch in die Schüssel gießen und alles zu einem weichen Teig verkneten. Geschmackszutaten untermischen.

Die Schüssel mit einem Deckel oder einem Teller abdecken (die Schüssel muss so groß sein, dass der Teig reichlich Platz zum Gehen hat), ein Geschirrtuch darüberle-

gen (damit keine Zugluft in die Schüssel gelangt). Den Teig bei Zimmertemperatur etwa 2 Stunden gehen lassen, bis er etwa das doppelte Volumen erreicht hat.

Den Teig noch einmal kurz durchkneten. Mit einer Teigkarte 8 Portionen etwa von der Größe eines Golfballs abstechen und zu Kugeln formen. In eine der Kugeln die ganze Mandel stecken. Den restlichen Teig zu einer großen Kugel formen und auf ein mit Backpapier belegtes Backblech setzen. Die 8 kleinen Kugeln gleichmäßig rundherum legen. Alles mit einem Bogen Backpapier und darüber einem Geschirrtuch abdecken und noch einmal 30 Minuten gehen lassen.

Den Backofen auf 180 °C (Ober-/Unterhitze) vorheizen.

Das Ei in einer Tasse verquirlen und den Kuchen damit bestreichen. Hagelzucker und Mandelblättchen aufstreuen.

Den Kuchen im Backofen auf der zweiten Schiene von unten etwa 30 Minuten backen. Herausnehmen und auf einem Kuchengitter auskühlen lassen. Frisch servieren.

TIPP:
Um den Aufwand am Backtag zu reduzieren, kann der Teig am Vorabend vorbereitet werden und über Nacht zugedeckt im Kühlschrank gehen. Am nächsten Tag nur noch formen, noch einmal gehen lassen und backen. Die Hefemenge kann dann auf die Hälfte oder ein Drittel reduziert werden.

ENDE DES WEIHNACHTSFESTKREISES

Zu Ende geht mit dem Dreikönigstag nicht nur der liturgische Weihnachtsfestkreis der Kirche, auch das letzte Stündlein des Christbaums hat vielerorts geschlagen. Ließ man den Baum einst gern bis Lichtmess stehen, so muss er heute früher weichen.

Manch einer oder eine erinnert sich aber daran, dass der Christbaum nicht wie heutzutage schnöde der Müllabfuhr überlassen wird: »War der Baum abgeräumt, kam er in den Garten, voll behängt mit Leckerbissen für die gefiederten Sänger. Dort stand er, bis ihm sämtliche Nadeln ausfielen.«[90] Danach wärmte das Bäumchen noch die Stube: »Dann nahm es die Mutter heimlich weg, hackte es klein, und legte es fast zärtlich auf das prasselnde Herdfeuer.«[91]

Die Ferien gehen zu Ende, die besonderen Tage der Weihnachtszeit mit Besuch, üppigem Essen, Feiern und Faulenzen sind vorbei, der Alltag kehrt wieder ein. Manch einem – außer den Skifahrern vielleicht – ist es aber ein Trost, dass die bekannteste Bauernregel zum Dreikönigstag lautet: »Ist bis Dreikönig noch kein Winter, kommt auch keiner mehr dahinter.«

DIE DUNKLE ZEIT IST VORBEI

LICHTMESS – 2. FEBRUAR

Das Fest Mariä Lichtmess stellte bis zum Zweiten Vatikanischen Konzil in den 1960er Jahren das Ende des kirchlichen Weihnachtsfestkreises dar. Bis 1912 war Lichtmess sogar ein Feiertag. Deshalb haben manche Familien den traditionellen Termin ihrer Großeltern beibehalten und räumen Christbaum und Krippe erst am 2. Februar ab. Auch die Kirchenkrippen bleiben vielerorts noch bis zum Lichtmesstag aufgebaut.

»Lichtmess« ist zwar die populäre Bezeichnung für diesen alten Feiertag, offiziell heißt das Fest von kirchlicher Seite heute aber »Darstellung des Herrn«. Auch diese Bezeichnung gilt erst seit dem Zweiten Vatikanum, vorher hieß das Fest »Mariä Reinigung«. Begründet wurde diese Umbenennung von kirchlicher Seite damit, dass es ja ein »Herrenfest« sei und kein Marienfest.

Dabei ist der biblische Anlass des Festes ein Brauch, dem sich Maria den alten jüdischen Regeln entsprechend unterziehen musste: Eine Frau galt 40 Tage nach der Entbindung von einem Sohn als unrein (bei einem Mädchen wären es 80 Tage gewesen), der Erstgeborene in der Zeit als Eigentum Gottes. Am Ende dieser Zeit musste sie ihr Kind in den Tempel bringen (»darstellen«) und durch ein Opfer auslösen. Woraus das Opfer bestand, kann man im Alten Testament nachlesen (3. Mose 12,6–8): »Wenn die Tage ihres Reinigungszustands für einen Sohn ebenso wie für eine Tochter vorüber sind, soll sie ein einjähriges Schaf als Brandopfer und eine Felsentaube oder eine Turteltaube als Sündopfer zum Priester an den Eingang des Offenbarungszeltes bringen. Er soll es vor dem Herrn darbringen und für sie Versöhnung erwirken; so wird sie rein von der entstandenen Blutung. Das ist die Weisung für eine Frau, die einen Knaben oder ein Mädchen gebiert. Wenn sie die Mittel für ein Schaf nicht aufbringen kann, soll sie zwei Turteltauben oder zwei Felsentauben nehmen …«[92]

Darbringung im Tempel. Meister der Pollinger Tafeln, 1444, GNM Nürnberg (links). Pfenniglichter (rechts).

Auch bei uns musste eine Frau bis ins 19. Jahrhundert hinein nach einer Entbindung zur »Reinigung« vor der Kirche erscheinen – »Vorsegnen« hieß das, meistens etwa acht Tage nach der Entbindung. Vorher durfte sie das Haus nicht verlassen – ihr erster Gang sollte der zur Kirche sein. Dabei durfte sie zuerst nur die Vorhalle der Kirche betreten, bis sie vom Pfarrer gesegnet und damit quasi von der ärgsten Unreinheit befreit war. Erst dann betrat sie die Kirche, spendete Wachs, ein Opfertier oder Geld, und war dann als »gereinigt« wieder zum Gottesdienst zugelassen – nicht so viel anders als vor zweitausend Jahren.[93]

Als Maria mit Joseph und dem Jesuskind damals im Tempel ankam, begegneten ihnen der greise Simeon – er wird oft als Blinder dargestellt – und die Prophetin Hannah, die beide den Jesusknaben als »Licht der Welt« und Erlöser Jerusalems erkannten (Lk 2,32–38).

Diese Stellen aus dem Lukasevangelium werden gern benützt, um die Lichterbräuche an Mariä Lichtmess zu erklären. Früher waren Lichterprozessionen an diesem Feiertag üblich, die Gläubigen zogen mit brennenden Kerzen in der Hand in die Kirche ein, »Christus entgegen«. Wahrscheinlich beruhten diese Lichterprozessionen auf vorchristlichen Lichterfesten im Februar – bis ins 6. Jahrhundert hinein wurde das Fest der Reinigung Marias am 14. Februar begangen, 40 Tage nach der »Erscheinung des Herrn« am 6. Januar. Und am 15. Februar gab es ein Reinigungs- und Sühnefest im alten Rom. Doch hat man auch eine christliche Legende gedichtet zum Lichterbrauch: Als Jesus zu seiner »Darstellung« erstmals von seinem Geburtsort Bethlehem nach Jerusalem kam, sollen Mönche und die Nonne Hikelia mit Kerzen den Einzug begleitet haben.

Vom Geburtstermin Jesu, dem 25. Dezember, bis zum 2. Februar sind es exakt 40 Tage – eine Zahl, die auch in der vorchristlichen Antike schon von mythischer Bedeutung war, besonders im Orient. 40 Tage werden als vollkommener Zeitraum angesehen: zehnfach die vollkommene Zahl vier – sie steht für die vier Himmelsrichtungen, die vier Jahreszeiten. Gleichzeitig gilt der Zeitraum als Periode des Wartens und der Vorbereitung: Vierzig Wochen lang währt zum Beispiel die Schwangerschaft beim Menschen. In der Bibel taucht diese bedeutende Zahl oft auf: von der 40tägigen Sintflut über die 40 Jahre dauernde Regierungszeit Salomos, die 40jährige Wanderung des Volkes Israel durch die Wüste bis zur

Verzierter Wachsstock in der Originalschachtel mit Papierspitze. Solche Wachsstöcke waren beliebte Patengeschenke und Liebesgaben.

40tägigen Zeit, die Jesus vor seiner Passion in der Wüste verbrachte, und die 40 Tage, die er von der Auferstehung an Ostern bis zur Himmelfahrt seine Jünger lehrte. 40 Blöcke stehen seit uralter Zeit in Stonehenge, und der Durchmesser des dortigen Tempelkreises beträgt 40 Schritte. Im Mittelalter wurden erstmals Quarantänen bei Pestepidemien verfügt: Sie dauerten 40 Tage (frz. *quarante* = vierzig). Das Ende dieser vierzig Tage nach Weihnachten ist also eigentlich der logische Abschluss des Weihnachtsgeschehens.[94]

An Lichtmess werden bis heute in den Kirchen die Kerzenvorräte fürs gesamte Jahr geweiht: Kirchenkerzen und privater Bedarf, der in Zeiten ohne elektrischen Strom enorm war, was die große Bedeutung dieses Festtages erklärt. Man brachte Haushaltskerzen, Sterbekerzen, schwarze Wetterkerzen, Wachsstöcke in die Kirche, ließ sie weihen und verwahrte sie als Vorrat für das Jahr zu Hause. Für jedes Mitglied der Hausgemeinschaft wurde dann am Abend ein geweihtes Pfenniglicht – das sind dünne Kerzen, die nicht lange brennen und entsprechend billig sind, sie kosteten früher nur einen Pfennig – entzündet und auf ein kleines Brettchen oder einen Teller geklebt. Dann betete die Familie gemeinsam den Rosenkranz, und wessen Kerzchen als erstes verlöschte, der würde als erster sterben, glaubte man. Die von den Kerzen übriggebliebene Dochtasche wurde gegen Halsweh eingenommen – auch dem Vieh verabreichte man sie vorbeugend. Drei Tropfen geweihtes Wachs auf Brot sollten gegen Hals- und Kopfschmerzen helfen, wenn Lichtmess auf einen Sonntag fiel, war das Wachs angeblich zehnfach wirksam. Geweihte rote Wachsstöcke dröselte man auf und band der Wöchnerin eine rote Wachsschnur um Hand- und Fußgelenke gegen Verhexung. Aus der roten Wachsschnur formte man auch einen fünfzackigen Drudenfuß und legte ihn in den Strohsack, auf dem man schlief, hängte ihn ins Zimmer und in den Stall zur Abwehr der bösen Drud, die nachts die Menschen im Schlaf erdrückt.

Immer noch erinnern Lichtmess- oder Wachsmärkte Anfang Februar daran, dass im bäuerlichen Jahr die Arbeitsverhältnisse von Mägden und Knechten an Lichtmess beendet und erneuert werden konnten. Die Dienstboten bekamen ihren Jahreslohn und hatten – auch wenn sie auf dem gleichen Hof blieben – einige Tage frei, das waren die Schlenkltage. Ihr Geld gaben viele gern aus, ob in Gasthäusern oder auf den Märkten, auf denen sich auch Arbeitssuchende und Arbeitgeber trafen. Den Dienstboten war während ihres Dienstverhältnisses auch die Haltung von Kleintieren erlaubt, so fütterten viele Geflügel oder auch Kaninchen und Hasen. Diese verkauften sie dann an Lichtmess und erzielten so ein kleines Zusatzeinkommen. Daraus entstanden die noch heute beliebten Kleintiermärkte Anfang Februar, etwa der Taubenmarkt in Wasserburg am Inn und der Glanglmarkt in Wels in Oberösterreich.

Nach dem Ende der Schlenkltage, nach Mariä Lichtmess, begann ein neues Bauernjahr, früher ein neues Kirchenjahr. Mit der Dunkelheit war früher auch die »Lichtarbeit« beendet, die Arbeit bei künstlichem Licht, was eine enorme Ersparnis bedeutete. Die Frauen räumten ihre Spinnräder weg, die »draußer Arbeit« begann: »Lichtmess – das Spinnen vergess! 's Radl hinter die Tür, die Hacke herfür!« In der Natur beginnt der Vorfrühling, die dunkle Jahreszeit ist vorbei.

ANMERKUNGEN

1 Paul Löcher: Wie's einstens war zur Weihnachtszeit, Ostfildern 1979, S. 7

2 Vgl. Dagmar Hänel: Von Grabkerzen, Armen Seelen und toten Helden. Totengedenken im November, in: Alois Döring/Michael Kemp/Mirko Uhlig (Hg.): Dem Licht entgegen. Winterbräuche zwischen Erntedank und Maria Lichtmess, Köln 2010, S. 151

3 Ein Nachweis würde hier zu weit führen, ausführliche Beispiele etwa bei Georg Rohrecker: Die Kelten Österreichs. Auf den Spuren unseres versteckten Erbes, Wien 2003, S. 123 ff.

4 Franziska Hager, Hans Heyn: Drudenhax und Allelujawasser. Volksbrauch im Jahreslauf, Rosenheim 1975, S. 271

5 Ovid: Fasti II 535 ff.

6 »Allerseelen in München«, in: Elyane Werner: Bayerisches Leben – bayerischer Brauch, S. 47, Quelle: Über Land und Meer, 1874

7 Ein etwas aufwendigeres, aber sehr gutes Rezept für Seelen gibt es im Plötzblog: https://www.ploetzblog.de/2015/11/14/ploetz-dinkelseelen/

8 https://web.archive.org/web/20160304201200/http://www.steyler.eu/svd/medien/zeitschriften/stadt_gottes_AT/2004/2004_11/Bitt-gar-schoen-um-einen-Allerheiligenstriezel.php

9 Rudolf Kriss: Sitte und Brauchtum im Berchtesgadener Land. München 1947, S. 107

10 Franziska Hager, Hans Heyn: Drudenhax und Allelujawasser. Rosenheim 1975, S. 271

11 Ovid, Fasti 5, 435–440

12 HdA, Bd. 5, Spalte 1215 »Leonhard, hl.«

13 Günther Kapfhammer: St. Leonhard zu Ehren, Rosenheim 1977

14 Kapfhammer, S. 19 ff

15 HdA, Bd. 5 Spalte 1218 »Leonhard, hl.«

16 Mehr zu Kettenkirchen, s. Paul Ernst Rattelmüller: Brauchtum im Jahreslauf, S. 297 ff.

17 Franz Elsensohn: Tiere der Heiligen. Ein kleines Stundenbuch der Heiligen und ihrer Legendentiere, edition amalia, Grenchen bei Solothurn 2002, zitiert nach: Joachim Schäfer: Artikel Martin von Tours, aus dem Ökumenischen Heiligenlexikon – https://www.heiligenlexikon.de/BiographienM/Martin_von_Tours.htm, abgerufen am 3.4.2020

18 (Cerevisiam: von lat. cervisia = Bier; Pecuniam: von lat. pecunia = Geld; Tunicam: von lat. tunica = Tunika, Hemd, Untergewand)

19 J. Scheible: Das Kloster. Weltlich und geistlich. Zur Kultur- und Sittengeschichte in Wort und Bild. Darin: F. Kork (Pseudonym für Friedrich Korn), Der Festkalender, enthaltend: Die Sinndeute der Monatszeichen, Stuttgart 1847, S. 676

20 Annemarie Schimmel: Das Mysterium der Zahl, Kreuzlingen/München 1984, S. 206

21 Zitate aus: Das festliche Jahr, 1863, in: Elyane Werner (Hg.), Bayerisches Leben, bayerischer Brauch, München 1990, S. 99

22 HdA, Bd. 4, Spalte 1077 »Katharina, hl.«

23 Erni Kutter: Heilige Weibsbilder. Gelehrt, eigenwillig, streitbar, Edition Raetia, Bozen 2014, S. 42 ff.

24 HdA, Bd. 4, Spalte 1080 »Katharina, hl.«

25 HdA, Bd. 1, Spalte 401 »Andreas, hl.«

26 Siehe dazu Dorothea Steinbacher: Heilige Quellen in Oberbayern, AT Verlag Aarau/München 2014

27 Franziska Hager, Hans Heyn: Drudenhax und Allelujawasser. Volksbrauch im Jahreslauf, Rosenheim 1975, S. 15/16

28 Ida Bindschedler: Die Turnachkinder im Winter, 1909, zitiert nach: www.projekt-gutenberg.org

29 Paul Löcher: Wie's einstens war zur Weihnachtszeit, Ostfildern 1979, S. 27/28

30 Averdieck, Elise: Karl und Marie. Eine Sammlung von Erzählungen. Für Kinder von 5 bis 9 Jahren, Hamburg ^{9}1880, S. 48 f., zitiert nach: Esther Gajek: Adventskalender von den Anfängen bis zur Gegenwart, München o. J. (1996)

31 Paul Löcher: Wie's einstens war zur Weihnachtszeit, Ostfildern 1979, S. 11

32 Paul Löcher: Wie's einstens war zur Weihnachtszeit, Ostfildern 1979, S. 95

33 Johann Heinrich Wichern: Gesammelte Schriften, Hamburg 1901–1908, zitiert nach: Esther Gajek: Adventskalender von den Anfängen bis zur Gegenwart, München o. J. (1996), S. 13

34 Paul Löcher: Wie's einstens war zur Weihnachtszeit, Ostfildern 1979, S. 28

35 Paul Löcher: Wie's einstens war zur Weihnachtszeit, Ostfildern 1979, S. 29

36 https://www.uni-regensburg.de/bibliothek/granatapfel/volkstuemlich/paradeisl/index.html (zuletzt abgerufen 10.4.2020)

37 Hildegard von Bingen: Physica, III, 23, zitiert nach: Christian Rätsch, Claudia Müller-Ebeling: Heidnische Weihnachten. Bräuche, Riten, Rituale, AT Verlag Aarau/München 2003/2019, S. 49

38 Christian Rätsch, Claudia Müller-Ebeling: Heidnische Weihnachten. Bräuche, Riten, Rituale, AT Verlag Aarau/München 2003/2019, S. 153 (Fußnote)

39 K. Ritter von Perger: Deutsche Pflanzensagen, Stuttgart und Oehringen 1864, S. 227/228

40 HdA, Bd. 4, Spalte 658 »Jerichorose«

41 Gustl Schachner: Weihnacht in der Oanöd, Pannonia Verlag Freilassing 1983. Gustl Schachner (1915–1989) war in einem Bauernhof am Pelhamer See im westlichen Chiemgau geboren und später Oberlehrer in Stephanskirchen bei Rosenheim geworden.

42 Paul Löcher: Wie's einstens war zur Weihnachtszeit, Ostfildern 1979, S. 42

43 Paul Löcher: Wie's einstens war zur Weihnachtszeit, Ostfildern 1979, S. 47

44 K. Ritter von Perger: Deutsche Pflanzensagen, Stuttgart und Oehringen 1864, S. 53

45 Paul und Richilde Werner: Weihnachtsbräuche in Bayern. Kulturgeschichte des Brauchtums von Advent bis Heilig Dreikönig, Berchtesgaden 1999, S. 15

46 Joachim Schäfer: Artikel Barbara, aus dem Ökumenischen Heiligenlexikon – https://www.heiligenlexikon.de/BiographienB/Barbara.htm, abgerufen am 13.4.2020

47 Dietz-Rüdiger Moser: Bräuche und Feste im christlichen Jahreslauf, Graz/Wien/Köln 1993, S. 66/67

48 Wolfgang Petz (Hg.): Funkenhex' und Wilde Männle. Allgäuer Brauchtum im Jahreskreis, Kempten 1991, S. 88 f.

49 Kreszentia Zeller: So war's einmal im Allgäu, Allgäuer Heimatbücher, 78. Band, Kempten 1976, S. 59

50 Paul Löcher: Wie's einstens war zur Weihnachtszeit, Ostfildern 1979, S. 16

51 Paul Löcher: Wie's einstens war zur Weihnachtszeit, Ostfildern 1979, S. 20

52 Dietz-Rüdiger Moser: Bräuche und Feste im christlichen Jahreslauf, Graz/Wien/Köln 1993, S. 44 (Schreibweise von der Autorin an heutige Lesegewohnheiten angepasst)

53 Karl Reiser: Sagen, Gebräuche und Sprichwörter des Allgäus, Band 2, Hildesheim/New York 1979 (Nachdruck der Ausgabe Kempten 1902, in der Reihe: Volkskundliche Quellen, Hgg.: Hermann Bausinger et al.)

54 Wenn mehr als 13 Personen zu einer Bass gehören und einer oder mehrere werden krank, dann kann es passieren, dass 13 für einen Lauf übrig bleiben, was unbedingt vermieden werden soll. Deshalb nehmen viele Bassen nur 12 aktive Mitglieder auf.

55 Paul Löcher: Wie's einstens war zur Weihnachtszeit, Ostfildern 1979, S. 73

56 Franziska Hager, Hans Heyn: Drudenhax und Allelujawasser. Rosenheim 1975, S. 266

57 Zitate in diesem Absatz aus: Paul Ernst Rattelmüller: Bayerisches Brauchtum im Jahreslauf von Nikolo bis Kathrein, München 1985, S. 24–35

58 Theodor Vernaleken: Alpensagen, Wien 1858

59 Paul Löcher: Wie's einstens war zur Weihnachtszeit, Ostfildern 1979, S. 70

60 Torkild Hinrichsen: Weihnachtsbriefe und Wunschzettel vom 18. Jahrhundert bis heute, Husum 2010, S. 10

61 Marie Andree-Eysn: Volkskundliches aus dem bayerisch-österreichischen Alpengebiet, Braunschweig 1910, S. 73

62 Paul und Richilde Werner: Weihnachtsbräuche in Bayern. Kulturgeschichte des Brauchtums von Advent bis Heilig Dreikönig, Berchtesgaden 1999, S. 34

63 Zitiert nach: Erna Horn: Das bayerische Küchenjahr, Waldkirchen 1997, S. 203

64 Joh 20,27–29, zitiert nach: Einheitsübersetzung 2016, https://www.bibleserver.com/EU/Johannes20%2C19-29

65 Peter Rosegger: Waldheimat. Erzählungen aus der Jugendzeit, Edition Holzinger über CreateSpace, 2016, S. 638–642

66 Hildegard von Bingen: Physica, III, 23, zitiert nach: Christian Rätsch, Claudia Müller-Ebeling: Heidnische Weihnachten. Bräuche, Riten, Rituale, AT Verlag Aarau/München 2003/2019, S. 49

67 Zitiert nach: Paul Ernst Rattelmüller: Bayerisches Brauchtum im Jahreslauf von Nikolo bis Kathrein, München 1985, S. 47

68 Paul Löcher: Wie's einstens war zur Weihnachtszeit, Ostfildern 1979, S. 83

69 Zitate in diesem Absatz aus: Paul Löcher: Wie's einstens war zur Weihnachtszeit, Ostfildern 1979, S. 103 ff.

70 Christian Rätsch, Claudia Müller-Ebeling: Heidnische Weihnachten. Bräuche, Riten, Rituale, AT Verlag Aarau/München 2003/2019, S. 89 ff.

71 Zum Weiterlesen: Forster, Johanna/Schiefenhövel, Wulf/Sütterlin, Christa (Hgg.): Im Spiegel der Anderen. Forschungen zum gemeinsamen Erbe der

Menschen, Katalog der Ausstellung im Stadtmuseum Ingolstadt, Ingolstadt 2012, und: Eibl-Eibesfeldt, Irenäus: Die Biologie des menschlichen Verhaltens. Grundriss der Humanethologie, München 1997

72 Alois Döring/Michael Kemp/Mirko Uhlig (Hg.): Dem Licht entgegen. Winterbräuche zwischen Erntedank und Maria Lichtmess, Köln 2010

73 W. H. Riehl u. a.: Bavaria. Landes- und Volkskunde des Königreichs Bayern. 1,1. Ober- und Niederbayern, München 1860

74 Verschiedene Sagen zur Wilden Jagd/Gjoad bei: Friedrich Panzer: Bayerische Sagen und Bräuche, Band 1, München 1848

75 Peter Rosegger: Waldheimat. Band 4: Der Student auf Ferien, Gesammelte Werke von Peter Rosegger, Band 20, Leipzig 1914, S. 18–29, zitiert nach: www.zeno.org

76 Franziska Hager, Hans Heyn: Drudenhax und Allelujawasser. Rosenheim 1975, Seite 67

77 Karl Freiherr von Leoprechting: Bauernbrauch und Volksglaube in Oberbayern, Nachdruck der Originalausgabe (erschienen unter dem Titel »Aus dem Lechrain. Zur deutschen Sitten- und Sagenkunde«) von 1855, München 1975, S. 29

78 Paul und Richilde Werner: Weihnachtsbräuche in Bayern. Kulturgeschichte des Brauchtums von Advent bis Heilig Dreikönig, Berchtesgaden 1999, S. 184

79 Verschiedene Sagen zur Wilden Jagd/Gjoad bei: Friedrich Panzer: Bayerische Sagen und Bräuche, Band 1, München 1848

80 Kurt Derungs: Die Seele der Alpen, München 2015, S. 62

81 Im Berchtesgadener Land erfährt das Sticken dieser Raunachttücher eine Renaissance. Wer sich für die Anleitungen interessiert, dem sei folgendes Buch ans Herz gelegt: Stephanie Zweckl: Raunachttuch, Silberfaden Verlag, Bischofswiesen 2002

82 Otto Wimmer, Hartmann Melzer: Lexikon der Namen und Heiligen, Innsbruck-Wien 1988, S. 765

83 Peter Rosegger: Volksleben in Steiermark. In Charakter- und Sittenbildern dargestellt, Leipzig 1923, S. 159 (die erste Ausgabe erschien 1875)

84 Illustrirte Chronik der Zeit, 1884, zitiert nach: Elyane Werner: Bayerisches Leben – bayerischer Brauch, München 1990, S. 106

85 HdA, Bd. 6, Spalte 1037 »Neujahr«

86 Franziska Hager, Hans Heyn: Drudenhax und Allelujawasser. Rosenheim 1975, Seite 90

87 Paul und Richilde Werner: Weihnachtsbräuche in Bayern. Kulturgeschichte des Brauchtums von Advent bis Heilig Dreikönig, Berchtesgaden 1999, S. 241

88 HdA, Bd. 1, Spalte 1474 »Bohnenkönig«

89 In diesem Kapitel genannte Zahlen für die Schweiz beruhen auf dem Beitrag von Konrad J. Kuhn: Dreikönigskuchen: Ein Brauch der Gegenwart zwischen ritueller Funktion, Archaisierung und Kommerz, in: Schweizerisches Archiv für Volkskunde 105 (2009), Heft 2, S. 106–112

90 Paul Löcher: Wie's einstens war zur Weihnachtszeit, Ostfildern 1979, S. 84

91 Peter Rosegger: Waldheimat. Band 4: Der Student auf Ferien, Gesammelte Werke von Peter Rosegger, Band 20, Leipzig 1914, S. 18–29, zitiert nach: www.zeno.org

92 3. Mose 12,6–8, zitiert nach: Einheitsübersetzung 2016, https://www.bibleserver.com/EU/3.Mose 12

93 Franz Schönwerth: Sitten und Sagen aus der Oberpfalz, 3 Bde., zum »Vorsegnen« siehe Bd.1, S. 122; Rudolf Kriss: Sitte und Brauchtum im Berchtesgadener Land. München 1947, S. 122 f.

94 Zur Bedeutung der Zahl 40 siehe ausführlich: Annemarie Schimmel: Das Mysterium der Zahl, Kreuzlingen/München 1984, S. 260 ff.

95 Zitiert nach: Einheitsübersetzung 2016, https://www.bibleserver.com/EU/Lukas2%2C7

96 Nach der Fassung im Archiv des Volksmusikarchivs des Bezirks Oberbayern, http://www.volksmusikarchiv.de/vma/node/1334, abgerufen am 24.4.2020

HdA = Bächtold-Stäubli, Hanns/Hoffmann-Krayer, Eduard (Hgg.): Handwörterbuch des deutschen Aberglaubens, 10 Bände, Berlin 1987 (Nachdruck der Ausgabe Berlin und Leipzig 1927)

LITERATURVERZEICHNIS (AUSWAHL)

Andree-Eysn, Marie: *Volkskundliches aus dem bayrisch-österreichischen Alpengebiet*, Hildesheim 1978 (Nachdruck der Ausgabe Braunschweig 1910)

Bächtold-Stäubli, Hanns / Hoffmann-Krayer, Eduard (Hgg.): *Handwörterbuch des deutschen Aberglaubens*, 10 Bände, Berlin 1987 (Nachdruck der Ausgabe Berlin und Leipzig 1927)

Birkhan, Helmut: *Kelten. Versuch einer Gesamtdarstellung ihrer Kultur*, Wien 1997

Brunold-Bigler, Ursula: *Die Rose von Jericho (Anastatica hierochuntica), eine weihnächtliche Orakelpflanze*, in: ETH Zürich Schweizerisches Archiv für Volkskunde Bd. 73/1977

Döring, Alois / Kamp, Michael / Uhlig, Mirko (Hgg.): *Dem Licht entgegen. Winterbräuche zwischen Erntedank und Maria Lichtmess*, Köln 2010

Friedl, Paul: *Himmel, erhalt uns das Bauernbrot*, Rosenheim 1979

Gajek, Esther: *Adventskalender von den Anfängen bis zur Gegenwart*, München 1996

Girtler, Roland / Brodträger, Ernst: *Gruß vom Krampus. Auferstehung einer teuflischen Kultfigur*, Wien 2001

Gockerell, Nina (Hg.): *Weihnachtszeit. Feste zwischen Advent und Neujahr in Süddeutschland und Österreich 1840–1949*, München 2000

Goldberg, Gisela: *Heiligenbrote. Ein weit verbreiteter Brauch auch der Gegenwart*, in: Bayerisches Jahrbuch für Volkskunde 1994, München 1994, S. 51–92

Hager, Franziska / Heyn, Hans: *Drudenhax und Allelujawasser*, Rosenheim 1975

Haid, Hans: *Mythos und Kult in den Alpen*, 3. Aufl. Rosenheim 2002

Hallinger, Martin: *Der Nikolaus und seine Buttnmandl*, Berchtesgaden 2004

Helm, Eve Marie / Schindler, Edith: *Speis und Trank im Aberglauben*, Aarau 1986

Hipp, Hans: *Lebzelten – Wachsstöcke – Votivgaben*, Pfaffenhofen 1982

Höfler, Max: *Allerseelengebäcke*, in: Zeitschrift für österreichische Volkskunde, III. Heft des XIII Jgs. 1907, S. 65–94

Horn, Erna: *Das bayerische Küchenjahr*, Waldkirchen 1997

Kapfhammer, Günther: *St. Leonhard zu Ehren*, Rosenheim 1977

Kriss, Rudolf: *Sitt und Brauch im Berchtesgadener Land*, München 1947

Kuhn, K. J.: *Dreikönigskuchen: Ein Brauch der Gegenwart zwischen ritueller Funktion, Archaisierung und Kommerz*, in: Schweizerisches Archiv für Volksunde Bd. 105 (2), Zürich 2009, S. 109–126

Kutter, Erni: *Der Kult der drei Jungfrauen*, München 1997

Löcher, Paul: *Wie's einstens war zur Weihnachtszeit*, Ostfildern 1979

Mergenthaler, Markus (Hg.): *Adventskalender im Wandel der Zeit*, Dettelbach 2007

Moser, Dietz-Rüdiger: *Bräuche und Feste im christlichen Jahreslauf*, Graz – Wien – Köln 1993

Petz, Wolfgang (Hg.): *Funkenhex und Wilde Männle. Allgäuer Brauchtum im Jahreskreis*, Kempten 1991

Rätsch, Christian / Müller-Ebeling, Claudia: *Heidnische Weihnachten. Bräuche, Riten, Rituale*, Aarau/München 2003/2019

Rattelmüller, Paul Ernst: *Auf Weihnachten zua*, München 1976

Rattelmüller, Paul Ernst: *Bayerisches Brauchtum im Jahreslauf*, München 1985
Rattelmüller, Paul Ernst: *Bewahrtes Brauchtum. Eine Bilddokumentation aus der Nachkriegszeit*, München 1989
Reiser, Karl August: *Sagen, Gebräuche und Sprichwörter des Allgäus aus dem Mund des Volkes*, Hildesheim 1979 (Nachdruck der Ausgabe Kempten 1902)
Rohrecker, Georg: *Die Kelten Österreichs*, Wien 2003
Schinzel-Penth, Gisela: *Sagen und Legenden um das Berchtesgadener Land*, 6. Aufl. München 2012
Schinzel-Penth, Gisela: *Sagen und Legenden um Chiemgau und Rupertiwinkel*, München 2016
Währen, Max: *Der Königskuchen und sein Fest. Ein uralter Brauch in Gegenwart und glanzvoller Vergangenheit*, Bern 1958
Weber-Kellermann, Ingeborg: *Das Weihnachtsfest. Eine Kultur- und Sozialgeschichte der Weihnachtszeit*, Luzern und Frankfurt/Main 1978
Werner, Elyane: *Bayerisches Leben – bayerischer Brauch*, München 1990
Werner, Paul und Richilde: *Weihnachtsbräuche in Bayern. Kulturgeschichte des Brauchtums von Advent bis Heilig Dreikönig*, Berchtesgaden 1999
Wuketits, Franz M.: *Schwein und Mensch. Die Geschichte einer Beziehung*, Hohenwarsleben 2011
Zweckl, Stephanie: *Rauhnacht-Tuch*, Silberfaden Verlag, Bischofswiesen 2002

BILDNACHWEIS

Alle Abbildungen stammen von der Autorin, mit folgenden Ausnahmen:
S.13: Judith Kumpfmüller, S.22: Lutz Geißler (www.ploetzblog.de), S.27: Leonhardimuseum Aigen am Inn, S.29 und 30: Touristinformation Murnau, S.32: Wikimedia Commons, S.33: Wikimedia Commons Foto: Micha L. Rieser, S.35: Wikimedia Commons, S.36: © Superbass / CC-BY-SA-4.0 (via Wikimedia Commons), S.40: Wikimedia Commons, S.42: Erni Kutter Foto: Ida Prinoth, S.48: https://www.oblivion-art.de/index.php/porzellan/kuenstler-der-motivvorlagen-auf-porzellan/schuler-e-1806-1882 Wikimedia Commons Foto: Detlef Dauer, S.49: Wikimedia commons Foto: Wolfgang Sauber, S.55: Wikimedia Commons, S.57: Rauhes Haus, Hamburg, Germany Nils Fretwurst, S.61: Wikimedia Commons Foto: Gmihail, S.66 unten: pixelio Foto: R K by macromarco, S.69: Wikimedia Commons Foto: Emeltet, S.74: oberallgaeu.info / Alois Scheuerl, S.77: Wikimedia Commons Foto: Friedrichsen, S.78: Wikimedia Commons Foto: Jörg Blobelt, S.103: Wikimedia Commons Foto: Mefusbren69, S.104: Wikimedia Commons Foto: Moberg, S.105: Touristinformation Fürstenfeldbruck, S.106: Stiftung Attl, S.109: Wikimedia Commons, S.128: Wikimedia Commons, Foto: Thomas Wolf, www.foto-tw.de / Wikimedia Commons / CC BY-SA 3.0, S.134: Touristinformation Berchtesgaden, S.136: Touristinformation Oberndorf, S.144-145: Gabriele Neudecker / Pimp the Pony Productions, S.149: Stefanie Zweckl, S.150: Stefanie Zweckl / Foto: Joseph Schmid, S.151: Leonhard Biermaier, S.152: Wikimedia Commons, S.177: Wikimedia Commons, S.182: Wikimedia Commons.

DANK

Die Autorin dankt allen, die Fotos, Infomaterial und Rezepte zur Verfügung gestellt und mit ihrem Wissen um das Brauchtum in der dunklen Jahreszeit geholfen haben, dass dieses Buch entstehen konnte. Ganz besonders herzlichen Dank an Leonhard Biermaier, Erharting, Johanna Forster, Kempten, Lutz Geißler (www.ploetzblog.de), Gisela Harder, Hamburg, Margit Linner, Seeon, Andrea Schaeffler, Paris, Hilmar Sturm, München, Ursula Welsch, München, Andreas Zechmeister, Schönau am Königssee, Stefanie Zweckl, Bischofswiesen.

MIX
Papier | Fördert gute Waldnutzung
FSC® C010328

Penguin Random House Verlagsgruppe FSC® N001967

3. Auflage 2023

Umschlag: Zero Media GmbH, München
Umschlagmotiv: FinePic®, München
Entwurf Innenteil: Anne Schmidt Design, München
Satz: Uhl + Massopust, Aalen
Druck und Bindung: Alföldi Nyomda, Zrt., Debrecen
Printed in Hungary
ISBN 978-3-466-37224-9

www.koesel.de